图 解 法 律 丛书　法律原来如此好看

GRAPHIC

民事起诉状、答辩状示范文本及适用指南（图解版）

图解法律团队　编

法律出版社
LAW PRESS·CHINA

———— 北京 ————

图书在版编目（CIP）数据

民事起诉状、答辩状示范文本及适用指南：图解版／图解法律团队编. -- 北京：法律出版社，2024.

(图解法律丛书). -- ISBN 978－7－5197－9331－9

Ⅰ. D926.13

中国国家版本馆 CIP 数据核字第 20240XM498 号

图解法律丛书	民事起诉状、答辩状示范文本及适用指南(图解版) MINSHI QISUZHUANG、DABIAN ZHUANG SHIFAN WENBEN JI SHIYONG ZHINAN(TUJIEBAN)	图解法律团队 编	策划编辑 周 洁 林 蕊 责任编辑 周 洁 林 蕊 装帧设计 李 瞻

出版发行 法律出版社	开本 880毫米×1230毫米 1/32
编辑统筹 司法实务出版分社	印张 14.75　字数 412千
责任校对 李慧艳	版本 2024年8月第1版
责任印制 吕亚莉	印次 2024年8月第1次印刷
经　　销 新华书店	印刷 三河市龙大印装有限公司

地址:北京市丰台区莲花池西里7号(100073)

网址:www.lawpress.com.cn　　　　　　销售电话:010－83938349

投稿邮箱:info@lawpress.com.cn　　　　　客服电话:010－83938350

举报盗版邮箱:jbwq@lawpress.com.cn　　 咨询电话:010－63939796

版权所有·侵权必究

书号:ISBN 978－7－5197－9331－9　　　　　定价:88.00元

凡购买本社图书，如有印装错误，我社负责退换。电话:010－83938349

编写说明

如何写好一份起诉状、答辩状

一、本书编写背景

2024年3月4日,最高人民法院、司法部、中华全国律师协会发布《关于印发部分案件民事起诉状、答辩状示范文本(试行)的通知》(法〔2024〕46号,以下简称《通知》),针对金融借款、民间借贷、劳动争议等11类常见多发的民事案件,制定了起诉状、答辩状示范文本(以下简称示范文本)。

示范文本采用表格化、要素化的形式,意在让人民群众看得明白、用得方便。然而,其形式与目前实务中常用的起诉状、答辩状有很大区别,于是产生两个问题:一是对律师等专业法律工作者来说,如何将原有的起诉状、答辩状撰写思路、模板与新的示范文本对接;二是对老百姓来说,如何根据新的示范文本整理自己的起诉/答辩思路,更清晰地表达诉求、提供证据,实现胜诉的目标。

二、本书编写思路及起诉状、答辩状撰写方法论

基于上述问题,我们将撰写一份符合《通知》要求的起诉状拆分为三大问题、六大步骤,这也构成了本书"适用指南"部分的核心方法论。这三大问题分别是:你要什么(诉讼请求),你有什么(既有事实和证据),你怎么做(用事实和证据证明诉讼请求的合理性);而六大步骤则贯彻了对这三个问题的梳理过程。

(一)明确诉讼请求(知道你要什么)

诉讼请求是诉讼的起点,对应的是当事人想通过诉讼程序得到的结果,在示范文本中表现为"诉讼请求和依据"部分,以民间借贷纠纷为例,其请求如图1所示。(步骤1)

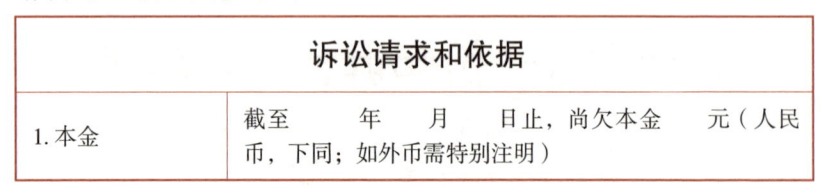

诉讼请求和依据	
1.本金	截至　　年　月　日止,尚欠本金　　元(人民币,下同;如外币需特别注明)

图1　示范文本"诉讼请求和依据"截图

请求权是诉讼请求的依据,对应的是为什么当事人的诉讼请求能够得到支持。(步骤2)

请求权背后是相关法律规范,规范通常包含多个要素,每一个要素都需要得到论证,并形成链条,从而完整地支撑起一个请求权。(步骤3)

我们以民间借贷纠纷中"偿还本金"这个诉讼请求为例,将上述步骤展示为图2(为方便读者理解,图2为简化版本,详见本书第14页)。

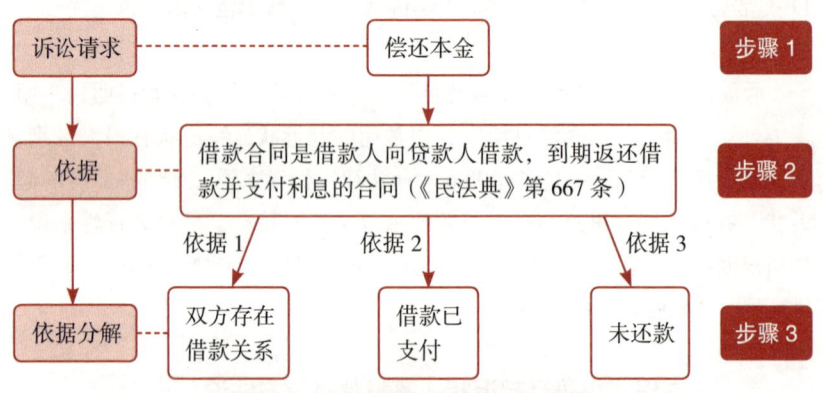

```
诉讼请求 ┄┄┄┄┄┄ 偿还本金                          步骤1
   │
   ▼
  依据 ─────── 借款合同是借款人向贷款人借款,到期返还借   步骤2
              款并支付利息的合同(《民法典》第667条)
              │         │         │
           依据1      依据2      依据3
              ▼         ▼         ▼
依据分解   双方存在    借款已     未还款            步骤3
          借款关系    支付
```

图2　诉讼请求和依据的确定步骤

(二)明确既有事实和证据(知道你有什么)

要素化地分解请求依据,已经能够让我们明确地知道自己具体要证明的是什么内容,接下来就是对照它找寻相关的事实(步骤4)并提供相应的证据(步骤5),在示范文本中表现为"事实和理由"部分,如图3所示。

编写说明 如何写好一份起诉状、答辩状

事实和理由	
1.合同签订情况（名称、编号、签订时间、地点等）	
2.签订主体	贷款人： 借款人：

图3 示范文本"事实和理由"截图

仍然以民间借贷"偿还本金"为例展示这两个步骤（简化版本见图4）。

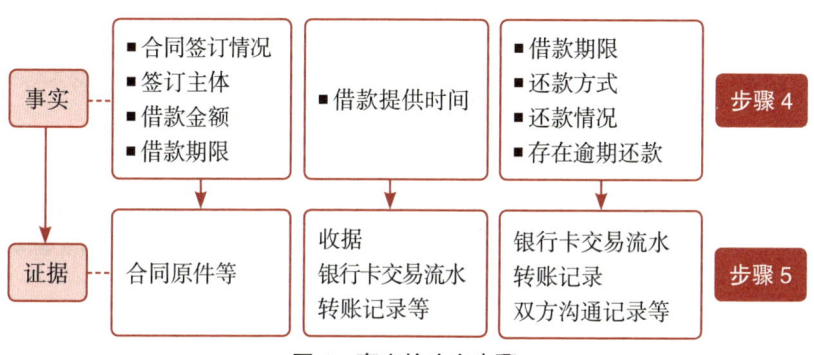

图4 事实的确定步骤

（三）用事实和证据证明诉讼请求的合理性（知道你怎么做）

法律推理的过程是复杂的，但通常我们可以将其抽象简化为一个经典的司法三段论（见图5）。

- 大前提 —— 法律规范（诉讼请求和依据）
- 小前提 —— 案件事实（事实和证据）
- 结　论 —— 判决（结论）

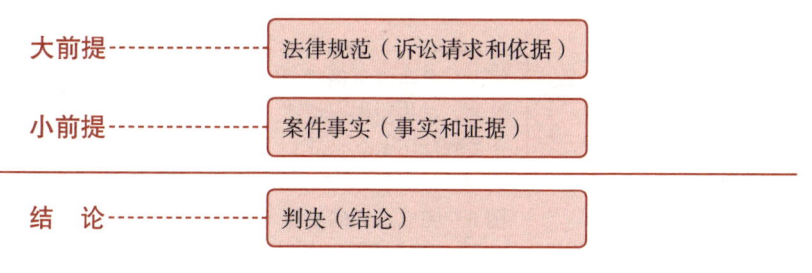

图5 司法三段论

在起诉状的撰写步骤中，我们已经完成了诉讼请求和依据、事实和证据的确定过程，就可以套用经典的"司法三段论"完成论证。① 仍以民间借贷纠纷中"偿还本金"为例，简化展示为图 6。

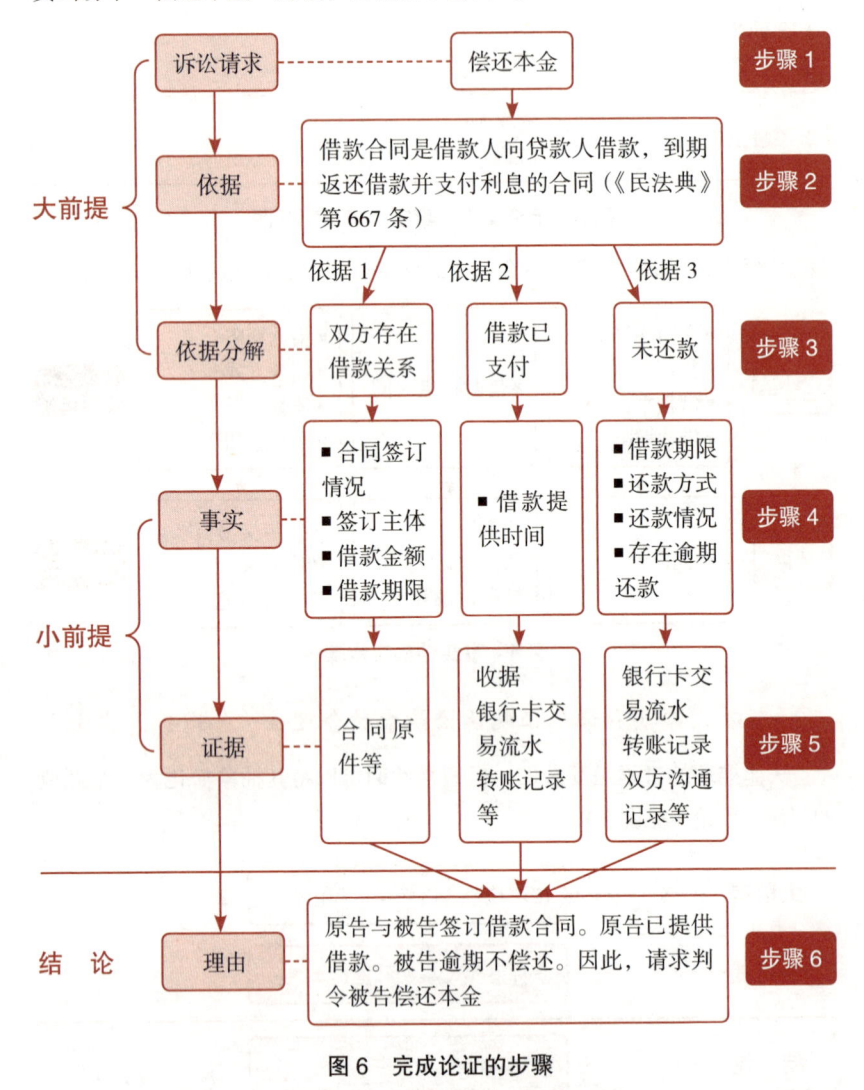

大前提
- 步骤 1：诉讼请求 ---- 偿还本金
- 步骤 2：依据 ---- 借款合同是借款人向贷款人借款，到期返还借款并支付利息的合同（《民法典》第 667 条）

小前提
- 步骤 3：依据分解
  - 依据 1：双方存在借款关系
  - 依据 2：借款已支付
  - 依据 3：未还款
- 步骤 4：事实
  - 依据 1：■ 合同签订情况 ■ 签订主体 ■ 借款金额 ■ 借款期限
  - 依据 2：■ 借款提供时间
  - 依据 3：■ 借款期限 ■ 还款方式 ■ 还款情况 ■ 存在逾期还款
- 步骤 5：证据
  - 依据 1：合同原件等
  - 依据 2：收据、银行卡交易流水、转账记录等
  - 依据 3：银行卡交易流水、转账记录、双方沟通记录等

结论
- 步骤 6：理由 —— 原告与被告签订借款合同。原告已提供借款。被告逾期不偿还。因此，请求判令被告偿还本金

图 6　完成论证的步骤

---

① 起诉状涉及的案件未经法院审判，故不会有经典的"司法三段论"中的"判决（结论）"；将"司法三段论"套用在起诉状中，基本逻辑可修正为大前提［法律规范（诉讼请求和依据）］—小前提［案件事实（事实和证据）］—结论（起诉理由）。

需要说明的是，以上步骤不是线性的，而是穿梭往复、不断校准的。比如，原告原先确定的诉讼请求是侵权损害赔偿，但是在寻找法律依据、比照事实和证据的时候，可能会发现更符合违约赔偿的规范，则需要调整诉讼请求。

对于答辩状的写作来说，则主要任务为：（1）围绕原告的每一个请求依据进行反驳；（2）提出新的论点。但是，思路与撰写起诉状基本一致，故不再赘述。

三、本书使用说明

本书根据案由分为 11 个部分，每个部分均分为如下板块。

（一）概况

首先介绍这个案由的基本情况，用图表的方式展现"案由地图"（该案由在整个民事案件案由体系中的位置）、"法律关系"和"常见诉请"。

（二）"示范文本"

此部分节录《通知》起诉状、答辩状示范文本原文，为读者提供最原始、标准的版本。同时，为了方便读者使用，我们添加了示范文本二维码，读者可以直接扫码下载填写。

（三）"适用指南"

适用指南是本书的核心内容，它依据上述"本书编写思路及起诉状、答辩状撰写方法论"所述的"三大问题、六大步骤"，结合示范文本提供的资料，对每一个案由下起诉状、答辩状的撰写方法进行了近乎"手把手"的适用指导。具体包括以下方面：

1. **诉讼请求/答辩事项，对应示范文本中的具体诉讼请求/答辩事项。** 本书尽量涵括示范文本中所有的诉讼请求/答辩事项，但是对于"标的总额"之类不需要过多法律解读、相对直观的项目不再展开论述。

2. **请求依据/答辩依据，根据诉讼请求/答辩事项，本书提供了核心的法律或者合同约定等依据，省去读者搜索法条、研究法理的工作。**

3. 依据分解，将请求依据/答辩依据拆分为不同要素。在起诉状中，这些要素之间为"且"的关系，共同构成依据闭环；在答辩状中，除特别标注外，这些要素之间为"或"的关系，只要符合其中一项，即可实现"驳倒"对方相关诉讼请求的效果。在请求依据/答辩事项中，本书在尽量穷尽相关情况的基础上兼顾上下文的限定做到集中论述，并在相关部分注释说明。

4. 事实，对应示范文本中的"事实和理由"部分，本书尽量摘取示范文本中的原本表达，方便读者据此填写。

5. 证据，列举常见的、关联性强的证据材料，方便读者据此寻找、固定证据。

6. 理由，对应示范文本中的"事实和理由"部分，此部分将诉讼请求与事实关联起来，是起诉状/答辩状完整的结论和最后的请求。需要说明的是，由于篇幅限制，本书理由部分多为列举，读者可根据自身情况选择、增加。

读者可以按图索骥，结合自己的诉讼请求和实际掌握的证据，完成起诉状撰写的完整过程。

（四）"实例"

此部分节录《通知》的实例，方便读者参考使用。

为方便当事人理解如何填写示范文本、解答大家填写过程中可能遇到的疑问，本书还采用批注形式，对填写中常见的概念术语、程序问题等进行说明，作为对实例提供的填写说明的补充。

（五）"相关法条"

此部分集中展示示范文本所列诉请的相关主要法律规定，方便读者阅读、理解和直接使用。

本书紧紧围绕《通知》，展示了书写起诉状、答辩状的方法论和一般思路。但本书出版的价值并不止步于《通知》涉及的11种民事纠纷。本书提供的思路亦可以适用于几乎所有的民事纠纷起诉状、答辩状。

CONTENTS 目 录

1. 民间借贷纠纷 ·· 001

示范文本
民事起诉状（民间借贷纠纷）································· 003
民事答辩状（民间借贷纠纷）································· 009

适用指南
起诉部分（民间借贷纠纷）···································· 014
答辩部分（民间借贷纠纷）···································· 019

实例
民事起诉状（民间借贷纠纷）································· 026
民事答辩状（民间借贷纠纷）································· 031

相关法条 ·· 035

2. 离婚纠纷 ·· 047

示范文本
民事起诉状（离婚纠纷）······································· 049
民事答辩状（离婚纠纷）······································· 054

适用指南
起诉部分（离婚纠纷）·· 057
答辩部分（离婚纠纷）·· 067

实例

民事起诉状（离婚纠纷）·· 075

民事答辩状（离婚纠纷）·· 080

相关法条·· 083

3. 买卖合同纠纷　　　　　　　　　　　　　　　　　095

示范文本

民事起诉状（买卖合同纠纷）·· 097

民事答辩状（买卖合同纠纷）·· 104

适用指南

起诉部分（买卖合同纠纷）·· 109

答辩部分（买卖合同纠纷）·· 118

实例

民事起诉状（买卖合同纠纷）·· 132

民事答辩状（买卖合同纠纷）·· 139

相关法条·· 145

4. 金融借款合同纠纷　　　　　　　　　　　　　　165

示范文本

民事起诉状（金融借款合同纠纷）·· 167

民事答辩状（金融借款合同纠纷）·· 173

适用指南

起诉部分（金融借款合同纠纷）·· 177

答辩部分（金融借款合同纠纷）·· 182

实例

民事起诉状（金融借款合同纠纷）·· 187

民事答辩状（金融借款合同纠纷） 193

　相关法条 198

5. 物业服务合同纠纷 203

　示范文本

　　民事起诉状（物业服务合同纠纷） 205

　　民事答辩状（物业服务合同纠纷） 210

　适用指南

　　起诉部分（物业服务合同纠纷） 214

　　答辩部分（物业服务合同纠纷） 217

　实例

　　民事起诉状（物业服务合同纠纷） 220

　　民事答辩状（物业服务合同纠纷） 225

　相关法条 229

6. 银行信用卡纠纷 233

　示范文本

　　民事起诉状（银行信用卡纠纷） 235

　　民事答辩状（银行信用卡纠纷） 241

　适用指南

　　起诉部分（银行信用卡纠纷） 245

　　答辩部分（银行信用卡纠纷） 249

　实例

　　民事起诉状（银行信用卡纠纷） 253

　　民事答辩状（银行信用卡纠纷） 259

　相关法条 263

7. 机动车交通事故责任纠纷 ... 267

示范文本

民事起诉状（机动车交通事故责任纠纷）............ 269

民事答辩状（机动车交通事故责任纠纷）............ 273

适用指南

起诉部分（机动车交通事故责任纠纷）............ 276

答辩部分（机动车交通事故责任纠纷）............ 286

实例

民事起诉状（机动车交通事故责任纠纷）............ 290

民事答辩状（机动车交通事故责任纠纷）............ 295

相关法条 298

8. 劳动争议纠纷 ... 303

示范文本

民事起诉状（劳动争议纠纷）............ 305

民事答辩状（劳动争议纠纷）............ 309

适用指南

起诉部分（劳动争议纠纷）............ 312

答辩部分（劳动争议纠纷）............ 319

实例

民事起诉状（劳动争议纠纷）............ 327

民事答辩状（劳动争议纠纷）............ 331

相关法条 334

9. 融资租赁合同纠纷 ... 343

示范文本

民事起诉状（融资租赁合同纠纷）............ 345

民事答辩状（融资租赁合同纠纷）······352

适用指南

起诉部分（融资租赁合同纠纷）······357

答辩部分（融资租赁合同纠纷）······364

实例

民事起诉状（融资租赁合同纠纷）······372

民事答辩状（融资租赁合同纠纷）······379

相关法条······384

10. 保证保险合同纠纷 ······ 391

示范文本

民事起诉状（保证保险合同纠纷）······393

民事答辩状（保证保险合同纠纷）······398

适用指南

起诉部分（保证保险合同纠纷）······402

答辩部分（保证保险合同纠纷）······405

实例

民事起诉状（保证保险合同纠纷）······408

民事答辩状（保证保险合同纠纷）······413

相关法条······417

11. 证券虚假陈述责任纠纷 ······ 419

示范文本

民事起诉状（证券虚假陈述责任纠纷）······421

民事答辩状（证券虚假陈述责任纠纷）······426

适用指南

起诉部分（证券虚假陈述责任纠纷）······430

答辩部分（证券虚假陈述责任纠纷）……………………………… 433

实例

民事起诉状（证券虚假陈述责任纠纷）……………………………… 436

民事答辩状（证券虚假陈述责任纠纷）……………………………… 442

相关法条……………………………………………………………… 448

1. 民间借贷纠纷

【案由地图】

民间借贷纠纷属于合同、准合同纠纷项下 4 级案由。

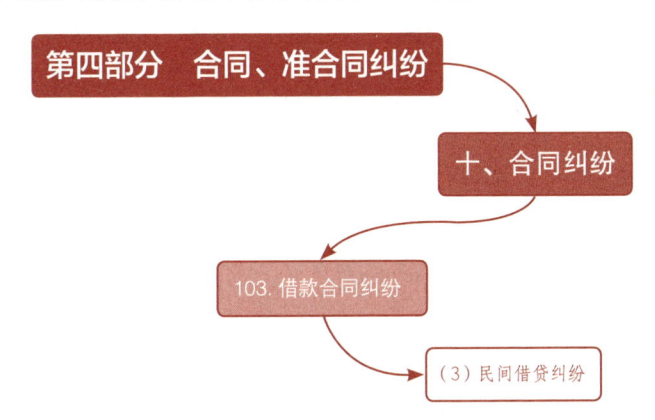

```
第四部分  合同、准合同纠纷
              ↓
         十、合同纠纷
              ↓
      103. 借款合同纠纷
              ↓
      （3）民间借贷纠纷
```

【法律关系】

民间借贷纠纷通常的法律关系[①]如下图所示。

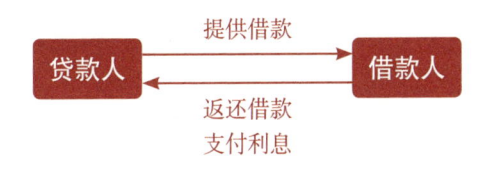

```
           提供借款
贷款人  ──────────→  借款人
        ←──────────
           返还借款
           支付利息
```

---

① 对于提供借款一方，《民法典》称为贷款人，《最高人民法院关于审理民间借贷案件适用法律若干问题的规定》称为出借人，本书不做统一。

民间借贷纠纷

【常见诉请】

示范文本起诉状所列诉讼请求均为原告为贷款人的情况。

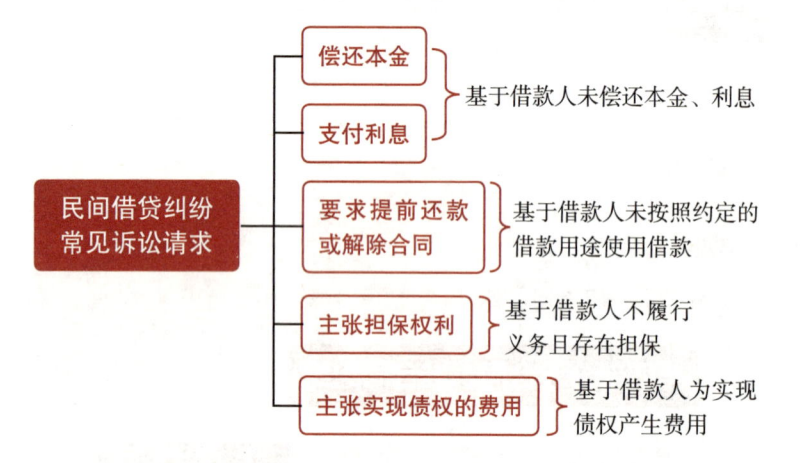

民间借贷纠纷常见诉讼请求
- 偿还本金
- 支付利息

  基于借款人未偿还本金、利息

- 要求提前还款或解除合同

  基于借款人未按照约定的借款用途使用借款

- 主张担保权利

  基于借款人不履行义务且存在担保

- 主张实现债权的费用

  基于借款人为实现债权产生费用

1. 民间借贷纠纷

"示范文本"

民事起诉状
（民间借贷纠纷）

扫描下载

民间借贷纠纷

说明：

为了方便您参加诉讼，保护您的合法权利，请填写本表。

1. 起诉时需向人民法院提交证明您身份的材料，如身份证复印件、营业执照复印件等。

2. 本表所列内容是您提起诉讼以及人民法院查明案件事实所需，请务必如实填写。

3. 本表所涉内容系针对民间借贷纠纷案件，有些内容可能与您的案件无关，您认为与案件无关的项目可以填"无"或不填；对于本表中勾选项可以在对应项打"√"；您认为另有重要内容需要列明的，可以在本表尾部或者另附页填写。

★**特别提示**★

《中华人民共和国民事诉讼法》第十三条第一款规定："民事诉讼应当遵循诚信原则。"

如果诉讼参加人违反上述规定，进行虚假诉讼、恶意诉讼，人民法院将视违法情形依法追究责任。

当事人信息

原告（自然人）	姓名： 性别：男□ 女□ 出生日期： 年 月 日 民族： 工作单位： 职务： 联系电话： 住所地（户籍所在地）： 经常居住地： 证件类型： 证件号码：

·003·

续表

原告（法人、非法人组织）	名称： 住所地（主要办事机构所在地）： 注册地/登记地： 法定代表人/主要负责人：　职务：　联系电话： 统一社会信用代码： 类型：有限责任公司□　股份有限公司□　上市公司□ 　　　其他企业法人□　事业单位□　社会团体□ 　　　基金会□　社会服务机构□　机关法人□　农村集体经济组织法人□　城镇农村的合作经济组织法人□　基层群众性自治组织法人□　个人独资企业□　合伙企业□　不具有法人资格的专业服务机构□　国有□（控股□　参股□）　民营□
委托诉讼代理人	有□ 　　姓名： 　　单位：　　职务：　　联系电话： 　　代理权限：一般授权□　特别授权□ 无□
送达地址（所填信息除书面特别声明更改外，适用于案件一审、二审、再审所有后续程序）及收件人、电话	地址： 收件人： 电话：
是否接受电子送达	是□　方式：短信_____　微信_____　传真_____ 　　　　　　邮箱_____　其他_____ 否□
被告（自然人）	姓名： 性别：男□　女□ 出生日期：　　年　　月　　日　民族： 工作单位：　　职务：　　联系电话： 住所地（户籍所在地）： 经常居住地：

续表

被告（法人、非法人组织）	名称： 住所地（主要办事机构所在地）： 注册地/登记地： 法定代表人/主要负责人：　　职务：　　联系电话： 统一社会信用代码： 类型：有限责任公司□　股份有限公司□　上市公司□ 　　　其他企业法人□　事业单位□　社会团体□ 　　　基金会□　社会服务机构□　机关法人□　农村集体经济组织法人□　城镇农村的合作经济组织法人□　基层群众性自治组织法人□　个人独资企业□　合伙企业□　不具有法人资格的专业服务机构□　国有□（控股□　参股□）　民营□
第三人（自然人）	姓名： 性别：男□　女□ 出生日期：　　年　　月　　日　　民族： 工作单位：　　　　职务：　　联系电话： 住所地（户籍所在地）： 经常居住地：
第三人（法人、非法人组织）	名称： 住所地（主要办事机构所在地）： 注册地/登记地： 法定代表人/主要负责人：　　职务：　　联系电话： 统一社会信用代码： 类型：有限责任公司□　股份有限公司□　上市公司□ 　　　其他企业法人□　事业单位□　社会团体□ 　　　基金会□　社会服务机构□　机关法人□　农村集体经济组织法人□　城镇农村的合作经济组织法人□　基层群众性自治组织法人□　个人独资企业□　合伙企业□　不具有法人资格的专业服务机构□　国有□（控股□　参股□）　民营□

续表

诉讼请求和依据	
1. 本金	截至　　年　　月　　日止，尚欠本金　　元（人民币，下同；如外币需特别注明）
2. 利息	截至　　年　　月　　日止，欠利息　　元； 计算方式： 是否请求支付至实际清偿之日止：是□ 否□
3. 是否要求提前还款或解除合同	是□　提前还款（加速到期）□ / 解除合同□ 否□
4. 是否主张担保权利	是□　内容： 否□
5. 是否主张实现债权的费用	是□　明细： 否□
6. 其他请求	
7. 标的总额	
8. 请求依据	合同约定： 法律规定：
约定管辖和诉讼保全	
1. 有无仲裁、法院管辖约定	有□　合同条款及内容： 无□
2. 是否申请财产保全措施	已经诉前保全：是□　保全法院：　　保全时间： 　　　　　　　否□ 申请诉讼保全：是□ 　　　　　　　否□

· 006 ·

续表

事实和理由	
1.合同签订情况（名称、编号、签订时间、地点等）	
2.签订主体	贷款人： 借款人：
3.借款金额	约定： 实际提供：
4.借款期限	是否到期：是□ 否□ 约定期限：　年　月　日起至　年　月　日止
5.借款利率	利率□　%/年（季/月）（合同条款：第　条）
6.借款提供时间	年　月　日，　元
7.还款方式	等额本息□ 等额本金□ 到期一次性还本付息□ 按月计息、到期一次性还本□ 按季计息、到期一次性还本□ 按年计息、到期一次性还本□ 其他□
8.还款情况	已还本金：　元 已还利息：　元，还息至　年　月　日
9.是否存在逾期还款	是□　逾期时间：　至今已逾期 否□
10.是否签订物的担保（抵押、质押）合同	是□　签订时间： 否□

续表

11. 担保人、担保物	担保人： 担保物：
12. 是否最高额担保（抵押、质押）	是□ 否□ 担保债权的确定时间： 担保额度：
13. 是否办理抵押、质押登记	是□　正式登记□ 　　　预告登记□ 否□
14. 是否签订保证合同	是□　签订时间：　　　保证人： 　　　主要内容： 否□
15. 保证方式	一般保证　　□ 连带责任保证□
16. 其他担保方式	是□　形式：　　　　签订时间： 否□
17. 其他需要说明的内容（可另附页）	
18. 证据清单（可另附页）	

具状人（签字、盖章）：

日期：

民事答辩状
（民间借贷纠纷）

说明：

为了方便您参加诉讼，保护您的合法权利，请填写本表。

1. 应诉时需向人民法院提交证明您身份的材料，如身份证复印件、营业执照复印件等。

2. 本表所列内容是您参加诉讼以及人民法院查明案件事实所需，请务必如实填写。

3. 本表所涉内容系针对一般民间借贷纠纷案件，有些内容可能与您的案件无关，您认为与案件无关的项目可以填"无"或不填；对于本表中勾选项可以在对应项打"√"；您认为另有重要内容需要列明的，可以在本表尾部或者另附页填写。

★特别提示★

《中华人民共和国民事诉讼法》第十三条第一款规定："民事诉讼应当遵循诚信原则。"

如果诉讼参加人违反上述规定，进行虚假诉讼、恶意诉讼，人民法院将视违法情形依法追究责任。

案号		案由	

当事人信息

答辩人（自然人）	姓名： 性别：男□　女□ 出生日期：　　年　　月　　日　　民族： 工作单位：　　　　　职务：　　　联系电话： 住所地（户籍所在地）： 经常居住地：

续表

答辩人（法人、非法人组织）	名称： 住所地（主要办事机构所在地）： 注册地/登记地： 法定代表人/主要负责人：　　职务：　　联系电话： 统一社会信用代码： 类型：有限责任公司□　股份有限公司□　上市公司□ 　　　其他企业法人□　事业单位□　社会团体□ 　　　基金会□　社会服务机构□　机关法人□　农村集体经济组织法人□　城镇农村的合作经济组织法人□　基层群众性自治组织法人□　个人独资企业□　合伙企业□　不具有法人资格的专业服务机构□　国有□（控股□　参股□）民营□
委托诉讼代理人	有□ 　　姓名： 　　单位：　　　职务：　　　联系电话： 　　代理权限：一般授权□　特别授权□ 无□
送达地址（所填信息除书面特别声明更改外，适用于案件一审、二审、再审所有后续程序）及收件人、联系电话	地址： 收件人： 联系电话：
是否接受电子送达	是□　方式：短信＿＿＿＿　微信＿＿＿＿　传真＿＿＿＿ 　　　　　邮箱＿＿＿＿　其他＿＿＿＿ 否□
答辩事项和依据 **（对原告诉讼请求的确认或者异议）**	
1. 对本金有无异议	无□ 有□　事实和理由：

续表

2. 对利息有无异议	无□ 有□　事实和理由：
3. 对提前还款或解除合同有无异议	无□ 有□　事实和理由：
4. 对担保权利诉请有无异议	无□ 有□　事实和理由：
5. 对实现债权的费用有无异议	无□ 有□　事实和理由：
6. 对其他请求有无异议	无□ 有□　事实和理由：
7. 对标的总额有无异议	无□ 有□　事实和理由：
8. 答辩依据	合同约定： 法律规定：
事实和理由 **（对起诉状事实和理由的确认或者异议）**	
1. 对合同签订情况（名称、编号、签订时间、地点等）有无异议	无□ 有□　事实和理由：
2. 对签订主体有无异议	无□ 有□　事实和理由：
3. 对借款金额有无异议	无□ 有□　事实和理由：

续表

4. 对借款期限有无异议	无 □ 有 □	事实和理由：
5. 对借款利率有无异议	无 □ 有 □	事实和理由：
6. 对借款提供时间有无异议	无 □ 有 □	事实和理由：
7. 对还款方式有无异议	无 □ 有 □	事实和理由：
8. 对还款情况有无异议	无 □ 有 □	事实和理由：
9. 对是否逾期还款有无异议	无 □ 有 □	事实和理由：
10. 对是否签订物的担保合同有无异议	无 □ 有 □	事实和理由：
11. 对担保人、担保物有无异议	无 □ 有 □	事实和理由：
12. 对最高额抵押担保有无异议	无 □ 有 □	事实和理由：
13. 对是否办理抵押/质押登记有无异议	无 □ 有 □	事实和理由：
14. 对是否签订保证合同有无异议	无 □ 有 □	事实和理由：

续表

15. 对保证方式有无异议	无□ 有□ 事实和理由：
16. 对其他担保方式有无异议	无□ 有□ 事实和理由：
17. 有无其他免责/减责事由	无□ 有□ 事实和理由：
18. 其他需要说明的内容（可另附页）	无□ 有□ 内容：
19. 证据清单（可另附页）	

答辩人（签字、盖章）：
日期：

"适用指南"

起诉部分
（民间借贷纠纷）

诉讼请求1　偿还本金

请求依据	《民法典》第667、668、675、679条 《最高人民法院关于审理民间借贷案件适用法律若干问题的规定》第1、2、9、10、26、27条 借贷合同第×条		
依据分解	原告与被告存在有效的民间借贷关系	借款确已实际交付	被告未按照约定偿还本金
事实	■合同签订情况（名称、编号、签订时间、地点等） ■签订主体 ■借款金额 ■借款期限	■借款提供时间	■借款期限 ■还款方式 ■还款情况 ■存在逾期还款
证据	借据、收据、欠条等债权凭证以及其他能够证明借贷法律关系存在的证据 相关录音录像 双方沟通记录	收条 银行卡交易流水 转账记录 相关票据 权利转让记录 双方沟通记录	银行卡交易流水 转账记录 相关票据 权利转让记录 双方沟通记录
理由	××××年××月××日，原告与被告签订借贷合同。××××年××月××日，原告已将合同约定的借款××元转账至被告××的银行账户，并收到被告提供的收据。××××年××月××日，约定的还款期限届满，原告多次催收，被告仍拒绝偿还本金，诉请被告偿还本金		

诉讼请求 2　支付利息

请求依据	《民法典》第 674、676 条 《最高人民法院关于审理民间借贷案件适用法律若干问题的规定》第 24~26 条 借贷合同第 × 条	
依据分解	原告与被告存在有效的民间借贷关系，借款确已实际交付	被告未按照约定支付利息
事实	■ 合同签订情况（名称、编号、签订时间、地点等） ■ 签订主体 ■ 借款金额 ■ 借款期限 ■ 借款提供时间	■ 借款利率 ■ 还款方式 ■ 还款情况 ■ 存在逾期还款
证据	借据、收据、欠条等债权凭证以及其他能够证明借贷法律关系存在的证据 收条 银行卡交易流水 转账记录 相关票据 权利转让记录 双方沟通记录	银行卡交易流水 转账记录 相关票据 权利转让记录 双方沟通记录
理由	××××年××月××日，原告与被告签订借贷合同。××××年××月××日，原告已将合同约定的借款××元转账至被告××的银行账户，并收到被告提供的收据。××××年××月××日，约定的还款期限届满，原告多次催收，被告仍拒绝归还本金及利息，诉请被告支付利息	

民间借贷纠纷

诉讼请求 3　要求提前还款或解除合同

请求依据	《民法典》第 557、673 条 借贷合同第 × 条	
依据分解	原告与被告存在有效的民间借贷关系，借款确已实际交付	借款人未按照约定的借款用途使用借款[1]
事实	■ 合同签订情况（名称、编号、签订时间、地点等） ■ 签订主体 ■ 借款金额 ■ 借款期限 ■ 借款提供时间	■ 还款情况 ■ 存在逾期还款 ■ 其他需要说明的内容 　● 借款使用情况
证据	借据、收据、欠条等债权凭证以及其他能够证明借贷法律关系存在的证据 收条 银行卡交易流水 转账记录 相关票据 权利转让记录 双方沟通记录	借款使用情况相关证据 双方沟通记录
理由	原告与被告签订借贷合同，原告已将合同约定的借款 ×× 元转账至被告 ×× 的银行账户，并收到被告提供的收据。合同明确约定了借款用途，但被告未能按照约定的用途使用借款，原告诉请提前收回借款 / 解除合同	

[1] 此为民间借贷中特有的情况。常见的合同解除条件还包括：(1) 法定的解除条件：①因不可抗力致使不能实现合同目的；②在履行期限届满前，当事人一方明确表示或者以自己的行为表明不履行主要债务；③当事人一方迟延履行主要债务，经催告后在合理期限内仍未履行；④当事人一方迟延履行债务或者有其他违约行为致使不能实现合同目的；⑤借款人未按照约定的借款用途使用借款的。(2) 合同约定的解除条件。

· 016 ·

诉讼请求 4　主张担保权利

请求依据	《民法典》第 386、387、388、393、394、410、420、425、440、509、675 条 借贷合同第 × 条 担保合同第 × 条 保证合同第 × 条	
依据分解	被告逾期不偿还本金和支付利息	原告可主张担保权利： （1）主债权存在且有效； （2）抵押合同或条款有效； （3）担保或保证期间未经过； （4）担保权利成立（满足法定设立要件）
事实	■ 借款利率 ■ 还款方式 ■ 还款情况 ■ 存在逾期还款	■ 签订物的担保（抵押、质押）合同 ■ 担保人、担保物 ■ 最高额担保（抵押、质押） ■ 办理抵押、质押登记 ■ 签订保证合同 ■ 保证方式 ■ 其他担保方式
证据	借贷合同或借据 收条 银行卡交易流水 转账记录 相关票据 权利转让记录 双方沟通记录	担保合同原件 抵押登记证明或他项权利证书 房产证、土地使用权证等权属证明 股票、债券、存单等权利凭证或证明文件 动产或权利的交付证明 车辆等登记证明
理由	被告逾期不偿还本金和利息，共计 ×× 元，原告依法享有担保利益，诉请就抵押物（质押物）等财产优先受偿	

民间借贷纠纷

诉讼请求 5　主张实现债权的费用

请求依据	《民法典》第 561 条
依据分解	被告逾期不偿还本金和利息	原告为实现债权，支付了合理费用，主要包括： （1）诉讼费用； （2）保全费用； （3）实现担保物权的费用； （4）律师费； （5）差旅费用等
事实	■ 借款利率 ■ 还款方式 ■ 还款情况 ■ 存在逾期还款	■ 其他需要说明的内容 　● 实现债权合理费用的相关情况
证据	借贷合同或借据 收条 银行卡交易流水 转账记录 相关票据 权利转让记录 双方沟通记录	各类费用的收据、发票 委托代理合同
理由	被告逾期不偿还本金和利息，为了实现债权，原告采取××措施，支付××费用××元，应由被告承担

答辩部分
（民间借贷纠纷）

答辩事项 1　对偿还本金的异议

答辩依据	《民法典》第 136、146、153、154、667、668、673~675、679、680 条 《最高人民法院关于审理民间借贷案件适用法律若干问题的规定》第 5、12、13、15、16、24、25、30 条 借贷合同第 × 条					
依据分解	民间借贷合同无效[1]	原告、被告不是合同当事人	借贷行为尚未实际发生	转账系偿还双方之前借款或者其他债务	对本金数额的异议	被告已按照实际借款金额偿还本金
事实	■对合同签订情况的异议	■对签订主体的异议	■对借款提供时间的异议	■对合同签订情况的异议 ■对签订主体的异议	■对借款金额的异议 ■对还款情况的异议 ■对逾期还款的异议	■对还款情况的异议 ■对逾期还款的异议
证据	借贷合同原件 原告涉嫌犯罪的判决书 双方沟通记录	借贷合同原件 欠条 收据 双方沟通记录	银行流水 双方沟通记录	银行流水 收条 收据 其他合同 双方沟通记录	银行流水 收条 借据 双方沟通记录	银行流水 双方沟通记录 收据

续表

| 理由 | 被告与原告订立借贷合同，借贷合同因××××无效，故原告依据该合同要求被告偿还本金无依据 | 原告/被告不是借贷合同的当事人，被告不应当向原告偿还本金 | 虽然原被告之间签订了民间借贷合同，但原告至今未按照合同约定提供借款，故被告不应向原告支付本金 | 原告于××××年××月××日向被告转账，但该转账是原告支付的之前双方买卖合同的货款，而非民间借贷的借款，故原告不应偿还该笔转账对应的本金 | 原告与被告于××××年××月××日签订借贷合同，约定借款金额为X元，后原告实际以银行转账方式支付借款Y元，故本金数额应当为Y元 | 被告已于××××年××月××日按照实际借款金额偿还本金，不存在逾期未还款的情况，不应承担还款义务 |

[1] 除合同通用的无效事由外，民间借贷合同特定的无效事由包括：（1）套取金融机构贷款转贷的；（2）以向其他营利法人借贷、向本单位职工集资，或者以向公众非法吸收存款等方式取得的资金转贷的；（3）未依法取得放贷资格的出借人，以营利为目的向社会不特定对象提供借款的；（4）出借人事先知道或者应当知道借款人借款用于违法犯罪活动仍然提供借款的。

答辩事项 2　对支付利息的异议

答辩依据	《民法典》第 509、577、674~676、680 条 《最高人民法院关于审理民间借贷案件适用法律若干问题的规定》第 24、25 条 借贷合同第 × 条	
依据分解	对偿还本金的异议	对利息的异议： （1）没有约定利息的； （2）利息约定不明的； （3）利率超过合同成立时 1 年期贷款市场报价利率 4 倍的
事实	参见答辩事项 1 的事实各部分	■ 对借款利率的异议
证据	参见答辩事项 1 的证据各部分	借款合同 借据 双方沟通记录
理由	参见答辩事项 1 的理由各部分	被告认可未偿还本金的事实，但是（1）合同未约定利息，原告无权请求被告支付利息；（2）利息约定不明，原告无权请求被告支付利息；（3）合同约定利率超过合同成立时 1 年期贷款市场报价利率 4 倍，对超过部分的利息，被告不应支付

答辩事项 3　对提前还款或解除合同的异议

答辩依据	《民法典》第 562、563、673 条 借贷合同第 × 条	
依据分解	对借贷合同效力、借贷行为已经发生的异议	借款人不存在未按照约定的用途使用借款的情况[1]
事实	参见答辩事项 1 的事实相关部分	■ 对还款情况的异议 ■ 对逾期还款的异议 ■ 其他需要说明的内容 　● 借款使用情况
证据	参见答辩事项 1 的证据相关部分	借贷合同或借据 收条 银行卡交易流水 转账记录 相关票据 双方沟通记录 借款使用情况相关证据
理由	参见答辩事项 1 的理由相关部分	××××年××月××日，原告与被告签订借贷合同。××××年××月××日，原告已将合同约定的借款××元转账至被告××的银行卡，被告不存在未按照约定的用途使用借款的情况，原告不能要求提前还款或者解除合同

［1］　其他对合同解除情况的抗辩针对第 16 页"诉讼请求 3"表注［1］提出。

答辩事项 4　对担保权利诉请的异议

答辩依据	《民法典》第 386~388、394、410、420、425、440、509、675 条 《最高人民法院关于审理民间借贷案件适用法律若干问题的规定》第 12、20、21 条 借贷合同第 × 条 担保合同第 × 条 保证合同第 × 条			
依据分解	对偿还本金的异议	借款人或者出借人的借贷行为涉嫌犯罪或者已经生效的裁判认定构成犯罪	对担保权利的依据的异议： （1）担保合同或保证合同无效； （2）主债权不存在或合同无效； （3）原告未取得合法的担保权利	担保权利行使条件未满足
事实	参见答辩事项 1 的事实各部分	■ 对合同签订情况的异议	■ 对签订物的担保合同的异议 ■ 对担保人、担保物的异议 ■ 对最高额抵押担保的异议 ■ 对办理抵押/质押登记的异议 ■ 对签订保证合同的异议 ■ 对保证方式的异议 ■ 对其他担保方式的异议	■ 其他需要说明的内容 ● 对原告向被告进行通知和催收的异议
证据	参见答辩事项 1 的证据各部分	借贷合同原件 原告涉嫌犯罪的判决书 双方沟通记录	担保合同原件 抵押登记证明或他项权利证书 房产证、土地使用权证等权属证明 股票、债券、存单等权利凭证或证明文件 动产或权利的交付证明 车辆等登记证明	担保合同原件 担保人与银行的沟通记录

续表

| 理由 | 参见答辩事项1的理由各部分 | 借款人与出借人订立借贷合同，后出借人被证明为以营利为目的向社会不特定对象提供借款，被法院以非法经营罪判刑，担保人不应当承担担保义务 | 被告存在未履行主合同义务的情况，但是：（1）被告与原告签订的担保合同/保证合同因××原因无效；（2）主债权不存在或合同无效；（3）原告未取得合法的担保权利。因此，原告无权主张担保权利 | 被告存在未履行主合同义务的情况，且担保合同有效。但是，担保合同约定，在原告催告被告还款、被告明确拒绝还款之前，不得要求担保人履行担保义务。被告未履行催告义务，担保合同约定的担保权利行使条件未成就，原告不得要求担保人履行 |

答辩事项 5　对实现债权的费用的异议

答辩依据	《民法典》第 561 条	
依据分解	被告不存在未偿还本金及利息的情况	对原告支付费用的合理性、真实性的异议
事实	参见答辩事项 1、2、4 的事实各部分	■ 其他需要说明的内容 　• 委托代理合同的签订情况 　• 实现债权合理费用的情况 　• 实现担保权利支出费用的情况
证据	参见答辩事项 1、2、4 的证据各部分	各类费用的收据、发票 委托代理合同
理由	参见答辩事项 1、2、4 的理由各部分	被告借贷本金 × 元，逾期未还，利息共计 × 元，被告对此无异议。原告诉请 ×× 费用，与本案无关，不是实现债权的合理费用，被告不应支付。原告诉请 ×× 费用 ×× 元，无证据支持，仅认可其中 ×× 元

民间借贷纠纷

> "**实 例**"

民事起诉状
（民间借贷纠纷）

说明：
  为了方便您参加诉讼，保护您的合法权利，请填写本表。
  1. 起诉时需向人民法院提交证明您身份的材料，如身份证复印件、营业执照复印件等。
  2. 本表所列内容是您提起诉讼以及人民法院查明案件事实所需，请务必如实填写。
  3. 本表所涉内容系针对一般民间借贷纠纷案件，有些内容可能与您的案件无关，您认为与案件无关的项目可以填"无"或不填；对于本表中勾选项可以在对应项打"√"；您认为另有重要内容需要列明的，可以在本表尾部或者另附页填写。
  ★特别提示★
  《中华人民共和国民事诉讼法》第十三条第一款规定："民事诉讼应当遵循诚信原则。"
  如果诉讼参加人违反上述规定，进行虚假诉讼、恶意诉讼，人民法院将视违法情形依法追究责任。

当事人信息

原告（自然人） [此处为贷款人] [若原告为法人或非法人组织，按相应格式填写]	姓名：沈×× 性别：男□ 女☑ 出生日期：1985 年 5 月 25 日　　民族：汉族 工作单位：无　职务：无　联系电话：×××××××× 住所地（户籍所在地）：福建省惠安县螺阳镇村下村 × 组
委托诉讼代理人	有☑ 姓名：李×× 单位：福建省惠安县 × 法律服务所 职务：法律服务工作者 联系电话：×××××××× 代理权限：一般授权☑　特别授权□ [代理人仅享有出庭、收集证据、辩论、起草法律文书等程序性诉讼权利] [代理人除享有一般授权的诉讼权利外，还可行使代为和解、上诉等涉及当事人实体利益的诉讼权利] 无□

· 026 ·

续表

送达地址（所填信息除书面特别声明更改外，适用于案件一审、二审、再审所有后续程序）及收件人、联系电话	地址：惠安县×××路1号 收件人：李×× 联系电话：××××××××
是否接受电子送达	是☑　方式：短信＿＿＿　微信＿＿＿　传真＿＿＿ 电子邮箱 ×××@QQ.COM　其他＿＿＿ 否□
被告（自然人）	姓名：董×× 性别：男☑　女□ 出生日期：1955年5月25日　民族：汉族 工作单位：无　职务：无　联系电话：×××××××× 住所地（户籍所在地）：福建省惠安县 住所地：福建省惠安县螺阳镇村下村×组

（批注：此处可填写一项或多项；此处为借款人；若被告为法人或非法人组织，按相应格式填写）

诉讼请求和依据

1. 本金	截至2023年2月10日止，尚欠本金590065元（人民币，下同）
2. 利息	截至2023年2月10日止，欠利息46261.85元 是否请求支付至实际清偿之日止：是☑　否□
3. 是否要求提前还款或解除合同	是□　提前还款（加速到期）□/解除合同□ 否□
4. 是否主张担保权利	是☑　内容： 否□
5. 是否主张实现债权的费用	是☑　费用明细：律师费、财产保全费（以实际发生为准） 否□
6. 其他请求	本案诉讼费用由被告承担
7. 标的总额	636327元（暂计至2023年2月10日）

（批注：实际出借的金额）

续表

8.请求依据	合同约定：《借款合同》第3条、第8条等 法律规定：《最高人民法院关于适用〈中华人民共和国民法典〉时间效力的若干规定》第一条第二款，《中华人民共和国合同法》第一百零七条、第二百零五条、第二百零六条，《中华人民共和国担保法》第十八条、第二十一条

> 应尽量穷尽列举，可参考本书"适用指南""相关法条"提及的规定

约定管辖和诉讼保全

1.有无仲裁、法院管辖约定	有☑　合同条款及内容：第15条　发生争议由被告所在地人民法院管辖 无☐
2.是否申请财产保全措施	已经诉前保全：是☐　保全法院：　保全时间： 　　　　　　　　否☑ 申请诉讼保全：是☑ 　　　　　　　　否☐

> 对方当事人可能导致判决难以执行或造成其他损害的，可申请财产保全措施，包括冻结、扣押、查封

事实和理由

1.合同签订情况（名称、编号、签订时间、地点等）	2019年7月16日，在原告所在地签订《借款合同》
2.签订主体	出借人：沈× 借款人：董×
3.借款金额	约定：10万元整 实际提供：10万元　　（本金）
4.借款期限	是否到期：是☑　否☐ 约定期限：2019年7月16日起至2020年7月15日止
5.借款利率	利率☑　10%/年（季/月）（合同条款：第3条）
6.借款发放时间	2019年7月16日，银行转账10万元

续表

7. 还款方式	等额本息□ 等额本金□ 到期一次性还本付息□ 到期一次性还本☑ 按季计息、到期一次性还本□ 按年计息、到期一次性还本□ 其他□
8. 还款情况	已还本金：0 元 已还利息：0 元，还息至　　年　　月　　日
9. 是否存在逾期还款	是☑　逾期时间：2020 年 7 月 16 日至起诉时已逾期 100 天 否□
10. 是否签订物的担保（抵押、质押）合同	是□　签订时间： 否☑
11. 担保人、担保物	担保人： 担保物：
12. 是否最高额担保（抵押、质押）	是□ 否☑ 担保债权的确定时间： 担保额度：
13. 是否办理抵押、质押登记	是□　正式登记□ 　　　预告登记□ 否☑
14. 是否签订保证合同	是□ 否☑
15. 保证方式	一般保证　　□ 连带责任保证☑
16. 其他担保方式	是□　形式：　　　签订时间： 否☑

续表

17. 其他需要说明的内容（可另附页）	
18. 证据清单（可另附页）	附页

具状人（签字、盖章）：沈×

日期：2020 年 10 月 26 日

（原告）

（自然人签字，法人、非法人组织盖章）

民事答辩状
（民间借贷纠纷）

说明：

为了方便您更好地参加诉讼，保护您的合法权利，请填写本表。

1. 应诉时需向人民法院提交证明您身份的材料，如身份证复印件、营业执照复印件等。

2. 本表所列内容是您参加诉讼以及人民法院查明案件事实所需，请务必如实填写。

3. 本表所涉内容系针对一般民间借贷纠纷案件，有些内容可能与您的案件无关，您认为与案件无关的项目可以填"无"或不填；对于本表中勾选项可以在对应项打"√"；您认为另有重要内容需要列明的，可以在本表尾部或者另附页填写。

★特别提示★

《中华人民共和国民事诉讼法》第十三条第一款规定："民事诉讼应当遵循诚信原则。"

如果诉讼参加人违反上述规定，进行虚假诉讼、恶意诉讼，人民法院将视违法情形依法追究责任。

案号	（2023）闽×××民初×××号	案由	民间借贷纠纷

当事人信息

> 此处为借款人
>
> 答辩人（自然人）
>
> 若答辩人为法人或非法人组织，按相应格式填写

姓名：董××
性别：男☑ 女☐
出生日期：1955 年 5 月 25 日　民族：汉族
工作单位：无　职务：无　联系电话：××××××××
住所地（户籍所在地）：福建省惠安县

· 031 ·

续表

委托诉讼代理人	有☑ 　　姓名：杨×× 单位：福建省泉州市××律师事务所 　　职务：律师 联系电话：136×××××× 　　代理权限：一般授权☑ 特别授权☐ 无☐
送达地址（所填信息除书面特别声明更改外，适用于案件一审、二审、再审所有后续程序）及收件人、电话	地址：福建省惠安县螺阳镇村下村×组 收件人：董× 电话：136×××××××
是否接受电子送达	是☑　方式：短信_____ 微信_____ 传真_____ 　　电子邮箱×××@QQ.COM 其他_____ 否☐

（代理人仅享有出庭、收集证据、辩论、起草法律文书等程序性诉讼权利）

（代理人除享有一般授权的诉讼权利外，还可行使代为和解、上诉等涉及当事人实体利益的诉讼权利）

（此处可填写一项或多项）

答辩事项和依据
（对原告诉讼请求的确认或者异议）

1. 对本金有无异议	无☐ 有☐　事实和理由：
2. 对利息（复利、罚息）有无异议	无☐ 有☐　事实和理由：合同未约定复利，不应支付复利
3. 对提前还款或解除合同有无异议	无☐ 有☐　事实和理由：
4. 对担保权利诉请有无异议	无☐ 有☐　事实和理由：
5. 对实现债权的费用有无异议	无☐ 有☐　事实和理由：
6. 对其他请求有无异议	无☐ 有☑　事实和理由：诉讼费用由法院判决

续表

7.对标的总额有无异议	无☐ 有☑　事实和理由：
8.答辩依据	合同约定：《民间借贷合同》 法律规定：《最高人民法院关于适用〈中华人民共和国民法典〉时间效力的若干规定》第一条第二款，《中华人民共和国合同法》第三十九条、第四十条、第二百零六条，《中华人民共和国担保法》第十八条、第二十一条

> 应尽量穷尽列举，可参考本书"适用指南""相关法条"提及的规定

事实和理由
（对起诉状事实和理由的确认或者异议）

1.对合同签订情况（名称、编号、签订时间、地点）有无异议	无☑ 有☐
2.对签订主体有无异议	无☑ 有☐
3.对借款金额有无异议	无☑ 有☐　事实和理由：
4.对借款期限有无异议	无☑ 有☐　事实和理由：
5.对借款利率有无异议	无☑ 有☐　事实和理由：
6.对借款提供时间有无异议	无☑ 有☐　事实和理由：
7.对还款方式有无异议	无☑ 有☐　事实和理由：
8.对还款情况有无异议	无☑ 有☐　事实和理由：
9.对是否逾期还款有无异议	无☑ 有☐

续表

10. 对是否签订物的担保合同有无异议	无 ☑ 有 ☐	
11. 对担保人、担保物有无异议	无 ☑ 有 ☐ 事实和理由：	
12. 对最高额抵押担保有无异议	无 ☑ 有 ☐ 事实和理由：	
13. 对是否办理抵押/质押登记有无异议	无 ☑ 有 ☐ 事实和理由：	
14. 对是否签订保证合同有无异议	无 ☑ 有 ☐ 事实和理由：	
15. 对保证方式有无异议	无 ☑ 有 ☐ 事实和理由：	
16. 对其他担保方式有无异议	无 ☑ 有 ☐ 事实和理由：	
17. 有无其他免责/减责事由	无 ☑ 有 ☐ 内容：	
18. 其他需要说明的内容（可另附页）	本人暂时经济困难，请求宽限还款	
19. 证据清单（可另附页）		

答辩人（签字、盖章）： 董×× （被告）

日期： ××××年××月××日

（自然人签字，法人、非法人组织盖章）

相关法条

《民法典》

第一百三十六条 民事法律行为自成立时生效，但是法律另有规定或者当事人另有约定的除外。

行为人非依法律规定或者未经对方同意，不得擅自变更或者解除民事法律行为。

第一百四十六条 行为人与相对人以虚假的意思表示实施的民事法律行为无效。

以虚假的意思表示隐藏的民事法律行为的效力，依照有关法律规定处理。

第一百五十三条 违反法律、行政法规的强制性规定的民事法律行为无效。但是，该强制性规定不导致该民事法律行为无效的除外。

违背公序良俗的民事法律行为无效。

第一百五十四条 行为人与相对人恶意串通，损害他人合法权益的民事法律行为无效。

第一百五十五条 无效的或者被撤销的民事法律行为自始没有法律约束力。

第三百八十六条 担保物权人在债务人不履行到期债务或者发生当事人约定的实现担保物权的情形，依法享有就担保财产优先受偿的权利，但是法律另有规定的除外。

第三百八十七条 债权人在借贷、买卖等民事活动中，为保障实现其债权，需要担保的，可以依照本法和其他法律的规定设立担保物权。

第三人为债务人向债权人提供担保的，可以要求债务人提供反担保。反担保适用本法和其他法律的规定。

第三百八十八条 设立担保物权，应当依照本法和其他法律的规定订立担保合同。担保合同包括抵押合同、质押合同和其他具有担保功能的合同。担保合同是主债权债务合同的从合同。主债权债务合同无效的，担保合同无效，但是法律另有规定的除外。

担保合同被确认无效后，债务人、担保人、债权人有过错的，应当根据其过错各自承担相应的民事责任。

第三百九十三条 有下列情形之一的，担保物权消灭：

（一）主债权消灭；

（二）担保物权实现；

（三）债权人放弃担保物权；

（四）法律规定担保物权消灭的其他情形。

第三百九十四条 为担保债务的履行，债务人或者第三人不转移财产的占有，将该财产抵押给债权人的，债务人不履行到期债务或者发生当事人约定的实现抵押权的情形，债权人有权就该财产优先受偿。

前款规定的债务人或者第三人为抵押人，债权人为抵押权人，提供担保的财产为抵押财产。

第四百一十条 债务人不履行到期债务或者发生当事人约定的实现抵押权的情形，抵押权人可以与抵押人协议以抵押财产折价或者以拍卖、变卖该抵押财产所得的价款优先受偿。协议损害其他债权人利益的，其他债权人可以请求人民法院撤销该协议。

抵押权人与抵押人未就抵押权实现方式达成协议的，抵押权人可以请求人民法院拍卖、变卖抵押财产。

抵押财产折价或者变卖的，应当参照市场价格。

第四百二十条 为担保债务的履行，债务人或者第三人对一定期间内将要连续发生的债权提供担保财产的，债务人不履行到期债务或者发生当事人约定的实现抵押权的情形，抵押权人有权在最高债权额限度内就该担保财产优先受偿。

最高额抵押权设立前已经存在的债权，经当事人同意，可以转入最高额抵押担保的债权范围。

第四百二十五条 为担保债务的履行，债务人或者第三人将其动产出质给债权人占有的，债务人不履行到期债务或者发生当事人约定的实现质权的情形，债权人有权就该动产优先受偿。

前款规定的债务人或者第三人为出质人，债权人为质权人，交付的动产为质押财产。

第四百四十条 债务人或者第三人有权处分的下列权利可以出质：

（一）汇票、本票、支票；

（二）债券、存款单；

（三）仓单、提单；

（四）可以转让的基金份额、股权；
（五）可以转让的注册商标专用权、专利权、著作权等知识产权中的财产权；
（六）现有的以及将有的应收账款；
（七）法律、行政法规规定可以出质的其他财产权利。

第五百零九条 当事人应当按照约定全面履行自己的义务。

当事人应当遵循诚信原则，根据合同的性质、目的和交易习惯履行通知、协助、保密等义务。

当事人在履行合同过程中，应当避免浪费资源、污染环境和破坏生态。

第五百五十七条 有下列情形之一的，债权债务终止：

（一）债务已经履行；
（二）债务相互抵销；
（三）债务人依法将标的物提存；
（四）债权人免除债务；
（五）债权债务同归于一人；
（六）法律规定或者当事人约定终止的其他情形。

合同解除的，该合同的权利义务关系终止。

第五百六十一条 债务人在履行主债务外还应当支付利息和实现债权的有关费用，其给付不足以清偿全部债务的，除当事人另有约定外，应当按照下列顺序履行：

（一）实现债权的有关费用；
（二）利息；
（三）主债务。

第五百六十二条 当事人协商一致，可以解除合同。

当事人可以约定一方解除合同的事由。解除合同的事由发生时，解除权人可以解除合同。

第五百六十三条 有下列情形之一的，当事人可以解除合同：

（一）因不可抗力致使不能实现合同目的；
（二）在履行期限届满前，当事人一方明确表示或者以自己的行为表明不履行主要债务；
（三）当事人一方迟延履行主要债务，经催告后在合理期限内仍未履行；

（四）当事人一方迟延履行债务或者有其他违约行为致使不能实现合同目的；

（五）法律规定的其他情形。

以持续履行的债务为内容的不定期合同，当事人可以随时解除合同，但是应当在合理期限之前通知对方。

第五百七十七条 当事人一方不履行合同义务或者履行合同义务不符合约定的，应当承担继续履行、采取补救措施或者赔偿损失等违约责任。

第六百六十七条 借款合同是借款人向贷款人借款，到期返还借款并支付利息的合同。

第六百六十八条 借款合同应当采用书面形式，但是自然人之间借款另有约定的除外。

借款合同的内容一般包括借款种类、币种、用途、数额、利率、期限和还款方式等条款。

第六百六十九条 订立借款合同，借款人应当按照贷款人的要求提供与借款有关的业务活动和财务状况的真实情况。

第六百七十条 借款的利息不得预先在本金中扣除。利息预先在本金中扣除的，应当按照实际借款数额返还借款并计算利息。

第六百七十一条 贷款人未按照约定的日期、数额提供借款，造成借款人损失的，应当赔偿损失。

借款人未按照约定的日期、数额收取借款的，应当按照约定的日期、数额支付利息。

第六百七十二条 贷款人按照约定可以检查、监督借款的使用情况。借款人应当按照约定向贷款人定期提供有关财务会计报表或者其他资料。

第六百七十三条 借款人未按照约定的借款用途使用借款的，贷款人可以停止发放借款、提前收回借款或者解除合同。

第六百七十四条 借款人应当按照约定的期限支付利息。对支付利息的期限没有约定或者约定不明确，依据本法第五百一十条的规定仍不能确定，借款期间不满一年的，应当在返还借款时一并支付；借款期间一年以上的，应当在每届满一年时支付，剩余期间不满一年的，应当在返还借款时一并支付。

第六百七十五条 借款人应当按照约定的期限返还借款。对借款期限没有约定或者约定不明确，依据本法第五百一十条的规定仍不能确定的，借款人可以随时返还；贷款人可以催告借款人在合理期限内返还。

第六百七十六条 借款人未按照约定的期限返还借款的，应当按照约定或者国家有关规定支付逾期利息。

第六百七十七条 借款人提前返还借款的，除当事人另有约定外，应当按照实际借款的期间计算利息。

第六百七十八条 借款人可以在还款期限届满前向贷款人申请展期；贷款人同意的，可以展期。

第六百七十九条 自然人之间的借款合同，自贷款人提供借款时成立。

第六百八十条 禁止高利放贷，借款的利率不得违反国家有关规定。

借款合同对支付利息没有约定的，视为没有利息。

借款合同对支付利息约定不明确，当事人不能达成补充协议的，按照当地或者当事人的交易方式、交易习惯、市场利率等因素确定利息；自然人之间借款的，视为没有利息。

《最高人民法院关于审理民间借贷案件适用法律若干问题的规定》

第一条 本规定所称的民间借贷，是指自然人、法人和非法人组织之间进行资金融通的行为。

经金融监管部门批准设立的从事贷款业务的金融机构及其分支机构，因发放贷款等相关金融业务引发的纠纷，不适用本规定。

第二条 出借人向人民法院提起民间借贷诉讼时，应当提供借据、收据、欠条等债权凭证以及其他能够证明借贷法律关系存在的证据。

当事人持有的借据、收据、欠条等债权凭证没有载明债权人，持有债权凭证的当事人提起民间借贷诉讼的，人民法院应予受理。被告对原告的债权人资格提出有事实依据的抗辩，人民法院经审查认为原告不具有债权人资格的，裁定驳回起诉。

第三条 借贷双方就合同履行地未约定或者约定不明确，事后未达成补充协议，按照合同相关条款或者交易习惯仍不能确定的，以接受货币一方所在地为合同履行地。

第四条 保证人为借款人提供连带责任保证，出借人仅起诉借款人的，人民法院可以不追加保证人为共同被告；出借人仅起诉保证人的，人民法院可以追加借款人为共同被告。

保证人为借款人提供一般保证，出借人仅起诉保证人的，人民法院应当追加借款人为共同被告；出借人仅起诉借款人的，人民法院可以不追加保证人为共同被告。

第五条 人民法院立案后，发现民间借贷行为本身涉嫌非法集资等犯罪的，应当裁定驳回起诉，并将涉嫌非法集资等犯罪的线索、材料移送公安或者检察机关。

公安或者检察机关不予立案，或者立案侦查后撤销案件，或者检察机关作出不起诉决定，或者经人民法院生效判决认定不构成非法集资等犯罪，当事人又以同一事实向人民法院提起诉讼的，人民法院应予受理。

第六条 人民法院立案后，发现与民间借贷纠纷案件虽有关联但不是同一事实的涉嫌非法集资等犯罪的线索、材料的，人民法院应当继续审理民间借贷纠纷案件，并将涉嫌非法集资等犯罪的线索、材料移送公安或者检察机关。

第七条 民间借贷纠纷的基本案件事实必须以刑事案件的审理结果为依据，而该刑事案件尚未审结的，人民法院应当裁定中止诉讼。

第八条 借款人涉嫌犯罪或者生效判决认定其有罪，出借人起诉请求担保人承担民事责任的，人民法院应予受理。

第九条 自然人之间的借款合同具有下列情形之一的，可以视为合同成立：

（一）以现金支付的，自借款人收到借款时；

（二）以银行转账、网上电子汇款等形式支付的，自资金到达借款人账户时；

（三）以票据交付的，自借款人依法取得票据权利时；

（四）出借人将特定资金账户支配权授权给借款人的，自借款人取得对该账户实际支配权时；

（五）出借人以与借款人约定的其他方式提供借款并实际履行完成时。

第十条 法人之间、非法人组织之间以及它们相互之间为生产、经营需要订立的民间借贷合同，除存在民法典第一百四十六条、第一百五十三条、第一百五十四条以及本规定第十三条规定的情形外，当事人主张民间借贷合同有效的，人民法院应予支持。

第十一条 法人或者非法人组织在本单位内部通过借款形式向职工筹集资金，用于本单位生产、经营，且不存在民法典第一百四十四条、第一百四十六条、第一百五十三条、第一百五十四条以及本规定第十三条规定的情形，当事人主张民间借贷合同有效的，人民法院应予支持。

第十二条 借款人或者出借人的借贷行为涉嫌犯罪，或者已经生效的裁判认定构成犯罪，当事人提起民事诉讼的，民间借贷合同并不当然无效。人民法院应当依据民法典第一百四十四条、第一百四十六条、第一百五十三条、第一百五十四条以及本规定第十三条之规定，认定民间借贷合同的效力。

担保人以借款人或者出借人的借贷行为涉嫌犯罪或者已经生效的裁判认定构成犯罪为由，主张不承担民事责任的，人民法院应当依据民间借贷合同与担保合同的效力、当事人的过错程度，依法确定担保人的民事责任。

第十三条 具有下列情形之一的，人民法院应当认定民间借贷合同无效：

（一）套取金融机构贷款转贷的；

（二）以向其他营利法人借贷、向本单位职工集资，或者以向公众非法吸收存款等方式取得的资金转贷的；

（三）未依法取得放贷资格的出借人，以营利为目的向社会不特定对象提供借款的；

（四）出借人事先知道或者应当知道借款人借款用于违法犯罪活动仍然提供借款的；

（五）违反法律、行政法规强制性规定的；

（六）违背公序良俗的。

第十四条 原告以借据、收据、欠条等债权凭证为依据提起民间借贷诉讼，被告依据基础法律关系提出抗辩或者反诉，并提供证据证明债权纠纷非民间借贷行为引起的，人民法院应当依据查明的案件事实，按照基础法律关系审理。

当事人通过调解、和解或者清算达成的债权债务协议，不适用前款规定。

第十五条 原告仅依据借据、收据、欠条等债权凭证提起民间借贷诉讼，被告抗辩已经偿还借款的，被告应当对其主张提供证据证明。被告提供相应证据证明其主张后，原告仍应就借贷关系的存续承担举证责任。

被告抗辩借贷行为尚未实际发生并能作出合理说明的，人民法院应当结合借贷金额、款项交付、当事人的经济能力、当地或者当事人之间的交易方式、交易习惯、当事人财产变动情况以及证人证言等事实和因素，综合判断查证借贷事实是否发生。

第十六条 原告仅依据金融机构的转账凭证提起民间借贷诉讼，被告抗辩转账系偿还双方之前借款或者其他债务的，被告应当对其主张提供证据证明。被告提供相应证据证明其主张后，原告仍应就借贷关系的成立承担举证责任。

第十七条 依据《最高人民法院关于适用〈中华人民共和国民事诉讼法〉的解释》第一百七十四条第二款之规定，负有举证责任的原告无正当理由拒不到庭，经审查现有证据无法确认借贷行为、借贷金额、支付方式等案件主要事实的，人民法院对原告主张的事实不予认定。

第十八条 人民法院审理民间借贷纠纷案件时发现有下列情形之一的，应当严格审查借贷发生的原因、时间、地点、款项来源、交付方式、款项流向以及借贷双方的关系、经济状况等事实，综合判断是否属于虚假民事诉讼：

（一）出借人明显不具备出借能力；

（二）出借人起诉所依据的事实和理由明显不符合常理；

（三）出借人不能提交债权凭证或者提交的债权凭证存在伪造的可能；

（四）当事人双方在一定期限内多次参加民间借贷诉讼；

（五）当事人无正当理由拒不到庭参加诉讼，委托代理人对借贷事实陈述不清或者陈述前后矛盾；

（六）当事人双方对借贷事实的发生没有任何争议或者诉辩明显不符合常理；

（七）借款人的配偶或者合伙人、案外人的其他债权人提出有事实依据的异议；

（八）当事人在其他纠纷中存在低价转让财产的情形；

（九）当事人不正当放弃权利；

（十）其他可能存在虚假民间借贷诉讼的情形。

第十九条 经查明属于虚假民间借贷诉讼，原告申请撤诉的，人民法院不予准许，并应当依据民事诉讼法第一百一十二条之规定，判决驳回其请求。

诉讼参与人或者其他人恶意制造、参与虚假诉讼，人民法院应当依据民事诉讼法第一百一十一条、第一百一十二条和第一百一十三条之规定，依法予以罚款、拘留；构成犯罪的，应当移送有管辖权的司法机关追究刑事责任。

单位恶意制造、参与虚假诉讼的，人民法院应当对该单位进行罚款，并可以对其主要负责人或者直接责任人员予以罚款、拘留；构成犯罪的，应当移送有管辖权的司法机关追究刑事责任。

第二十条 他人在借据、收据、欠条等债权凭证或者借款合同上签名或者盖章，但是未表明其保证人身份或者承担保证责任，或者通过其他事实不能推定其为保证人，出借人请求其承担保证责任的，人民法院不予支持。

第二十一条 借贷双方通过网络贷款平台形成借贷关系，网络贷款平台的提供者仅提供媒介服务，当事人请求其承担担保责任的，人民法院不予支持。

网络贷款平台的提供者通过网页、广告或者其他媒介明示或者有其他证据证明其为借贷提供担保，出借人请求网络贷款平台的提供者承担担保责任的，人民法院应予支持。

第二十二条 法人的法定代表人或者非法人组织的负责人以单位名义与出借人签订民间借贷合同，有证据证明所借款项系法定代表人或者负责人个人使用，出借人请求将法定代表人或者负责人列为共同被告或者第三人的，人民法院应予准许。

法人的法定代表人或者非法人组织的负责人以个人名义与出借人订立民间借贷合同，所借款项用于单位生产经营，出借人请求单位与个人共同承担责任的，人民法院应予支持。

第二十三条 当事人以订立买卖合同作为民间借贷合同的担保，借款到期后借款人不能还款，出借人请求履行买卖合同的，人民法院应当按照民间借贷法律关系审理。当事人根据法庭审理情况变更诉讼请求的，人民法院应当准许。

按照民间借贷法律关系审理作出的判决生效后，借款人不履行生效判决确定的金钱债务，出借人可以申请拍卖买卖合同标的物，以偿还债务。就拍卖所得的价款与应偿还借款本息之间的差额，借款人或者出借人有权主张返还或者补偿。

第二十四条 借贷双方没有约定利息，出借人主张支付利息的，人民法院不予支持。

自然人之间借贷对利息约定不明，出借人主张支付利息的，人民法院不予支持。除自然人之间借贷的外，借贷双方对借贷利息约定不明，出借人主张利息的，人民法院应当结合民间借贷合同的内容，并根据当地或者当事人的交易方式、交易习惯、市场报价利率等因素确定利息。

第二十五条 出借人请求借款人按照合同约定利率支付利息的，人民法院应予支持，但是双方约定的利率超过合同成立时一年期贷款市场报价利率四倍的除外。

前款所称"一年期贷款市场报价利率",是指中国人民银行授权全国银行间同业拆借中心自 2019 年 8 月 20 日起每月发布的一年期贷款市场报价利率。

第二十六条 借据、收据、欠条等债权凭证载明的借款金额,一般认定为本金。预先在本金中扣除利息的,人民法院应当将实际出借的金额认定为本金。

第二十七条 借贷双方对前期借款本息结算后将利息计入后期借款本金并重新出具债权凭证,如果前期利率没有超过合同成立时一年期贷款市场报价利率四倍,重新出具的债权凭证载明的金额可认定为后期借款本金。超过部分的利息,不应认定为后期借款本金。

按前款计算,借款人在借款期间届满后应当支付的本息之和,超过以最初借款本金与以最初借款本金为基数、以合同成立时一年期贷款市场报价利率四倍计算的整个借款期间的利息之和的,人民法院不予支持。

第二十八条 借贷双方对逾期利率有约定的,从其约定,但是以不超过合同成立时一年期贷款市场报价利率四倍为限。

未约定逾期利率或者约定不明的,人民法院可以区分不同情况处理:

(一)既未约定借期内利率,也未约定逾期利率,出借人主张借款人自逾期还款之日起参照当时一年期贷款市场报价利率标准计算的利息承担逾期还款违约责任的,人民法院应予支持;

(二)约定了借期内利率但是未约定逾期利率,出借人主张借款人自逾期还款之日起按照借期内利率支付资金占用期间利息的,人民法院应予支持。

第二十九条 出借人与借款人既约定了逾期利率,又约定了违约金或者其他费用,出借人可以选择主张逾期利息、违约金或者其他费用,也可以一并主张,但是总计超过合同成立时一年期贷款市场报价利率四倍的部分,人民法院不予支持。

第三十条 借款人可以提前偿还借款,但是当事人另有约定的除外。

借款人提前偿还借款并主张按照实际借款期限计算利息的,人民法院应予支持。

第三十一条 本规定施行后,人民法院新受理的一审民间借贷纠纷案件,适用本规定。

2020 年 8 月 20 日之后新受理的一审民间借贷案件,借贷合同成立于 2020 年 8 月 20 日之前,当事人请求适用当时的司法解释计算自合同成立到 2020 年 8 月

19日的利息部分的,人民法院应予支持;对于自 2020 年 8 月 20 日到借款返还之日的利息部分,适用起诉时本规定的利率保护标准计算。

本规定施行后,最高人民法院以前作出的相关司法解释与本规定不一致的,以本规定为准。

《最高人民法院关于适用〈中华人民共和国民法典〉合同编通则若干问题的解释》

第五十三条　当事人一方以通知方式解除合同,并以对方未在约定的异议期限或者其他合理期限内提出异议为由主张合同已经解除的,人民法院应当对其是否享有法律规定或者合同约定的解除权进行审查。经审查,享有解除权的,合同自通知到达对方时解除;不享有解除权的,不发生合同解除的效力。

第五十四条　当事人一方未通知对方,直接以提起诉讼的方式主张解除合同,撤诉后再次起诉主张解除合同,人民法院经审理支持该主张的,合同自再次起诉的起诉状副本送达对方时解除。但是,当事人一方撤诉后又通知对方解除合同且该通知已经到达对方的除外。

2. 离婚纠纷

【案由地图】

离婚纠纷为婚姻家庭、继承纠纷项下 3 级案由。

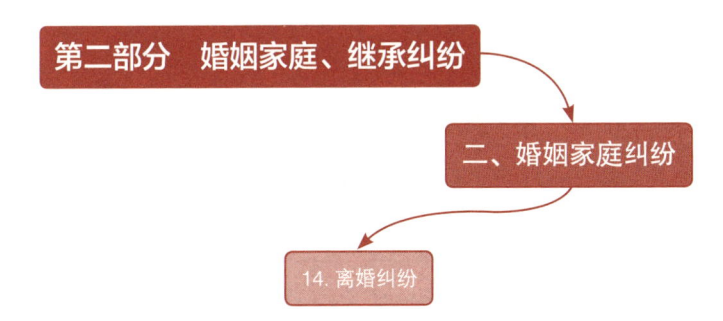

```
第二部分　婚姻家庭、继承纠纷
    └─→ 二、婚姻家庭纠纷
            └─→ 14. 离婚纠纷
```

【法律关系】

离婚纠纷通常的法律关系如下图所示。

夫妻一方 ⇄ 夫妻另一方
婚姻关系
财产关系
子女关系

【常见诉请】

示范文本起诉状所列诉讼请求中，夫妻双方都可以成为原告或被告。

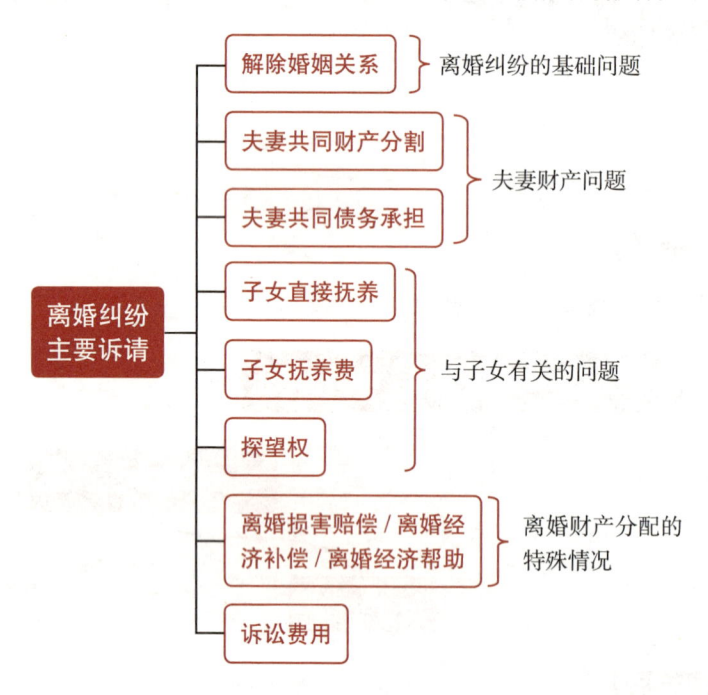

离婚纠纷主要诉请：
- 解除婚姻关系 —— 离婚纠纷的基础问题
- 夫妻共同财产分割 ┐
- 夫妻共同债务承担 ┘ 夫妻财产问题
- 子女直接抚养 ┐
- 子女抚养费 ├ 与子女有关的问题
- 探望权 ┘
- 离婚损害赔偿／离婚经济补偿／离婚经济帮助 —— 离婚财产分配的特殊情况
- 诉讼费用

"示范文本"

民事起诉状
（离婚纠纷）

扫描下载

说明：

为了方便您更好地参加诉讼，保护您的合法权利，请填写本表。

1. 起诉时需向人民法院提交证明您身份的材料，如身份证复印件、营业执照复印件等。

2. 本表所列内容是您提起诉讼以及人民法院查明案件事实所需，请务必如实填写。

3. 本表所涉内容系针对一般离婚纠纷案件，有些内容可能与您的案件无关，您认为与案件无关的项目可以填"无"或不填；对于本表中勾选项可以在对应项打"√"；您认为另有重要内容需要列明的，可以在本表尾部或者另附页填写。

★特别提示★

《中华人民共和国民事诉讼法》第十三条第一款规定："民事诉讼应当遵循诚信原则。"

如果诉讼参加人违反上述规定，进行虚假诉讼、恶意诉讼，人民法院将视违法情形依法追究责任。

当事人信息

原告	姓名： 性别：男□ 女□ 出生日期： 年 月 日 民族： 工作单位： 职务： 联系电话： 住所地（户籍所在地）： 经常居住地：

续表

委托诉讼代理人	有□ 　　姓名： 　　单位：　　　职务：　　　联系电话： 　　代理权限：一般授权□　特别授权□ 无□
送达地址（所填信息除书面特别声明更改外，适用于案件一审、二审、再审所有后续程序）及收件人、电话	地址： 收件人： 电话：
是否接受电子送达	是□　方式：短信＿＿＿　微信＿＿＿　传真＿＿＿ 　　　　　　邮箱＿＿＿　其他＿＿＿ 否□
被告	姓名： 性别：男□　女□ 出生日期：　　年　　月　　日 民族： 工作单位：　　　职务：　　　联系电话： 住所地（户籍所在地）： 经常居住地：
诉讼请求和依据	
1.解除婚姻关系	（具体主张）
2.夫妻共同财产	无财产□ 有财产□ （1）房屋明细：　　归属：原告□/被告□/其他□（　　）； （2）汽车明细：　　归属：原告□/被告□/其他□（　　）； （3）存款明细：　　归属：原告□/被告□/其他□（　　）； （4）其他（按照上述样式列明）； ……

续表

3. 夫妻共同债务	无债务□ 有债务□ （1）债务1：　　承担主体：原告□/被告□/其他□（　　）； （2）债务2：　　承担主体：原告□/被告□/其他□（　　）； ……
4. 子女直接抚养	无此问题□ 有此问题□ 子女1：　　归属：原告□/被告□ 子女2：　　归属：原告□/被告□ ……
5. 子女抚养费	无此问题□ 有此问题□ 抚养费承担主体：原告□/被告□ 金额及明细： 支付方式：
6. 探望权	无此问题□ 有此问题□ 探望权行使主体：原告□/被告□ 行使方式：
7. 离婚损害赔偿/离婚经济补偿/离婚经济帮助	无此问题□ 离婚损害赔偿□ 金额： 离婚经济补偿□ 金额： 离婚经济帮助□ 金额：
8. 诉讼费用	（金额明细）
9. 本表未列明的其他请求	

续表

约定管辖和诉讼保全	
1. 有无仲裁、法院管辖约定	有□　合同条款及内容： 无□
2. 是否申请财产保全措施	已经诉前保全：是□　保全法院：　保全时间： 　　　　　　　否□ 申请诉讼保全：是□ 　　　　　　　否□

事实和理由	
1. 婚姻关系基本情况	结婚时间： 生育子女情况： 双方生活情况： 离婚事由： 之前有无提起过离婚诉讼：
2. 夫妻共同财产情况	事实和理由
3. 夫妻共同债务情况	事实和理由
4. 子女直接抚养情况	子女应归原告或者被告直接抚养的事由
5. 子女抚养费情况	原告或者被告应支付抚养费及相应金额、支付方式的事由
6. 子女探望权情况	不直接抚养子女一方应否享有探望权以及具体行使方式的事由
7. 赔偿/补偿/经济帮助相关情况	符合离婚损害赔偿、离婚经济补偿或离婚经济帮助的相关事实等

离婚纠纷

续表

8. 其他	
9. 诉请依据	法律及司法解释的规定,要写明具体条文
10. 证据清单(可另附页)	附页

具状人(签字、盖章):

日期:

民事答辩状
（离婚纠纷）

说明：

为了方便您更好地参加诉讼，保护您的合法权利，请填写本表。

1. 应诉时需向人民法院提交证明您身份的材料，如身份证复印件、营业执照复印件等。

2. 本表所列内容是您参加诉讼以及人民法院查明案件事实所需，请务必如实填写。

3. 本表所涉内容系针对一般离婚纠纷案件，有些内容可能与您的案件无关，您认为与案件无关的项目可以填"无"或不填；对于本表中勾选项可以在对应项打"√"；您认为另有重要内容需要列明的，可以在本表尾部或者另附页填写。

★特别提示★

《中华人民共和国民事诉讼法》第十三条第一款规定："民事诉讼应当遵循诚信原则。"

如果诉讼参加人违反上述规定，进行虚假诉讼、恶意诉讼，人民法院将视违法情形依法追究责任。

案号		案由	

当事人信息

答辩人	姓名： 性别：男□　女□ 出生日期：　　年　　月　　日 民族： 工作单位：　　　　职务：　　　　联系电话： 住所地（户籍所在地）： 经常居住地：

续表

委托诉讼代理人	有□ 　　姓名： 　　单位：　　　职务：　　　联系电话： 　　代理权限：一般授权□　特别授权□ 无□
送达地址（所填信息除书面特别声明更改外，适用于案件一审、二审、再审所有后续程序）及收件人、电话	地址： 收件人： 电话：
是否接受电子送达	是□　方式：短信_____　微信_____　传真_____ 　　　　　邮箱_____　其他_____ 否□

答辩事项和依据
（对原告诉讼请求的确认或者异议）

1. 对解除婚姻关系的确认和异议	确认□　异议□ 事由：
2. 对夫妻共同财产诉请的确认和异议	确认□　异议□ 事由：
3. 对夫妻共同债务诉请的确认和异议	确认□　异议□ 事由：
4. 对子女直接抚养诉请的确认和异议	确认□　异议□ 事由：
5. 对子女抚养费诉请的确认和异议	确认□　异议□ 事由：

续表

6.对子女探望权诉请的确认和异议	确认□　异议□ 事由：
7.对赔偿/补偿/经济帮助的确认和异议	无□ 有□　事实和理由：
8.其他事由	
9.答辩的依据	法律及司法解释的规定，要写明具体条文
10.证据清单（可另附页）	附页

答辩人（签字、盖章）：

日期：

"适用指南"

起诉部分
（离婚纠纷）

诉讼请求1　解除婚姻关系

请求依据	《民法典》第1079条 《最高人民法院关于适用〈中华人民共和国民法典〉婚姻家庭编的解释（一）》第6、7、23条	
依据分解	原被告之间存在有效的婚姻关系	存在应当准予离婚的事由[1]
事实	■ 婚姻关系基本情况 ● 结婚时间	■ 婚姻关系基本情况 ● 结婚时间 ● 双方生活情况 ● 离婚事由 ● 之前有无提起过离婚诉讼
证据	结婚证 户口本	公安机关的记录，如出警记录、询问笔录 医院诊断证明 家庭暴力告诫书 法院颁发的保护令 当事人自认 证人证言 相关聊天记录 行政处罚文书 戒毒机构的记录 赌博欠债证明 证明双方分居的材料，如住房证明（房产证、租房合同、缴费清单） 宣告失踪的判决 生效的不准离婚判决

续表

| 理由 | 原告与被告于××××年××月××日登记结婚,在婚姻关系存续期间,被告多次实施家庭暴力/重婚……原告曾于××××年××月××日向警方/其他机构寻求帮助,但被告并未改正其行为。故原告起诉离婚 |

[1] (1)人民法院审理离婚案件,应当进行调解;如果感情确已破裂,调解无效的,应当准予离婚。(2)有下列情形之一,调解无效的,应当准予离婚:①重婚或者与他人同居;②实施家庭暴力或者虐待、遗弃家庭成员;③有赌博、吸毒等恶习屡教不改;④因感情不和分居满2年;⑤其他导致夫妻感情破裂的情形(如夫妻双方因是否生育发生纠纷,致使感情确已破裂,一方请求离婚的)。(3)一方被宣告失踪,另一方提起离婚诉讼的,应当准予离婚。(4)经人民法院判决不准离婚后,双方又分居满1年,一方再次提起离婚诉讼的,应当准予离婚。

诉讼请求 2　夫妻共同财产分割

请求依据	《民法典》第 1062、1063、1065、1087、1092 条 《最高人民法院关于适用〈中华人民共和国民法典〉婚姻家庭编的解释（一）》第 25~27、29~32、71~83 条 夫妻财产协议	
依据分解	某财产属于夫妻共同财产	根据双方协议或者法律规定，某财产应当分配给原告[1]
事实	■ 夫妻共同财产情况	■ 夫妻共同财产情况
证据	房产证、购房合同、付款发票或出资证明、每月按揭还款的凭证、个人贷款结清证明原件等 银行存款的开户银行名称及银行账号、交易流水清单、对账明细单等 股票的开户券商名称及股东代码、资金账号 车辆的行驶证、车牌号 劳动合同、个人收入证明等 双方关于财产情况的其他陈述、证明笔录、视听资料等材料 财产转移记录	婚前/婚后财产协议、财产公证书 房产证、购房合同、交款发票或出资证明、每月按揭还款的凭证、个人贷款结清证明原件等 双方关于财产约定的其他陈述、证明笔录、视听资料等材料
理由	原告与被告之间存在［具体描述导致需要分割共同财产的情形］。原告已尝试与被告协商解决共同财产分割问题，但双方未能达成一致意见，因此请求法院依法对夫妻共同财产进行分割	

[1]（1）夫妻的共同财产由双方协议处理。（2）协议不成的，由人民法院根据财产的具体情况按照照顾子女、女方和无过错方权益的原则判决。（3）夫妻一方隐藏、转移、变卖、毁损、挥霍夫妻共同财产，或者伪造夫妻共同债务企图侵占另一方财产的，在离婚分割夫妻共同财产时，对该方可以少分或者不分。

诉讼请求 3　夫妻共同债务承担

请求依据	《民法典》第 1064、1065、1089 条 《最高人民法院关于适用〈中华人民共和国民法典〉婚姻家庭编的解释（一）》第 33、37 条 夫妻财产协议	
依据分解	某债务属于夫妻共同债务[1]	某债务应当共同偿还[2]
事实	■ 夫妻共同债务情况	■ 夫妻共同债务情况
证据	贷款合同、还款记录、债权人声明 借条 转账记录 家庭开支记录 消费记录 证人证言 双方沟通记录	夫妻财产协议 夫妻财产约定的其他证明
理由	原告与被告之间存在［具体描述导致需要承担共同债务的情形］。原告已尝试与被告协商解决共同债务承担问题，但双方未能达成一致意见，因此请求法院依法判决该债务由原被告共同承担	

[1] 共同债务的范围：（1）夫妻双方共同签名或者夫妻一方事后追认等共同意思表示所负的债务；（2）夫妻一方在婚姻关系存续期间以个人名义为家庭日常生活需要所负的债务；（3）夫妻一方在婚姻关系存续期间以个人名义超出家庭日常生活需要所负的债务，但债权人能够证明该债务用于夫妻共同生活、共同生产经营或者基于夫妻双方共同意思表示的。

[2] 共同债务承担原则：共同债务应当共同偿还。共同财产不足清偿或者财产归各自所有的，由双方协议清偿；协议不成的，由人民法院判决。

诉讼请求 4　子女直接抚养

请求依据	《民法典》第 1084 条 《最高人民法院关于适用〈中华人民共和国民法典〉婚姻家庭编的解释（一）》第 44~48 条 子女抚养协议						
依据分解[1]	不满 2 周岁的子女，以由母亲直接抚养为原则	不满 2 周岁的子女，因特定原因，父亲要求抚养[2]	已满 2 周岁、不满 8 周岁的子女，由原告抚养最有利于未成年子女[3]	已满 8 周岁的子女，愿意由原告抚养	父母双方轮流直接抚养
事实	■子女直接抚养情况	■子女直接抚养情况	■子女直接抚养情况	■子女直接抚养情况	■子女直接抚养情况
证据	出生证明 身份证 户口本	医疗诊断证明 母亲不尽抚养义务的证明 母亲不良行为的证明 母亲犯罪、违法记录	资产评估报告、房产证等 工作情况证明 幼儿园、学校关于子女照顾的证明	子女的证人证言	可证明当事人意思表示的聊天记录、通话记录、录音录像等
理由	子女仅 1 周岁，以母亲直接抚养为原则，请求由母亲直接抚养	子女虽然仅 1 周岁，但是被告作为母亲有酗酒、虐待儿童的不良记录，为保证儿童的身心健康，请求由原告直接抚养	子女今年 6 周岁，原告工作轻松、收入稳定，有独立房产，且子女一直跟随原告生活，被告常常出差，无法照顾子女，请求由原告直接抚养	子女今年 9 周岁，一直表示愿意由原告抚养，且原告有较好的抚养条件，子女一直跟随原告生活，请求由原告直接抚养	子女今年 10 周岁，与父母双方感情都很好，子女表示希望由父母轮流直接抚养，请求由原被告轮流直接抚养

[1] 与其他"依据分解"不同的是，本部分的"依据分解"之间是"或"的选择关系，即由当事人根据自身具体情况选择某一具体依据。

[2]（1）母亲有下列情形之一，父亲可请求直接抚养：①患有久治不愈的传染性疾病或者其他严重疾病，子女不宜与其共同生活；②有抚养条件不尽抚养义务，而父亲要求子女随其生活；③因其他原因，子女确不宜随母亲生活。（2）双方协议不满2周岁子女由父亲直接抚养，并对子女健康成长无不利影响的。

[3] 对已满2周岁的未成年子女，父母均要求直接抚养，一方有下列情形之一的，可予优先考虑：(1) 已做绝育手术或者因其他原因丧失生育能力；(2) 子女随其生活时间较长，改变生活环境对子女健康成长明显不利；(3) 无其他子女，而另一方有其他子女；(4) 子女随其生活，对子女成长有利，而另一方患有久治不愈的传染性疾病或者其他严重疾病，或者有其他不利于子女身心健康的情形，不宜与子女共同生活；(5) 子女单独随祖父母或者外祖父母共同生活多年，且祖父母或者外祖父母要求并且有能力帮助子女照顾孙子女或者外孙子女。

诉讼请求 5　子女抚养费

请求依据	《民法典》第 1085 条 《最高人民法院关于适用〈中华人民共和国民法典〉婚姻家庭编的解释（一）》第 42、49~53 条 抚养费支付协议 / 抚养协议	
依据分解	子女由一方直接抚养的，另一方应当负担部分或者全部抚养费	负担费用的多少和期限的长短，由双方协议；协议不成的，由人民法院判决
事实	■ 子女直接抚养情况	■ 子女抚养费情况 　● 抚养费承担主体 　● 金额及明细 　● 支付方式
证据	离婚协议 子女抚养协议	双方关于抚养费达成的协议或沟通记录 抚养费的计算方法和标准
理由	双方离婚后，约定由原告直接抚养子女，被告作为非直接抚养方应当负担部分抚养费，每月抚养费 ×× 元，每月 20 日前转账至原告 ×× 银行卡，支付至子女 18 周岁，遇到子女生病或其他情况，导致抚养费增多的，双方另行协商	

诉讼请求 6　探望权

请求依据	《民法典》第1086条 离婚协议	
依据分解	不直接抚养子女的父或者母，有探望子女的权利，另一方有协助的义务	行使探望权利的方式、时间由当事人协议；协议不成的，由人民法院判决
事实	■ 子女探望权情况 　• 探望权行使主体	■ 子女探望权情况 　• 探望权行使方式
证据	离婚协议 双方关于探望权达成的协议或沟通记录	离婚协议 双方关于探望权达成的协议或沟通记录
理由	原告请求保护其对子女的探望权，被告有协助的义务。原告申请每周探望子女不少于两次，其中一次子女应当随原告居住一天以上	

诉讼请求 7　离婚损害赔偿 / 离婚经济补偿 / 离婚经济帮助

请求依据	离婚损害赔偿： • 《民法典》第 1091 条 • 《最高人民法院关于适用〈中华人民共和国民法典〉婚姻家庭编的解释（一）》第 86~90 条 离婚经济补偿： • 《民法典》第 1088 条 离婚经济帮助： • 《民法典》第 1090 条		
依据分解[1]	离婚损害赔偿：一方有过错[2]导致离婚的，无过错方有权请求损害赔偿	离婚经济补偿：一方因抚育子女、照料老年人、协助另一方工作等负担较多义务的，可请求补偿	离婚经济帮助：一方生活困难的，有负担能力的另一方应当给予适当帮助
事实	■离婚赔偿相关情况	■离婚补偿相关情况	■离婚经济帮助相关情况
证据	重婚罪刑事判决书 公安机关的记录，如出警记录、询问笔录 医院诊断证明 家庭暴力告诫书 法院颁发的保护令 当事人自认 证人证言 相关聊天记录	日常家庭工作或协助另一方工作的记录 日常支出费用统计 当事人自认 证人证言 相关聊天记录	收入证明如工资单、银行流水、税务证明等 失业证明 残疾证明 低保证明 医疗情况记录（如住院证明、病历）及医疗费用证明等
理由	被告在婚姻关系存续期间与他人同居，导致离婚，原告为无过错方，被告应当给予原告离婚损害赔偿××元	原告与被告于××××年××月××日结婚，婚后原告即辞职，照料老人，协助被告工作，被告应当给予原告离婚经济补偿	原告身患残疾、每个月医疗费较高，而且无工作收入，被告工资收入为每月××元，离婚时应当给予原告适当帮助

[1] 与其他"依据分解"不同的是，本部分的"依据分解"之间是"或"的选择关系，即由当事人根据自身具体情况选择某一具体依据。
[2] 过错包括：（1）重婚；（2）与他人同居；（3）实施家庭暴力；（4）虐待、遗弃家庭成员；（5）有其他重大过错。

诉讼请求 8　诉讼费用

请求依据

《诉讼费用交纳办法》第 29 条

依据分解

诉讼费用由败诉一方承担

理由

根据《诉讼费用交纳办法》第 29 条，诉讼费用由败诉方负担。在本案中，由于被告的过错行为导致婚姻关系破裂，请求法院根据案件的实际情况和《诉讼费用交纳办法》的相关规定，判决被告承担本次诉讼的全部费用。这既体现了法律的公正原则，也有助于减轻原告因诉讼而产生的经济负担。

答辩部分
（离婚纠纷）

答辩事项 1　对解除婚姻关系的异议

答辩依据	《民法典》第 1051~1054、1079、1081、1082 条 《最高人民法院关于适用〈中华人民共和国民法典〉婚姻家庭编的解释（一）》第 12、13、17、18 条			
依据分解	原被告不存在有效的婚姻关系[1]	应当准予离婚的条件不成就	被告是现役军人，不存在重大过失，且不同意离婚	被告在怀孕期间/分娩后 1 年内/终止妊娠 6 个月内
事实	■ 对解除婚姻关系的异议	■ 对解除婚姻关系的异议	■ 对解除婚姻关系的异议	■ 对解除婚姻关系的异议
证据	重婚犯罪的判决书 双方亲属关系、血缘关系证明 户口本 身份证 出生证 被胁迫的证明 相关证人证言 医疗诊断记录 双方沟通记录	婚姻辅导记录和心理咨询证明 与第三方断绝关系的通信记录 心理咨询和行为矫正课程的记录被告参加的相关课程或治疗的证明 戒毒机构的记录 分居期间双方的沟通记录	军人证	子女出生证明 住院证明 终止妊娠证明 怀孕诊断证明
理由	原告与被告[具体描述婚姻无效或可撤销的情况]，不应判决解除婚姻关系	被告所举证行为仅是夫妻之间的口角，不构成家庭暴力，不属于应当准予离婚的情形，请求法院驳回原告解除婚姻关系的诉讼请求	被告是现役军人，在婚姻生活中无重大过错，被告不同意离婚，根据法律规定，不应判决双方离婚	被告正处于怀孕期间/分娩后 1 年内/终止妊娠后 6 个月内，原告不得提出离婚

[1]（1）婚姻无效的情形：①重婚。②有禁止结婚的亲属关系。③未到法定婚龄。（2）婚姻可被撤销的情形：①因胁迫结婚的。②一方患有重大疾病的，应当在结婚登记前如实告知另一方，不如实告知的。

答辩事项 2　对夫妻共同财产分割的异议

答辩依据	《民法典》第 1062、1063、1065、1087、1092 条 《最高人民法院关于适用〈中华人民共和国民法典〉婚姻家庭编的解释（一）》第 25~27、29~32、71~83 条 夫妻财产协议	
依据分解	某财产不属于夫妻共同财产[1]	根据双方协议或者法律规定，某财产不应当分配给原告
事实	■ 对夫妻共同财产诉请的异议	■ 对夫妻共同财产诉请的异议
证据	各类财产权属证明，如房产证、购房合同、交款发票或出资证明、每月按揭还款的凭证、个人贷款结清证明原件、车辆的行驶证、车牌号	婚前/婚后财产协议、财产公证书 劳动合同、个人收入证明等 双方关于财产约定的其他陈述、证明笔录、视听资料等材料 财产转移记录、医疗证明、医疗费用支付记录等
理由	原告所主张分割的某房产为×××所有，不属于夫妻共同财产，依法不能予以财产分割	原告所依据的财产协议 1 为双方婚前拟订，婚后双方已另行订立财产协议 2，财产协议 1 已失效，请求法院依据财产协议 2 分割夫妻共同财产

[1]（1）某财产是第三人财产。（2）某财产是被告个人财产。

答辩事项 3 对夫妻共同债务承担的异议

答辩依据	《民法典》第 1064、1065、1089 条 《最高人民法院关于适用〈中华人民共和国民法典〉婚姻家庭编的解释（一）》第 33、37 条 夫妻财产协议	
依据分解	某债务不属于夫妻共同债务[1]	某债务不应当共同偿还[2]
事实	■ 对夫妻共同债务诉请的异议	■ 对夫妻共同债务诉请的异议
证据	贷款合同、还款记录、债权人声明 借条 转账记录 家庭开支记录 消费记录 证人证言 双方沟通记录	夫妻财产协议 共同财产相关证据
理由	原告所主张共同承担的某债务，为其私自对外举债，用于其个人消费/投资等非家庭共同生活用途。被告对原告的个人债务并不知情，且该债务未用于家庭共同生活，该债务应当由原告个人承担	被告认可某笔投资形成的债务为夫妻共同债务，但是根据双方此前订立的财产协议，该笔债务由原告个人承担，故被告不应偿还该债务

[1]（1）不作为共同债务的情况：①夫妻一方在婚姻关系存续期间以个人名义超出家庭日常生活需要所负的债务；②夫妻对婚姻关系存续期间所得的财产约定归各自所有，夫或者妻一方对外所负的债务，相对人知道该约定的。（2）该债务为伪造的债务。

[2] 共同债务承担原则：共同债务应当共同偿还。共同财产不足清偿或者财产归各自所有的，由双方协议清偿；协议不成的，由人民法院判决。

答辩事项 4　对子女直接抚养的异议

答辩依据	《民法典》第 1084 条 《最高人民法院关于适用〈中华人民共和国民法典〉婚姻家庭编的解释（一）》第 44~48 条					
依据分解	不满 2 周岁的子女：不应由原告（母亲）抚养	不满 2 周岁的子女：不应由原告（父亲）直接抚养	已满 2 周岁、不满 8 周岁的子女：由被告抚养最有利于未成年子女[1]	已满 8 周岁的子女，不愿意由原告抚养	不应由父母双方轮流直接抚养
事实	■ 对子女直接抚养诉请的异议	■ 对子女直接抚养诉请的异议	■ 对子女直接抚养诉请的异议	■ 对子女直接抚养诉请的异议	■ 对子女直接抚养诉请的异议
证据	医疗诊断证明 母亲不尽抚养义务的证明 母亲不良行为的证明 犯罪、违法记录	出生证明 身份证 户口本	资产评估报告、房产证等 工作情况证明 幼儿园、学校关于子女照顾的证明	子女的证人证言 子女与父母、老师、其他亲属等沟通记录	可证明当事人意思表示的聊天记录、通话记录、录音录像等
理由	子女虽然仅 1 岁，但是原告作为母亲有酗酒、虐待儿童的不良记录，为保证儿童的身心健康，不应由原告直接抚养	子女仅 1 周岁，以母亲直接抚养为原则，被告不存在不宜抚养子女的情况，故不应由原告直接抚养	子女今年 6 岁，原告［具体不适合直接抚养子女的情形］，故不应直接抚养	子女今年 9 岁，一直跟随被告生活，原告已近 2 年未与子女共同生活，子女作出的愿意与原告生活的陈述，系因原告威逼，非子女真实意愿，故子女不应由原告直接抚养	子女今年 14 岁，学业压力较重，改变生活环境对其健康成长明显不利，故不应由父母双方轮流直接抚养

离婚纠纷

[1] 对已满 2 周岁的未成年子女，父母均要求直接抚养，一方有下列情形之一的，可予优先考虑：（1）已做绝育手术或者因其他原因丧失生育能力；（2）子女随其生活时间较长，改变生活环境对子女健康成长明显不利；（3）无其他子女，而另一方有其他子女；（4）子女随其生活，对子女成长有利，而另一方患有久治不愈的传染性疾病或者其他严重疾病，或者有其他不利于子女身心健康的情形，不宜与子女共同生活。

答辩事项 5　对子女抚养费的异议

答辩依据	《民法典》第 1085 条 《最高人民法院关于适用〈中华人民共和国民法典〉婚姻家庭编的解释（一）》第 42、49~53 条 抚养费支付协议 / 抚养协议		
依据分解	子女由被告直接抚养，而非原告直接抚养	抚养费协议无效	被告生活困难，无收入来源，无法按照协议约定支付抚养费
事实	■ 对子女直接抚养诉请的异议	■ 对子女抚养费诉请的异议	■ 对子女抚养费诉请的异议
证据	子女抚养协议等	子女抚养协议 双方沟通记录	残疾证 医疗费用明细 收入证明 低保证明
理由	原告主张子女由其抚养，被告应当支付抚养费。而子女仅 1 岁，应该由被告即母亲直接抚养，故被告不应再支付抚养费	原告主张按照抚养费协议支付抚养费，但是该协议并非由被告签字，协议上的签名是原告伪造的，故该协议无效，被告不应当依据该协议支付抚养费	原被告曾在抚养费协议中约定，由被告承担每月 1 万元抚养费。后被告遭遇车祸，丧失劳动能力，没有收入来源，无法按照约定支付抚养费，请求降低抚养费标准为每月 1000 元

答辩事项 6　对探望权的异议

答辩依据	《民法典》第 1086 条 离婚协议	
依据分解	有关探望权的协议无效或者应被撤销	存在中止行使探望权的事由：探望子女不利于子女身心健康
事实	■ 对探望权诉请的确认和异议	■ 对探望权诉请的确认和异议
证据	有关探望权约定的协议 相关沟通微信、短信 录音录像资料	犯罪证明 家庭暴力记录 报警信息 不良行为记录 医院就诊记录
理由	双方关于探望权约定的协议，是被告在原告胁迫下签订的，应当被撤销	原告在婚姻关系中存在家庭暴力，曾经多次殴打、体罚子女，近 1 个月内原告还将子女殴打致轻伤，为了子女身心健康，请求中止原告的探望权

答辩事项 7　对离婚损害赔偿 / 离婚经济补偿 / 离婚经济帮助的异议

答辩依据	离婚损害赔偿： • 《民法典》第 1091 条 • 《最高人民法院关于适用〈中华人民共和国民法典〉婚姻家庭编的解释（一）》第 86~90 条 离婚经济补偿： • 《民法典》第 1088 条 离婚经济帮助： • 《民法典》第 1090 条		
依据分解	离婚损害赔偿：否认己方有过错导致离婚	离婚经济补偿：否认对方因抚育子女、照料老年人、协助另一方工作等负担较多义务	离婚经济帮助：否认对方生活困难 / 否认己方有能力给予适当帮助
事实	■对赔偿的异议	■对补偿的异议	■对经济帮助的异议
证据	公安机关的记录，如出警记录、询问笔录 医院诊断证明 当事人自认 证人证言 相关聊天记录	日常家庭工作或协助另一方工作的记录 日常支出费用统计 当事人自认 证人证言 相关聊天记录	收入证明如工资单、银行流水、税务证明等 失业证明 残疾证明 低保证明 医疗情况记录（如住院证明、病历）及医疗费用证明等
理由	原告主张被告实施家庭暴力，但事实上是原告殴打被告的时候自己滑倒导致受伤，故并非被告的过错导致离婚，被告不应给予原告离婚损害赔偿	原告自生育子女后即辞职在家，但是原告并没有照顾子女和家庭，而是天天外出打麻将，子女都是由被告的父母在照顾，故被告不应给予原告离婚经济补偿	原告虽然收入不高，但是有多处房产和多家公司的高额股份，这些均被认定为其婚前个人财产，故原告不构成生活困难，被告不应给予其离婚经济帮助

离婚纠纷

答辩事项 8　对诉讼费用的异议

| 答辩依据 | 《诉讼费用交纳办法》第 29 条 |

| 依据分解 | 被告并未完全败诉，不应承担全部诉讼费用 |

| 理由 | 根据《诉讼费用交纳办法》的相关规定，诉讼费用的承担应由法院根据案件的具体情况和判决结果来决定。被告并未完全败诉，因此不应承担全部诉讼费用 |

2. 离婚纠纷

> "实 例"

民事起诉状
（离婚纠纷）

说明：	
为了方便您更好地参加诉讼，保护您的合法权利，请填写本表。	
1. 起诉时需向人民法院提交证明您身份的材料，如身份证复印件、营业执照复印件等。	
2. 本表所列内容是您提起诉讼以及人民法院查明案件事实所需，请务必如实填写。	
3. 本表所涉内容系针对一般离婚纠纷案件，有些内容可能与您的案件无关，您认为与案件无关的项目可以填"无"或不填；对于本表中勾选项可以在对应项打"√"；您认为另有重要内容需要列明的，可以在本表尾部或者另附页填写。	
★特别提示★	
《中华人民共和国民事诉讼法》第十三条第一款规定："民事诉讼应当遵循诚信原则。"	
如果诉讼参加人违反上述规定，进行虚假诉讼、恶意诉讼，人民法院将视违法情形依法追究责任。	

当事人信息

原告 （离婚纠纷的原告为自然人）	姓名：王×× 性别：男□ 女☑ 出生日期：1982 年 ×× 月 ×× 日 民族：汉族 工作单位：×× 公司　　职务：职员 联系电话：××××××× 住所地（户籍所在地）：北京市 ×× 区 ×× 街道 ××× 小区 ××× 号 经常居住地：北京市 ×× 区 ×× 街道 ××× 小区 ××× 号

续表

委托诉讼代理人	有☑ 　　姓名：简×× 　　单位：××律师事务所 　　职务：律师 　　联系电话：××××××× 　　代理权限：一般授权☐　特别授权☑ 无☐
送达地址（所填信息除书面特别声明更改外，适用于案件一审、二审、再审所有后续程序）及收件人、电话	地址：北京市××区××大厦××室 收件人：简×× 电话：×××××××
是否接受电子送达	是☑　方式：短信×××××　微信＿＿＿　传真＿＿＿ 　　　　　邮箱＿＿＿＿　其他＿＿＿ 否☐
被告	姓名：江×× 性别：男☑　女☐ 出生日期：1980年××月××日 民族：汉族 工作单位：××公司　职务：职员 联系电话：××××××× 住所地（户籍所在地）：河北省××市××区×××街道××小区×××号 经常居住地：北京市××区××街道×××小区×××号
诉讼请求和依据	
1. 解除婚姻关系	（具体主张）请求准予王××与江××离婚

注释：
- 代理人除享有一般授权的诉讼权利外，还可行使代为和解、上诉等涉及当事人实体利益的诉讼权利
- 代理人仅享有出庭、收集证据、辩论、起草法律文书等程序性诉讼权利
- 此处可填写一项或多项
- 准予离婚

续表

2. 夫妻共同财产	无财产☐ 有财产☑ （1）房屋明细：　　归属：原告☑/被告☐/其他☐（坐落于北京市丰台区××小区××号房屋一处）； （2）汽车明细：　　归属：原告☐/被告☑/其他☐（××牌，牌照号码京××××××小汽车一辆）； （3）存款明细：　　归属：原告☐/被告☐/其他☑（双方存款归各自所有）； （4）其他（按照上述样式列明） ……
3. 夫妻共同债务	无债务☑ 有债务☐ （1）债务1：　　承担主体：原告☐/被告☐/其他☐（　　）； （2）债务2：　　承担主体：原告☐/被告☐/其他☐（　　）； ……
4. 子女直接抚养	无此问题☐ 有此问题☑ 子女1：江×　　归属：原告☑/被告☐ 子女2：　　　　归属：原告☐/被告☐ ……
5. 子女抚养费	无此问题☐ 有此问题☑ 抚养费承担主体：原告☐/被告☑ 金额及明细：每月2000元抚养费 支付方式：按月向王××转账
6. 探望权	无此问题☐ 有此问题☑ 探望权行使主体：原告☐/被告☑ 行使方式：江××每两周探望江×一次，时间、地点可由双方协商

续表

7. 离婚损害赔偿/离婚经济补偿/离婚经济帮助	无此问题□ 离婚损害赔偿☑ 金额：50000元 离婚经济补偿□ 金额： 离婚经济帮助□ 金额：	
8. 诉讼费用	（金额明细）全部诉讼费用由被告承担	
9. 本表未列明的其他请求		

约定管辖和诉讼保全

1. 有无仲裁、法院管辖约定	有□　合同条款及内容： 无□
2. 是否申请财产保全措施	已经诉前保全：是□　保全法院：　保全时间： 　　　　　　　　否□ 申请诉讼保全：是□ 　　　　　　　　否□

事实和理由

1. 婚姻关系基本情况	结婚时间：2016年××月××日 生育子女情况：2019年××月××日生育女儿江× 双方生活情况：已经分居1年 离婚事由：江××对王××实施家庭暴力存在重大过错，双方感情确已破裂 之前有无提起过离婚诉讼：无
2. 夫妻共同财产情况	王××除与江××婚后共同购买的位于北京市丰台区××小区××号房屋外，无其他房屋居住，需要稳定的生活环境抚养女儿。被告江××另有住房，位于北京市朝阳区×小区××号

旁注：
- 对负担较多家庭义务一方的补偿
- 过错方对无过错方的赔偿
- 有负担能力一方对生活困难一方的帮助
- 对方当事人可能导致判决难以执行或造成其他损害的，可申请财产保全措施，包括冻结、扣押、查封

离婚纠纷

续表

3. 夫妻共同债务情况	无
4. 子女直接抚养情况	女儿江×年幼，自出生一直由王××照顾，江××存在实施家庭暴力行为，不利于江×的健康成长
5. 子女抚养费情况	根据江×入学、医疗、生活等方面的日常支出情况，原告、被告各自承担抚养费的一半，由被告承担2000元/月
6. 子女探望权情况	从利于孩子成长的角度考虑，江××每两周探望江×一次，时间、地点可由双方协商
7. 赔偿/补偿/经济帮助情况	江××酗酒，对王××实施家庭暴力，经常因为生活琐事对原告拳脚相加，有公安机关报警记录、王××就医记录、向妇联报案记录等证实。符合离婚损害赔偿的情形
8. 其他	无
9. 诉请依据（应尽量穷尽列举，可参考本书"适用指南""相关法条"提及的规定）	解除婚姻关系：《中华人民共和国民法典》第1079条 子女直接抚养以及抚养费：《中华人民共和国民法典》第1084条、第1085条、第1086条 夫妻共同财产处理：《中华人民共和国民法典》第1087条 离婚损害赔偿：《中华人民共和国民法典》第1091条
10. 证据清单（可另附页）	附页

具状人（签字、盖章）：王××（原告）

日期：2024年××月××日（自然人签字）

民事答辩状
（离婚纠纷）

说明：

为了方便您更好地参加诉讼，保护您的合法权利，请填写本表。

1. 应诉时需向人民法院提交证明您身份的材料，如身份证复印件、营业执照复印件等。

2. 本表所列内容是您参加诉讼以及人民法院查明案件事实所需，请务必如实填写。

3. 本表所涉内容系针对一般离婚纠纷案件，有些内容可能与您的案件无关，您认为与案件无关的项目可以填"无"或不填；对于本表中勾选项可以在对应项打"√"；您认为另有重要内容需要列明的，可以在本表尾部或者另附页填写。

★ **特别提示** ★

《中华人民共和国民事诉讼法》第十三条第一款规定："民事诉讼应当遵循诚信原则。"

如果诉讼参加人违反上述规定，进行虚假诉讼、恶意诉讼，人民法院将视违法情形依法追究责任。

案号	（2024）京 ×××× 民初 ×× 号	案由	离婚纠纷

当事人信息

答辩人 （离婚纠纷的被告为自然人）	姓名：江 ×× 性别：男☑　女☐ 出生日期：1980 年 ×× 月 ×× 日 民族：汉族 工作单位：×× 公司　　职务：职员 联系电话：××××××× 住所地（户籍所在地）：河北省 ×× 市 ×× 区 ××× 街道 ×× 小区 ××× 号 经常居住地：北京市 ×× 区 ×× 街道 ××× 小区 ××× 号

续表

委托诉讼代理人	有☑ 　　姓名：李×× 　　单位：××律师事务所　　职务：律师 　　联系电话：××××××× 　　代理权限：一般授权☐　特别授权☑ 无☐
送达地址（所填信息除书面特别声明更改外，适用于案件所有后续程序）及收件人、电话	地址：北京市××区××街道×××小区×××号 收件人：江×× 电话：×××××××
是否接受电子送达	是☐　方式：短信＿＿＿　微信＿＿＿　传真＿＿＿ 　　　　邮箱＿＿＿　其他＿＿＿ 否☑

（代理人除享有一般授权的诉讼权利外，还可行使代为和解、上诉等涉及当事人实体利益的诉讼权利）

（代理人仅享有出庭、收集证据、辩论、起草法律文书等程序性诉讼权利）

（此处可填写一项或多项）

答辩事项和依据
（对原告诉讼请求的确认或者异议）

1. 对解除婚姻关系的确认和异议	确认☑　异议☐ 事由：
2. 对夫妻共同财产诉请的确认和异议	确认☐　异议☑ 事由：北京市丰台区××小区××号房屋是双方婚后共同购买，登记在双方名下，应当均分。其他同意原告诉请
3. 对夫妻共同债务诉请的确认和异议	确认☑　异议☐ 事由：
4. 对子女直接抚养诉请的确认和异议	确认☑　异议☐ 事由：同意江×由王××直接抚养
5. 对子女抚养费诉请的确认和异议	确认☐　异议☑ 事由：王××提出的抚养费数额不实，应当调整为每月1500元，按月支付

续表

6. 对子女探望权诉请的确认和异议	确认☑　异议☐ 事由：
7. 赔偿／补偿／经济帮助情况的确认和异议	确认☐　异议☑ 事由：王××关于家庭暴力的陈述不实
8. 其他事由	无
9. 答辩的依据	解除婚姻关系：《中华人民共和国民法典》第1079条 子女直接抚养以及抚养费：《中华人民共和国民法典》第1084条、第1085条、第1086条 夫妻共同财产处理：《中华人民共和国民法典》第1087条 离婚损害赔偿：《中华人民共和国民法典》第1091条
10. 证据清单（可另附页）	附页

（9. 答辩的依据：应尽量穷尽列举，可参考本书"适用指南""相关法条"提及的规定）

答辩人（签字、盖章）：江××（被告）

日期：2024年××月××日（自然人签字）

"相关法条"

《民法典》

第一千零五十一条 有下列情形之一的，婚姻无效：

（一）重婚；

（二）有禁止结婚的亲属关系；

（三）未到法定婚龄。

第一千零五十二条 因胁迫结婚的，受胁迫的一方可以向人民法院请求撤销婚姻。

请求撤销婚姻的，应当自胁迫行为终止之日起一年内提出。

被非法限制人身自由的当事人请求撤销婚姻的，应当自恢复人身自由之日起一年内提出。

第一千零五十三条 一方患有重大疾病的，应当在结婚登记前如实告知另一方；不如实告知的，另一方可以向人民法院请求撤销婚姻。

请求撤销婚姻的，应当自知道或者应当知道撤销事由之日起一年内提出。

第一千零五十四条 无效的或者被撤销的婚姻自始没有法律约束力，当事人不具有夫妻的权利和义务。同居期间所得的财产，由当事人协议处理；协议不成的，由人民法院根据照顾无过错方的原则判决。对重婚导致的无效婚姻的财产处理，不得侵害合法婚姻当事人的财产权益。当事人所生的子女，适用本法关于父母子女的规定。

婚姻无效或者被撤销的，无过错方有权请求损害赔偿。

第一千零六十二条 夫妻在婚姻关系存续期间所得的下列财产，为夫妻的共同财产，归夫妻共同所有：

（一）工资、奖金、劳务报酬；

（二）生产、经营、投资的收益；

（三）知识产权的收益；

（四）继承或者受赠的财产，但是本法第一千零六十三条第三项规定的除外；

（五）其他应当归共同所有的财产。

夫妻对共同财产，有平等的处理权。

第一千零六十三条 下列财产为夫妻一方的个人财产：

（一）一方的婚前财产；

（二）一方因受到人身损害获得的赔偿或者补偿；

（三）遗嘱或者赠与合同中确定只归一方的财产；

（四）一方专用的生活用品；

（五）其他应当归一方的财产。

第一千零六十四条 夫妻双方共同签名或者夫妻一方事后追认等共同意思表示所负的债务，以及夫妻一方在婚姻关系存续期间以个人名义为家庭日常生活需要所负的债务，属于夫妻共同债务。

夫妻一方在婚姻关系存续期间以个人名义超出家庭日常生活需要所负的债务，不属于夫妻共同债务；但是，债权人能够证明该债务用于夫妻共同生活、共同生产经营或者基于夫妻双方共同意思表示的除外。

第一千零六十五条 男女双方可以约定婚姻关系存续期间所得的财产以及婚前财产归各自所有、共同所有或者部分各自所有、部分共同所有。约定应当采用书面形式。没有约定或者约定不明确的，适用本法第一千零六十二条、第一千零六十三条的规定。

夫妻对婚姻关系存续期间所得的财产以及婚前财产的约定，对双方具有法律约束力。

夫妻对婚姻关系存续期间所得的财产约定归各自所有，夫或者妻一方对外所负的债务，相对人知道该约定的，以夫或者妻一方的个人财产清偿。

第一千零七十六条 夫妻双方自愿离婚的，应当签订书面离婚协议，并亲自到婚姻登记机关申请离婚登记。

离婚协议应当载明双方自愿离婚的意思表示和对子女抚养、财产以及债务处理等事项协商一致的意见。

第一千零七十七条 自婚姻登记机关收到离婚登记申请之日起三十日内，任何一方不愿意离婚的，可以向婚姻登记机关撤回离婚登记申请。

前款规定期限届满后三十日内，双方应当亲自到婚姻登记机关申请发给离婚证；未申请的，视为撤回离婚登记申请。

第一千零七十八条 婚姻登记机关查明双方确实是自愿离婚，并已经对子女抚养、财产以及债务处理等事项协商一致的,予以登记,发给离婚证。

第一千零七十九条 夫妻一方要求离婚的,可以由有关组织进行调解或者直接向人民法院提起离婚诉讼。

人民法院审理离婚案件,应当进行调解;如果感情确已破裂,调解无效的,应当准予离婚。

有下列情形之一,调解无效的,应当准予离婚:

(一)重婚或者与他人同居;

(二)实施家庭暴力或者虐待、遗弃家庭成员;

(三)有赌博、吸毒等恶习屡教不改;

(四)因感情不和分居满二年;

(五)其他导致夫妻感情破裂的情形。

一方被宣告失踪,另一方提起离婚诉讼的,应当准予离婚。

经人民法院判决不准离婚后,双方又分居满一年,一方再次提起离婚诉讼的,应当准予离婚。

第一千零八十条 完成离婚登记,或者离婚判决书、调解书生效,即解除婚姻关系。

第一千零八十一条 现役军人的配偶要求离婚,应当征得军人同意,但是军人一方有重大过错的除外。

第一千零八十二条 女方在怀孕期间、分娩后一年内或者终止妊娠后六个月内,男方不得提出离婚;但是,女方提出离婚或者人民法院认为确有必要受理男方离婚请求的除外。

第一千零八十三条 离婚后,男女双方自愿恢复婚姻关系的,应当到婚姻登记机关重新进行结婚登记。

第一千零八十四条 父母与子女间的关系,不因父母离婚而消除。离婚后,子女无论由父或者母直接抚养,仍是父母双方的子女。

离婚后,父母对于子女仍有抚养、教育、保护的权利和义务。

离婚后,不满两周岁的子女,以由母亲直接抚养为原则。已满两周岁的子女,父母双方对抚养问题协议不成的,由人民法院根据双方的具体情况,按照最有利于未成年子女的原则判决。子女已满八周岁的,应当尊重其真实意愿。

第一千零八十五条 离婚后,子女由一方直接抚养的,另一方应当负担部分或者全部抚养费。负担费用的多少和期限的长短，由双方协议；协议不成的，由人民法院判决。

前款规定的协议或者判决，不妨碍子女在必要时向父母任何一方提出超过协议或者判决原定数额的合理要求。

第一千零八十六条 离婚后，不直接抚养子女的父或者母，有探望子女的权利，另一方有协助的义务。

行使探望权利的方式、时间由当事人协议；协议不成的，由人民法院判决。

父或者母探望子女，不利于子女身心健康的，由人民法院依法中止探望；中止的事由消失后，应当恢复探望。

第一千零八十七条 离婚时，夫妻的共同财产由双方协议处理；协议不成的，由人民法院根据财产的具体情况，按照照顾子女、女方和无过错方权益的原则判决。

对夫或者妻在家庭土地承包经营中享有的权益等，应当依法予以保护。

第一千零八十八条 夫妻一方因抚育子女、照料老年人、协助另一方工作等负担较多义务的，离婚时有权向另一方请求补偿，另一方应当给予补偿。具体办法由双方协议；协议不成的，由人民法院判决。

第一千零八十九条 离婚时，夫妻共同债务应当共同偿还。共同财产不足清偿或者财产归各自所有的，由双方协议清偿；协议不成的，由人民法院判决。

第一千零九十条 离婚时，如果一方生活困难，有负担能力的另一方应当给予适当帮助。具体办法由双方协议；协议不成的，由人民法院判决。

第一千零九十一条 有下列情形之一，导致离婚的，无过错方有权请求损害赔偿：

（一）重婚；

（二）与他人同居；

（三）实施家庭暴力；

（四）虐待、遗弃家庭成员；

（五）有其他重大过错。

第一千零九十二条 夫妻一方隐藏、转移、变卖、毁损、挥霍夫妻共同财产，或者伪造夫妻共同债务企图侵占另一方财产的，在离婚分割夫妻共同财产时，对该方可以少分或者不分。离婚后，另一方发现有上述行为的，可以向人民法院提起诉讼，请求再次分割夫妻共同财产。

《最高人民法院关于适用〈中华人民共和国民法典〉婚姻家庭编的解释（一）》

第六条 男女双方依据民法典第一千零四十九条规定补办结婚登记的，婚姻关系的效力从双方均符合民法典所规定的结婚的实质要件时起算。

第七条 未依据民法典第一千零四十九条规定办理结婚登记而以夫妻名义共同生活的男女，提起诉讼要求离婚的，应当区别对待：

（一）1994年2月1日民政部《婚姻登记管理条例》公布实施以前，男女双方已经符合结婚实质要件的，按事实婚姻处理。

（二）1994年2月1日民政部《婚姻登记管理条例》公布实施以后，男女双方符合结婚实质要件的，人民法院应当告知其补办结婚登记。未补办结婚登记的，依据本解释第三条规定处理。

第十二条 人民法院受理离婚案件后，经审理确属无效婚姻的，应当将婚姻无效的情形告知当事人，并依法作出确认婚姻无效的判决。

第十三条 人民法院就同一婚姻关系分别受理了离婚和请求确认婚姻无效案件的，对于离婚案件的审理，应当待请求确认婚姻无效案件作出判决后进行。

第十七条 当事人以民法典第一千零五十一条规定的三种无效婚姻以外的情形请求确认婚姻无效的，人民法院应当判决驳回当事人的诉讼请求。

当事人以结婚登记程序存在瑕疵为由提起民事诉讼，主张撤销结婚登记的，告知其可以依法申请行政复议或者提起行政诉讼。

第十八条 行为人以给另一方当事人或者其近亲属的生命、身体、健康、名誉、财产等方面造成损害为要挟，迫使另一方当事人违背真实意愿结婚的，可以认定为民法典第一千零五十二条所称的"胁迫"。

因受胁迫而请求撤销婚姻的，只能是受胁迫一方的婚姻关系当事人本人。

第二十三条 夫以妻擅自中止妊娠侵犯其生育权为由请求损害赔偿的，人民法院不予支持；夫妻双方因是否生育发生纠纷，致使感情确已破裂，一方请求离婚的，人民法院经调解无效，应依照民法典第一千零七十九条第三款第五项的规定处理。

第二十五条 婚姻关系存续期间，下列财产属于民法典第一千零六十二条规

定的"其他应当归共同所有的财产":

（一）一方以个人财产投资取得的收益；

（二）男女双方实际取得或者应当取得的住房补贴、住房公积金；

（三）男女双方实际取得或者应当取得的基本养老金、破产安置补偿费。

第二十六条 夫妻一方个人财产在婚后产生的收益，除孳息和自然增值外，应认定为夫妻共同财产。

第二十七条 由一方婚前承租、婚后用共同财产购买的房屋，登记在一方名下的，应当认定为夫妻共同财产。

第二十九条 当事人结婚前，父母为双方购置房屋出资的，该出资应当认定为对自己子女个人的赠与，但父母明确表示赠与双方的除外。

当事人结婚后，父母为双方购置房屋出资的，依照约定处理；没有约定或者约定不明确的，按照民法典第一千零六十二条第一款第四项规定的原则处理。

第三十条 军人的伤亡保险金、伤残补助金、医药生活补助费属于个人财产。

第三十一条 民法典第一千零六十三条规定为夫妻一方的个人财产，不因婚姻关系的延续而转化为夫妻共同财产。但当事人另有约定的除外。

第三十二条 婚前或者婚姻关系存续期间，当事人约定将一方所有的房产赠与另一方或者共有，赠与方在赠与房产变更登记之前撤销赠与，另一方请求判令继续履行的，人民法院可以按照民法典第六百五十八条的规定处理。

第三十三条 债权人就一方婚前所负个人债务向债务人的配偶主张权利的，人民法院不予支持。但债权人能够证明所负债务用于婚后家庭共同生活的除外。

第三十四条 夫妻一方与第三人串通，虚构债务，第三人主张该债务为夫妻共同债务的，人民法院不予支持。

夫妻一方在从事赌博、吸毒等违法犯罪活动中所负债务，第三人主张该债务为夫妻共同债务的，人民法院不予支持。

第三十七条 民法典第一千零六十五条第三款所称"相对人知道该约定的"，夫妻一方对此负有举证责任。

第四十二条 民法典第一千零六十七条所称"抚养费"，包括子女生活费、教育费、医疗费等费用。

第四十四条 离婚案件涉及未成年子女抚养的，对不满两周岁的子女，按照民法典第一千零八十四条第三款规定的原则处理。母亲有下列情形之一，父亲请求直接抚养的，人民法院应予支持：

（一）患有久治不愈的传染性疾病或者其他严重疾病，子女不宜与其共同生活的；

（二）有抚养条件不尽抚养义务，而父亲要求子女随其生活；

（三）因其他原因，子女确不宜随母亲生活。

第四十五条 父母双方协议不满两周岁子女由父亲直接抚养，并对子女健康成长无不利影响的，人民法院应予支持。

第四十六条 对已满两周岁的未成年子女，父母均要求直接抚养，一方有下列情形之一的，可予优先考虑：

（一）已做绝育手术或者因其他原因丧失生育能力；

（二）子女随其生活时间较长，改变生活环境对子女健康成长明显不利；

（三）无其他子女，而另一方有其他子女；

（四）子女随其生活，对子女成长有利，而另一方患有久治不愈的传染性疾病或者其他严重疾病，或者有其他不利于子女身心健康的情形，不宜与子女共同生活。

第四十七条 父母抚养子女的条件基本相同，双方均要求直接抚养子女，但子女单独随祖父母或者外祖父母共同生活多年，且祖父母或者外祖父母要求并且有能力帮助子女照顾孙子女或者外孙子女的，可以作为父或者母直接抚养子女的优先条件予以考虑。

第四十八条 在有利于保护子女利益的前提下，父母双方协议轮流直接抚养子女的，人民法院应予支持。

第四十九条 抚养费的数额，可以根据子女的实际需要、父母双方的负担能力和当地的实际生活水平确定。

有固定收入的，抚养费一般可以按其月总收入的百分之二十至三十的比例给付。负担两个以上子女抚养费的，比例可以适当提高，但一般不得超过月总收入的百分之五十。

无固定收入的，抚养费的数额可以依据当年总收入或者同行业平均收入，参照上述比例确定。

有特殊情况的，可以适当提高或者降低上述比例。

第五十条 抚养费应当定期给付，有条件的可以一次性给付。

第五十一条 父母一方无经济收入或者下落不明的，可以用其财物折抵抚养费。

第五十二条 父母双方可以协议由一方直接抚养子女并由直接抚养方负担子女全部抚养费。但是，直接抚养方的抚养能力明显不能保障子女所需费用，影响子女健康成长的，人民法院不予支持。

第五十三条 抚养费的给付期限，一般至子女十八周岁为止。

十六周岁以上不满十八周岁，以其劳动收入为主要生活来源，并能维持当地一般生活水平的，父母可以停止给付抚养费。

第六十二条 无民事行为能力人的配偶有民法典第三十六条第一款规定行为，其他有监护资格的人可以要求撤销其监护资格，并依法指定新的监护人；变更后的监护人代理无民事行为能力一方提起离婚诉讼的，人民法院应予受理。

第六十三条 人民法院审理离婚案件，符合民法典第一千零七十九条第三款规定"应当准予离婚"情形的，不应当因当事人有过错而判决不准离婚。

第六十四条 民法典第一千零八十一条所称的"军人一方有重大过错"，可以依据民法典第一千零七十九条第三款前三项规定及军人有其他重大过错导致夫妻感情破裂的情形予以判断。

第六十五条 人民法院作出的生效的离婚判决中未涉及探望权，当事人就探望权问题单独提起诉讼的，人民法院应予受理。

第六十六条 当事人在履行生效判决、裁定或者调解书的过程中，一方请求中止探望的，人民法院在征询双方当事人意见后，认为需要中止探望的，依法作出裁定；中止探望的情形消失后，人民法院应当根据当事人的请求书面通知其恢复探望。

第六十七条 未成年子女、直接抚养子女的父或者母以及其他对未成年子女负担抚养、教育、保护义务的法定监护人，有权向人民法院提出中止探望的请求。

第六十八条 对于拒不协助另一方行使探望权的有关个人或者组织，可以由人民法院依法采取拘留、罚款等强制措施，但是不能对子女的人身、探望行为进行强制执行。

第六十九条 当事人达成的以协议离婚或者到人民法院调解离婚为条件的财产以及债务处理协议，如果双方离婚未成，一方在离婚诉讼中反悔的，人民法院应当认定该财产以及债务处理协议没有生效，并根据实际情况依照民法典第一千零八十七条和第一千零八十九条的规定判决。

当事人依照民法典第一千零七十六条签订的离婚协议中关于财产以及债务处

理的条款，对男女双方具有法律约束力。登记离婚后当事人因履行上述协议发生纠纷提起诉讼的，人民法院应当受理。

第七十条 夫妻双方协议离婚后就财产分割问题反悔，请求撤销财产分割协议的，人民法院应当受理。

人民法院审理后，未发现订立财产分割协议时存在欺诈、胁迫等情形的，应当依法驳回当事人的诉讼请求。

第七十一条 人民法院审理离婚案件，涉及分割发放到军人名下的复员费、自主择业费等一次性费用的，以夫妻婚姻关系存续年限乘以年平均值，所得数额为夫妻共同财产。

前款所称年平均值，是指将发放到军人名下的上述费用总额按具体年限均分得出的数额。其具体年限为人均寿命七十岁与军人入伍时实际年龄的差额。

第七十二条 夫妻双方分割共同财产中的股票、债券、投资基金份额等有价证券以及未上市股份有限公司股份时，协商不成或者按市价分配有困难的，人民法院可以根据数量按比例分配。

第七十三条 人民法院审理离婚案件，涉及分割夫妻共同财产中以一方名义在有限责任公司的出资额，另一方不是该公司股东的，按以下情形分别处理：

（一）夫妻双方协商一致将出资额部分或者全部转让给该股东的配偶，其他股东过半数同意，并且其他股东均明确表示放弃优先购买权的，该股东的配偶可以成为该公司股东；

（二）夫妻双方就出资额转让份额和转让价格等事项协商一致后，其他股东半数以上不同意转让，但愿意以同等条件购买该出资额的，人民法院可以对转让出资所得财产进行分割。其他股东半数以上不同意转让，也不愿意以同等条件购买该出资额的，视为其同意转让，该股东的配偶可以成为该公司股东。

用于证明前款规定的股东同意的证据，可以是股东会议材料，也可以是当事人通过其他合法途径取得的股东的书面声明材料。

第七十四条 人民法院审理离婚案件，涉及分割夫妻共同财产中以一方名义在合伙企业中的出资，另一方不是该企业合伙人的，当夫妻双方协商一致，将其合伙企业中的财产份额全部或者部分转让给对方时，按以下情形分别处理：

（一）其他合伙人一致同意的，该配偶依法取得合伙人地位；

（二）其他合伙人不同意转让，在同等条件下行使优先购买权的，可以对转让所得的财产进行分割；

（三）其他合伙人不同意转让，也不行使优先购买权，但同意该合伙人退伙或者削减部分财产份额的，可以对结算后的财产进行分割；

（四）其他合伙人既不同意转让，也不行使优先购买权，又不同意该合伙人退伙或者削减部分财产份额的，视为全体合伙人同意转让，该配偶依法取得合伙人地位。

第七十五条 夫妻以一方名义投资设立个人独资企业的，人民法院分割夫妻在该个人独资企业中的共同财产时，应当按照以下情形分别处理：

（一）一方主张经营该企业的，对企业资产进行评估后，由取得企业资产所有权一方给予另一方相应的补偿；

（二）双方均主张经营该企业的，在双方竞价基础上，由取得企业资产所有权的一方给予另一方相应的补偿；

（三）双方均不愿意经营该企业的，按照《中华人民共和国个人独资企业法》等有关规定办理。

第七十六条 双方对夫妻共同财产中的房屋价值及归属无法达成协议时，人民法院按以下情形分别处理：

（一）双方均主张房屋所有权并且同意竞价取得的，应当准许；

（二）一方主张房屋所有权的，由评估机构按市场价格对房屋作出评估，取得房屋所有权的一方应当给予另一方相应的补偿；

（三）双方均不主张房屋所有权的，根据当事人的申请拍卖、变卖房屋，就所得价款进行分割。

第七十七条 离婚时双方对尚未取得所有权或者尚未取得完全所有权的房屋有争议且协商不成的，人民法院不宜判决房屋所有权的归属，应当根据实际情况判决由当事人使用。

当事人就前款规定的房屋取得完全所有权后，有争议的，可以另行向人民法院提起诉讼。

第七十八条 夫妻一方婚前签订不动产买卖合同，以个人财产支付首付款并在银行贷款，婚后由夫妻共同财产还贷，不动产登记于首付款支付方名下的，离婚时该不动产由双方协议处理。

依前款规定不能达成协议的，人民法院可以判决该不动产归登记一方，尚未归还的贷款为不动产登记一方的个人债务。双方婚后共同还贷支付的款项及其相对应财产增值部分，离婚时应根据民法典第一千零八十七条第一款规定的原则，由不动产登记一方对另一方进行补偿。

第七十九条 婚姻关系存续期间，双方用夫妻共同财产出资购买以一方父母名义参加房改的房屋，登记在一方父母名下，离婚时另一方主张按照夫妻共同财产对该房屋进行分割的，人民法院不予支持。购买该房屋时的出资，可以作为债权处理。

第八十条 离婚时夫妻一方尚未退休、不符合领取基本养老金条件，另一方请求按照夫妻共同财产分割基本养老金的，人民法院不予支持；婚后以夫妻共同财产缴纳基本养老保险费，离婚时一方主张将养老金账户中婚姻关系存续期间个人实际缴纳部分及利息作为夫妻共同财产分割的，人民法院应予支持。

第八十一条 婚姻关系存续期间，夫妻一方作为继承人依法可以继承的遗产，在继承人之间尚未实际分割，起诉离婚时另一方请求分割的，人民法院应当告知当事人在继承人之间实际分割遗产后另行起诉。

第八十二条 夫妻之间订立借款协议，以夫妻共同财产出借给一方从事个人经营活动或者用于其他个人事务的，应视为双方约定处分夫妻共同财产的行为，离婚时可以按照借款协议的约定处理。

第八十三条 离婚后，一方以尚有夫妻共同财产未处理为由向人民法院起诉请求分割的，经审查该财产确属离婚时未涉及的夫妻共同财产，人民法院应当依法予以分割。

第八十四条 当事人依据民法典第一千零九十二条的规定向人民法院提起诉讼，请求再次分割夫妻共同财产的诉讼时效期间为三年，从当事人发现之日起计算。

第八十五条 夫妻一方申请对配偶的个人财产或者夫妻共同财产采取保全措施的，人民法院可以在采取保全措施可能造成损失的范围内，根据实际情况，确定合理的财产担保数额。

第八十六条 民法典第一千零九十一条规定的"损害赔偿"，包括物质损害赔偿和精神损害赔偿。涉及精神损害赔偿的，适用《最高人民法院关于确定民事侵权精神损害赔偿责任若干问题的解释》的有关规定。

第八十七条 承担民法典第一千零九十一条规定的损害赔偿责任的主体，为离婚诉讼当事人中无过错方的配偶。

人民法院判决不准离婚的案件，对于当事人基于民法典第一千零九十一条提出的损害赔偿请求，不予支持。

在婚姻关系存续期间，当事人不起诉离婚而单独依据民法典第一千零九十一条提起损害赔偿请求的，人民法院不予受理。

第八十八条 人民法院受理离婚案件时，应当将民法典第一千零九十一条等规定中当事人的有关权利义务，书面告知当事人。在适用民法典第一千零九十一条时，应当区分以下不同情况：

（一）符合民法典第一千零九十一条规定的无过错方作为原告基于该条规定向人民法院提起损害赔偿请求的，必须在离婚诉讼的同时提出。

（二）符合民法典第一千零九十一条规定的无过错方作为被告的离婚诉讼案件，如果被告不同意离婚也不基于该条规定提起损害赔偿请求的，可以就此单独提起诉讼。

（三）无过错方作为被告的离婚诉讼案件，一审时被告未基于民法典第一千零九十一条规定提出损害赔偿请求，二审期间提出的，人民法院应当进行调解；调解不成的，告知当事人另行起诉。双方当事人同意由第二审人民法院一并审理的，第二审人民法院可以一并裁判。

第八十九条 当事人在婚姻登记机关办理离婚登记手续后，以民法典第一千零九十一条规定为由向人民法院提出损害赔偿请求的，人民法院应当受理。但当事人在协议离婚时已经明确表示放弃该项请求的，人民法院不予支持。

第九十条 夫妻双方均有民法典第一千零九十一条规定的过错情形，一方或者双方向对方提出离婚损害赔偿请求的，人民法院不予支持。

《诉讼费用交纳办法》

第二十九条 诉讼费用由败诉方负担，胜诉方自愿承担的除外。

部分胜诉、部分败诉的，人民法院根据案件的具体情况决定当事人各自负担的诉讼费用数额。

共同诉讼当事人败诉的，人民法院根据其对诉讼标的的利害关系，决定当事人各自负担的诉讼费用数额。

3. 买卖合同纠纷

【案由地图】

买卖合同纠纷为合同、准合同纠纷项下 3 级案由。

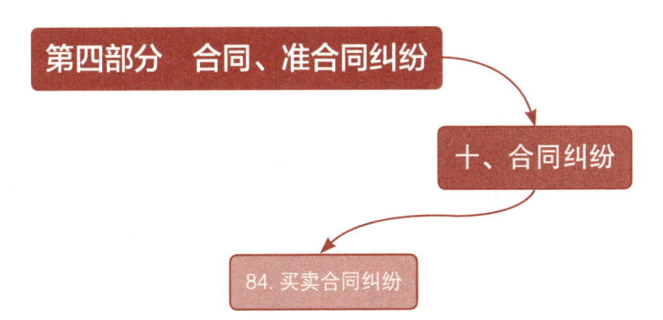

```
第四部分 合同、准合同纠纷
            ↓
       十、合同纠纷
            ↓
     84. 买卖合同纠纷
```

【法律关系】

买卖合同纠纷通常的法律关系如下图所示。

```
         付款
买方 ──────────→ 卖方
     ←──────────
        交付标的物
```

【常见诉请】

示范文本起诉状所列诉讼请求中，出卖人与买受人提出的诉请有所不同。

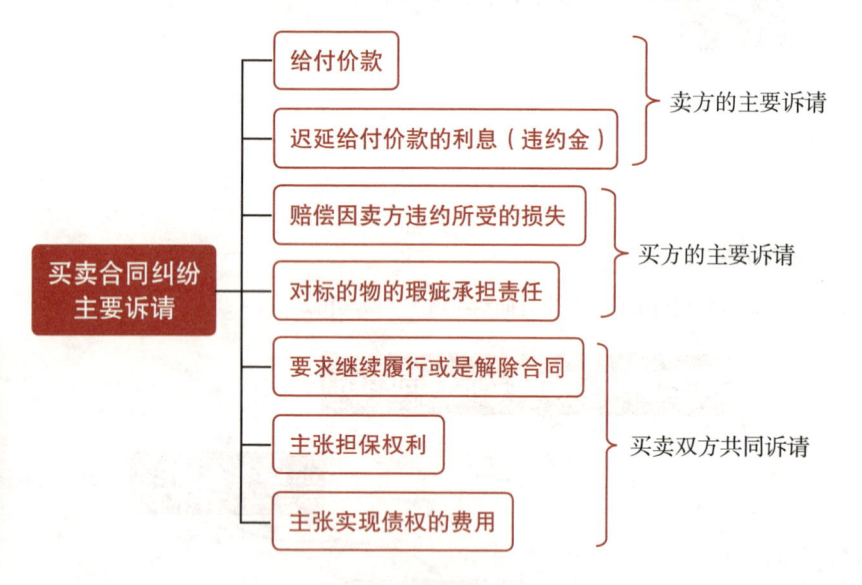

买卖合同纠纷主要诉请：
- 给付价款 ┐
- 迟延给付价款的利息（违约金） ┘ 卖方的主要诉请
- 赔偿因卖方违约所受的损失 ┐
- 对标的物的瑕疵承担责任 ┘ 买方的主要诉请
- 要求继续履行或是解除合同 ┐
- 主张担保权利 ├ 买卖双方共同诉请
- 主张实现债权的费用 ┘

"示范文本"

民事起诉状
（买卖合同纠纷）

扫描下载

说明：

为了方便您更好地参加诉讼，保护您的合法权利，请填写本表。

1. 起诉时需向人民法院提交证明您身份的材料，如身份证复印件、营业执照复印件等。

2. 本表所列内容是您提起诉讼以及人民法院查明案件事实所需，请务必如实填写。

3. 本表所涉内容系针对一般买卖合同纠纷案件，有些内容可能与您的案件无关，您认为与案件无关的项目可以填"无"或不填；对于本表中勾选项可以在对应项打"√"；您认为另有重要内容需要列明的，可以在本表尾部或者另附页填写。

★**特别提示**★

《中华人民共和国民事诉讼法》第十三条第一款规定："民事诉讼应当遵循诚信原则。"

如果诉讼参加人违反上述规定，进行虚假诉讼、恶意诉讼，人民法院将视违法情形依法追究责任。

当事人信息

原告（法人、非法人组织）	名称： 住所地（主要办事机构所在地）： 注册地/登记地： 法定代表人/主要负责人：　　职务：　　联系电话： 统一社会信用代码： 类型：有限责任公司□　股份有限公司□　上市公司□　其他企业法人□　事业单位□　社会团体□　基金会□　社会服务机构□　机关法人□　农村集体经济组织法人□　城镇农村的合作经济组织法人□　基层群众性自治组织法人□　个人独资企业□　合伙企业□　不具有法人资格的专业服务机构□　国有□（控股□　参股□）　民营□

续表

原告（自然人）	姓名： 性别：男□ 女□ 出生日期： 年 月 日 民族： 工作单位： 职务： 联系电话： 住所地（户籍所在地）： 经常居住地：
委托诉讼代理人	有□ 　　姓名： 　　单位： 职务： 联系电话： 　　代理权限：一般授权□ 特别授权□ 无□
送达地址（所填信息除书面特别声明更改外，适用于案件一审、二审、再审所有后续程序）及收件人、电话	地址： 收件人： 电话：
是否接受电子送达	是□ 方式：短信_____ 微信_____ 传真_____ 　　　　邮箱_____ 其他_____ 否□
被告（法人、非法人组织）	名称： 住所地（主要办事机构所在地）： 注册地/登记地： 法定代表人/主要负责人： 职务： 联系电话： 统一社会信用代码： 类型：有限责任公司□ 股份有限公司□ 上市公司□ 　　　其他企业法人□ 事业单位□ 社会团体□ 　　　基金会□ 社会服务机构□ 机关法人□ 农村集体经济组织法人□ 城镇农村的合作经济组织法人□ 基层群众性自治组织法人□ 个人独资企业□ 合伙企业□ 不具有法人资格的专业服务机构□ 国有□（控股□ 参股□） 民营□

续表

被告（自然人）	姓名： 性别：男□ 女□ 出生日期： 年 月 日 民族： 工作单位： 职务： 联系电话： 住所地（户籍所在地）： 经常居住地：
第三人（法人、非法人组织）	名称： 住所地（主要办事机构所在地）： 注册地/登记地： 法定代表人/主要负责人： 职务： 联系电话： 统一社会信用代码： 类型：有限责任公司□ 股份有限公司□ 上市公司□ 其他企业法人□ 事业单位□ 社会团体□ 基金会□ 社会服务机构□ 机关法人□ 农村集体经济组织法人□ 城镇农村的合作经济组织法人□ 基层群众性自治组织法人□ 个人独资企业□ 合伙企业□ 不具有法人资格的专业服务机构□ 国有□（控股□ 参股□） 民营□
第三人（自然人）	姓名： 性别：男□ 女□ 出生日期： 年 月 日 民族： 工作单位： 职务： 联系电话： 住所地（户籍所在地）： 经常居住地：
诉讼请求和依据 （原告为卖方时，填写第1项、第2项；原告为买方时，填写第3项、第4项；第5项至第10项为共同项）	
1. 给付价款（元）	元（人民币，下同；如外币需特别注明）
2. 迟延给付价款的利息（违约金）	截至 年 月 日止，迟延给付价款的利息 元、违约金 元，自 之后的逾期利息、违约金，以 元为基数按照 标准计算； 计算方式： 是否请求支付至实际清偿之日止：是□ 否□

买卖合同纠纷

续表

3.赔偿因卖方违约所受的损失	支付赔偿金　　　元 违约类型：迟延履行□　不履行□　其他□ 具体情形： 损失计算依据：
4.是否对标的物的瑕疵承担责任	是□　　修理□　重作□　更换□　退货□ 　　　减少价款或者报酬□　其他□ 否□
5.要求继续履行或是解除合同	继续履行□　＿＿＿日内履行完毕付款□供货□义务 判令解除合同□ 确认买卖合同已于　　　年　　月　　日解除□
6.是否主张担保权利	是□　内容： 否□
7.是否主张实现债权的费用	是□　费用明细： 否□
8.其他请求	
9.标的总额	
10.请求依据	合同约定： 法律规定：

约定管辖和诉讼保全

1.有无仲裁、法院管辖约定	有□　合同条款及内容： 无□
2.是否申请财产保全措施	已经诉前保全：是□　保全法院：　　保全时间： 　　　　　　　否□ 申请诉讼保全：是□ 　　　　　　　否□

事实与理由

1.合同的签订情况（名称、编号、签订时间、地点等）	

买卖合同纠纷

续表

2.签订主体	出卖人（卖方）： 买受人（买方）：
3.买卖标的物情况（标的物名称、规格、质量、数量等）	
4.合同约定的价格及支付方式	单价　　元；总价　　元； 以现金□　转账□　票据□＿＿＿（写明票据类型）其他□ ＿＿＿方式一次性□　分期□支付 分期方式：
5.合同约定的交货时间、地点、方式、风险承担、安装、调试、验收	
6.合同约定的质量标准及检验方式、质量异议期限	
7.合同约定的违约金（定金）	违约金□　元（合同条款：第　条） 定金□　元（合同条款：第　条） 迟延履行违约金□　%/日（合同条款：第　条）
8.价款支付及标的物交付情况	按期支付价款　　元，逾期付款　　元，逾期未付款　　元 按期交付标的物　　件，逾期交付　　件，逾期未交付　　件
9.是否存在迟延履行	是□　迟延时间：　　　逾期付款□　逾期交货□ 否□
10.是否催促过履行	是□　催促情况：　　　年　月　日通过 　　　方式进行了催促 否□
11.买卖合同标的物有无质量争议	有□　具体情况： 无□

买卖合同纠纷

· 101 ·

续表

12.标的物质量规格或履行方式是否存在不符合约定的情况	是□ 否□	具体情况：
13.是否曾就标的物质量问题进行协商	是□ 否□	具体情况：
14.被告应当支付的利息、违约金、赔偿金	利息□　　元 违约金□　　　元 赔偿金□　　　元 共计　　元　计算方式：	
15.是否签订物的担保（抵押、质押）合同	是□ 否□	签订时间：
16.担保人、担保物	担保人： 担保物：	
17.是否最高额担保（抵押、质押）	是□ 否□	担保债权的确定时间： 担保额度：
18.是否办理抵押、质押登记	是□ 否□	正式登记□ 预告登记□
19.是否签订保证合同	是□ 否□	签订时间：　　保证人： 主要内容：
20.保证方式	一般保证　　□ 连带责任保证□	
21.其他担保方式	是□ 否□	形式：

续表

22.其他需要说明的内容(可另附页)	
23.证据清单(可另附页)	

具状人(签字、盖章):

日期:

民事答辩状
（买卖合同纠纷）

说明：
为了方便您更好地参加诉讼，保护您的合法权利，请填写本表。 　　1. 应诉时需向人民法院提交证明您身份的材料，如身份证复印件、营业执照复印件等。 　　2. 本表所列内容是您参加诉讼以及人民法院查明案件事实所需，请务必如实填写。 　　3. 本表所涉内容系针对一般买卖合同纠纷案件，有些内容可能与您的案件无关，您认为与案件无关的项目可以填"无"或不填；对于本表中勾选项可以在对应项打"√"；您认为另有重要内容需要列明的，可以在本表尾部或者另附页填写。 ★特别提示★ 　　《中华人民共和国民事诉讼法》第十三条第一款规定："民事诉讼应当遵循诚信原则。" 　　如果诉讼参加人违反上述规定，进行虚假诉讼、恶意诉讼，人民法院将视违法情形依法追究责任。

案号		案由	
当事人信息			
答辩人（法人、非法人组织）	名称： 住所地（主要办事机构所在地）： 注册地/登记地： 法定代表人/主要负责人：　　职务：　　联系电话： 统一社会信用代码： 类型：有限责任公司□　股份有限公司□　上市公司□　其他企业法人□　事业单位□　社会团体□　基金会□　社会服务机构□　机关法人□　农村集体经济组织法人□　城镇农村的合作经济组织法人□　基层群众性自治组织法人□　个人独资企业□　合伙企业□　不具有法人资格的专业服务机构□　国有（控股□　参股□）　民营□		

续表

答辩人（自然人）	姓名： 性别：男□ 女□ 出生日期： 年 月 日 民族： 工作单位： 职务： 联系电话： 住所地（户籍所在地）： 经常居住地：
委托诉讼代理人	有□ 　　姓名： 　　单位： 职务： 联系电话： 　　代理权限：一般授权□ 特别授权□ 无□
送达地址（所填信息除书面特别声明更改外，适用于案件一审、二审、再审所有后续程序）及收件人、电话	地址： 收件人： 电话：
是否接受电子送达	是□ 方式：短信_____ 微信_____ 传真_____ 　　　　邮箱_____ 其他_____ 否□
答辩事项 **（对原告诉讼请求的确认或者异议）**	
1.对给付价款的诉请有无异议	无□ 有□　事实和理由：
2.对迟延给付价款的利息（违约金）有无异议	无□ 有□　事实和理由：
3.对要求继续履行或是解除合同有无异议	无□ 有□　事实和理由：

续表

4. 对赔偿因违约所受的损失有无异议	无 □ 有 □ 事实和理由：
5. 对就标的物的瑕疵承担责任有无异议	无 □ 有 □ 事实和理由：
6. 对担保权利的诉请有无异议	无 □ 有 □ 事实和理由：
7. 对实现债权的费用有无异议	无 □ 有 □ 事实和理由：
8. 对其他请求有无异议	无 □ 有 □ 事实和理由：
9. 对标的总额有无异议	无 □ 有 □ 事实和理由：
10. 答辩依据	合同约定： 法律规定：
<td colspan="2" align="center">**事实和理由** **（对起诉状事实与理由的确认或者异议）**</td>
1. 对合同签订情况（名称、编号、签订时间、地点）有无异议	无 □ 有 □ 事实和理由：
2. 对签订主体有无异议	无 □ 有 □ 事实和理由：
3. 对标的物情况有无异议	无 □ 有 □ 事实和理由：
4. 对合同约定的价格及支付方式有无异议	无 □ 有 □ 事实和理由：

续表

5. 对合同约定的交货时间、地点、方式、风险承担、安装、调试、验收有无异议	无□ 有□	事实和理由：
6. 对合同约定的质量标准及检验方式、质量异议期限有无异议	无□ 有□	事实和理由：
7. 对合同约定的违约金（定金）有无异议	无□ 有□	事实和理由：
8. 对价款支付及标的物交付情况有无异议	无□ 有□	事实和理由：
9. 对是否存在迟延履行有无异议	无□ 有□	事实和理由：
10. 对是否催促过履行有无异议	无□ 有□	事实和理由：
11. 对买卖合同标的物有无质量争议有无异议	无□ 有□	事实和理由：
12. 对标的物质量规格或履行方式是否存在不符合约定的情况有无异议	无□ 有□	事实和理由：
13. 对是否曾就标的物质量问题进行协商有无异议	无□ 有□	事实和理由：

续表

14. 对应当支付的利息、违约金、赔偿金有无异议	无 □ 有 □	事实和理由：
15. 对是否签订物的担保合同有无异议	无 □ 有 □	事实和理由：
16. 对担保人、担保物有无异议	无 □ 有 □	事实和理由：
17. 对最高额抵押担保有无异议	无 □ 有 □	事实和理由：
18. 对是否办理抵押/质押登记有无异议	无 □ 有 □	事实和理由：
19. 对是否签订保证合同有无异议	无 □ 有 □	事实和理由：
20. 对保证方式有无异议	无 □ 有 □	事实和理由：
21. 对其他担保方式有无异议	无 □ 有 □	事实和理由：
22. 有无其他免责/减责事由	无 □ 有 □	事实和理由：
23. 其他需要说明的内容（可另附页）		
24. 证据清单（可另附页）		

答辩人（签字、盖章）：

日期：

3. 买卖合同纠纷

"适用指南"

起诉部分
（买卖合同纠纷）

诉讼请求1　给付价款（原告为卖方）

请求依据	《民法典》第579、595、596、626条 《最高人民法院关于审理买卖合同纠纷案件适用法律问题的解释》第1条 买卖合同第×条		
依据分解	买卖合同有效	买方付款的条件已成就	买方未按照合同约定支付价款
事实	■ 合同的签订情况（名称、编号、签订时间、地点等） ■ 签订主体	■ 合同约定的价格及支付方式 ■ 价款支付及标的物交付情况	■ 合同约定的价格及支付方式 ■ 价款支付及标的物交付情况
证据	买卖合同原件	买卖合同原件	催款通知及邮寄凭证
理由	原告与被告于××××年××月××日签订了编号为××××的买卖合同。根据合同的约定，原告向被告提供［货物描述］，被告应在收到货物后［支付期限］内支付货款。原告已于××××年××月××日履行了交货义务，但被告未按合同约定支付货款。原告请求法院判决被告按照合同约定支付价款		

买卖合同纠纷

诉讼请求 2　迟延给付价款的利息（违约金）（原告为卖方）

请求依据	《民法典》第 577、585 条 《最高人民法院关于审理买卖合同纠纷案件适用法律问题的解释》第 18 条 买卖合同第 × 条		
依据分解	买卖合同有效	被告存在迟延支付价款的行为	合同中有迟延给付价款的利息（违约金）的约定
事实	■ 合同的签订情况（名称、编号、签订时间、地点等） ■ 签订主体	■ 价款支付及标的物交付情况 ■ 存在迟延履行 ■ 催促过履行	■ 合同约定的违约金（定金） ■ 被告应当支付的利息、违约金、赔偿金
证据	买卖合同原件	买卖合同原件 违约金计算明细	买卖合同原件 违约金计算明细
理由	原告与被告于 ×××× 年 ×× 月 ×× 日签订了编号为 ×××× 的买卖合同。根据合同的约定，原告向被告提供［货物描述］，被告应在收到货物后［支付期限］内支付货款。原告已于 ×××× 年 ×× 月 ×× 日履行了交货义务，但被告未按合同约定支付货款，已构成违约。根据买卖合同第 × 条的约定，被告应支付违约金，违约金的计算方式为［违约金计算方式］		

3. 买卖合同纠纷

诉讼请求 3　赔偿因卖方违约所受的损失（原告为买方）

请求依据	《民法典》第 583、584、585 条 《最高人民法院关于审理买卖合同纠纷案件适用法律问题的解释》第 22、23 条 买卖合同第 × 条		
依据分解	买卖合同有效	卖方违约[1]	买方因卖方违约遭受了损失[2]
事实	■ 合同的签订情况（名称、编号、签订时间、地点等） ■ 签订主体	■ 买卖标的物情况（标的物名称、规格、质量、数量等） ■ 合同约定的价格及支付方式 ■ 合同约定的交货时间、地点、方式、风险承担、安装、调试、验收 ■ 合同约定的质量标准及检验方式、质量异议期限 ■ 标的物质量规格或履行方式存在不符合约定的情况	■ 买卖合同标的物有质量争议 ■ 价款支付及标的物交付情况 ■ 存在迟延履行 ■ 催促过履行 ■ 曾就标的物质量问题进行协商
证据	买卖合同原件	迟延交付的证明 标的物质量、权利或数量瑕疵的证明（收货时的照片、视频，检验或鉴定意见，货物签收单等） 其他违约证明	鉴定意见 评估报告 修理费用 对客户进行赔偿的支出凭证等
理由	原告与被告于 ×××× 年 ×× 月 ×× 日签订了编号为 ×××× 的买卖合同。根据合同约定，原告向被告提供［货物描述］，被告应在收到货物后［支付期限］内支付货款。被告存在［具体违约行为描述］。由于被告的迟延交付，原告遭受了包括但不限于以下损失：［具体列举损失情况］。原告请求法院判决被告赔偿原告因被告违约所受的损失 ×× 元。		

[1] 卖方常见的违约行为有：迟延或不交付标的物；交付的标的物数量、质量不符合约定；交付的标的物有权利瑕疵，如是无权处分或设有抵押权；未履行附随义务，如协助义务、交付有关单据的义务。

[2] 损失包括但不限于因卖方违约支付的额外费用、因丧失市场机会的预期利润损失、因卖方违约对客户进行的赔偿等。

诉讼请求 4　对标的物的瑕疵[1]承担责任（原告为买方）

请求依据	《民法典》第 615~617 条 买卖合同第 × 条
依据分解	买卖合同有效　　卖方交付的标的物存在瑕疵
事实	■ 合同的签订情况（名称、编号、签订时间、地点等） ■ 签订主体	■ 买卖标的物情况（标的物名称、规格、质量、数量等） ■ 合同约定的交货时间、地点、方式、风险承担、安装、调试、验收 ■ 合同约定的质量标准及检验方式、质量异议期限 ■ 价款支付及标的物交付情况 ■ 买卖合同标的物有质量争议 ■ 标的物质量规格或履行方式存在不符合约定的情况 ■ 曾就标的物质量问题进行协商
证据	买卖合同原件　　货物瑕疵的检验报告或专家鉴定意见 原告因货物瑕疵遭受损失的证明，包括额外费用支出凭证、生产延误的证据、对下游客户的违约赔偿等
理由	原告与被告于 ×××× 年 ×× 月 ×× 日签订了编号为 ×××× 的买卖合同。根据合同第 ×× 条的约定，被告应于 ×××× 年 ×× 月 ×× 日交付符合合同约定质量标准的货物。被告交付的货物存在 [具体瑕疵描述]，不符合合同约定的质量标准。由于货物的瑕疵，原告遭受了包括但不限于以下损失：额外的修复费用、因瑕疵导致的生产延误、对下游客户的违约赔偿等。请求法院判令被告赔偿原告因标的物瑕疵所遭受的损失，总计 ×× 元

---

[1] 标的物瑕疵主要包括：（1）标的物数量瑕疵。（2）标的物质量瑕疵。（3）标的物权利瑕疵，即《民法典》第 612、613 条规定的第三人对标的物享有权利的情况。根据示范文本上下文，此处主要论述标的物数量和质量瑕疵。

3. 买卖合同纠纷

诉讼请求 5-1[1]　要求继续履行

请求依据	《民法典》第 509、577、579、580 条 买卖合同第 × 条	
依据分解	买卖合同有效	被告不履行合同义务或者履行合同义务不符合约定
事实	■ 合同的签订情况（名称、编号、签订时间、地点等） ■ 签订主体	■ 买卖标的物情况（标的物名称、规格、质量、数量等） ■ 合同约定的价格及支付方式 ■ 合同约定的交货时间、地点、方式、风险承担、安装、调试、验收 ■ 合同约定的质量标准及检验方式、质量异议期限 ■ 价款支付及标的物交付情况 ■ 存在迟延履行 ■ 催促过履行
证据	买卖合同原件	原告催促被告履行合同的证据 被告未履行合同义务的证据
理由	原告与被告于 ×××× 年 ×× 月 ×× 日签订了编号为 ×××× 的买卖合同。根据合同第 × 条的规定，被告应于 ×××× 年 ×× 月 ×× 日履行［具体合同义务，如交付货物、支付货款］。被告未按照合同的约定履行上述义务，经原告多次催告后，被告仍未履行。原告认为被告继续履行合同不仅符合双方合同约定，也符合法律规定，且不存在法律上或事实上不能履行的情形。请求法院判令被告继续履行合同，具体为［具体履行内容］。	

[1] 在示范文本中，此项诉讼请求对应的是"要求继续履行或是解除合同"，在合同有效且一方违约的情况下，守约方可以"二选一"地选择继续履行或者解除合同，由于继续履行和解除合同的情形存在较大差异。本书将示范文本起诉状中"要求继续履行或是解除合同"拆分为 5-1"要求继续履行"和 5-2"要求解除合同"。

买卖合同纠纷

· 113 ·

诉讼请求 5-2　要求解除合同

请求依据	《民法典》第 528、533、562、563、597、610 条 《最高人民法院关于审理买卖合同纠纷案件适用法律问题的解释》第 19 条 买卖合同第 × 条	
依据分解	买卖合同有效	符合法律规定的解除条件[1]
事实	■合同的签订情况（名称、编号、签订时间、地点等） ■签订主体	■合同的签订情况（名称、编号、签订时间、地点等） ■签订主体 ■买卖标的物情况（标的物名称、规格、质量、数量等） ■合同约定的价格及支付方式 ■合同约定的交货时间、地点、方式、风险承担、安装、调试、验收 ■价款支付及标的物交付情况 ■存在迟延履行 ■催促过履行
证据	买卖合同原件及补充协议 能证明当事人意思表示的录音录像、聊天记录等	买卖合同原件、补充协议等 能证明当事人意思表示的录音录像、聊天记录等 合同订立前双方的沟通记录等 银行转账凭证、收据、订货单、发货单等 其他证明合同目的无法实现的证据材料 其他证明发生不可抗力、情势变更的证据材料
理由	原告与被告于 ×××× 年 ×× 月 ×× 日签订了编号为 ×××× 的买卖合同。根据合同的约定，原告向被告提供［货物描述］。后出现合同约定/法律规定的［详细描述具体情况］。经双方协商，被告不同意解除合同。由于被告的违约行为，原告已无法实现合同目的，请求法院判决解除合同	

[1] 常见的合同解除情形包括：（1）原告行使不安履行抗辩权中止履行后，被告在合理期限内未恢复履行能力且未提供适当担保；（2）因不可抗力致使不能实现合同目的；

(3)在履行期限届满前,被告明确表示或者以自己的行为表明不履行主要债务;(4)被告迟延履行主要债务,经催告后在合理期限内仍未履行;(5)被告迟延履行债务或者有其他违约行为致使不能实现合同目的;(6)合同成立后,合同的基础条件发生了当事人在订立合同时无法预见的、不属于商业风险的重大变化,继续履行合同对于当事人一方明显不公平,在合理期限内协商不成的。

买卖合同中买受人特有的法定解除权包括:(1)出卖人未取得处分权致使标的物所有权不能转移的;(2)因标的物不符合质量要求,致使不能实现合同目的的;(3)出卖人没有履行或者不当履行从给付义务,致使买受人不能实现合同目的的。

诉讼请求6　主张担保权利

请求依据	《民法典》第394、410、413、425、428、438、440、681、682、691条 买卖合同第 × 条		
依据分解	有主张担保权利的前提： （1）有效的担保权利合同或买卖合同中有相关条款； （2）担保或保证期间未经过； （3）担保权利成立（满足法定设立要件）	作为主债权的买卖合同有效	被告违约，且违约情形触发担保条款
事实	■ 签订物的担保（抵押、质押）合同 ■ 担保人、担保物 ■ 最高额担保（抵押、质押） ■ 办理抵押、质押登记 ■ 签订保证合同 ■ 保证方式 ■ 其他担保方式	■ 合同的签订情况（名称、编号、签订时间、地点等） ■ 签订主体	■ 买卖标的物情况（标的物名称、规格、质量、数量等） ■ 合同约定的价格及支付方式 ■ 合同约定的交货时间、地点、方式、风险承担、安装、调试、验收 ■ 价款支付及标的物交付情况
证据	买卖合同原件 被告/第三人提供的担保物清单及权属证明文件 担保物的抵押/质押登记证明文件	买卖合同原件	原告向被告发出的催收函及邮寄凭证 被告确认违约的书面材料或录音、录像证据
理由	原告与被告于××××年××月××日签订了编号为××××的买卖合同，约定被告购买原告的［货物或服务描述］，合同总价款为××元。根据合同第××条的约定，被告应于××××年××月××日支付全部价款，但被告至今未支付，已构成违约。合同第××条约定，被告/第三人以［担保物描述］作为履行合同的担保，并已办理了相应的登记手续。鉴于被告未能履行支付义务，原告有权根据合同约定及《民法典》的相关规定，主张对担保物的优先受偿权。原告已多次与被告协商未果，特向贵院提起诉讼，请求依法判决		

诉讼请求 7　主张实现债权的费用

请求依据	《民法典》第 561 条	
依据分解	被告存在违约行为	原告为实现债权，支付了合理费用，主要包括： （1）诉讼费用； （2）保全费用； （3）实现担保物权的费用； （4）律师费； （5）差旅费用等
事实	■ 买卖标的物情况（标的物名称、规格、质量、数量等） ■ 合同约定的价格及支付方式 ■ 合同约定的交货时间、地点、方式、风险承担、安装、调试、验收 ■ 合同约定的质量标准及检验方式、质量异议期限 ■ 标的物质量规格或履行方式存在不符合约定的情况	■ 其他需要说明的内容 ● 实现债权合理费用的情况
证据	迟延支付的证明 标的物质量或数量瑕疵的证明（收货时的照片、视频，检验或鉴定意见，货物签收单等）	各类费用的收据、发票 委托代理合同
理由	原告与被告于 ×××× 年 ×× 月 ×× 日签订了编号为 ×××× 的买卖合同，约定被告购买原告的 [货物或服务描述]，合同总价款为 ×× 元。被告存在 [具体违约行为]，为了实现债权，原告采取 ×× 措施，支付 ×× 费用 ×× 元，共计 ×× 元，应由被告承担	

答辩部分
（买卖合同纠纷）

答辩事项 1　对给付价款的异议（被告为买方）

答辩依据	《民法典》第 525~527、557、579、582、595~597、626 条 《最高人民法院关于审理买卖合同纠纷案件适用法律问题的解释》第 1、17、19、31 条 买卖合同第 × 条			
依据分解	买卖合同存在效力瑕疵： （1）对签订主体有异议。 （2）买卖合同效力瑕疵： ①不成立；[1] ②不生效；[2] ③无效；[3] ④可撤销；[4] ⑤已被解除[5]	买方有履行抗辩权： （1）同时履行抗辩权；[6] （2）先履行抗辩权；[7] （3）不安履行抗辩权[8]	买方已支付价款	卖方提供的标的物存在瑕疵，应当减少价款
事实	■ 对合同签订情况（名称、编号、签订时间、地点等）的异议 ■ 对签订主体的异议	■ 对合同签订情况（名称、编号、签订时间、地点等）的异议 ■ 对合同约定的价格及支付方式的异议 ■ 对价款支付及标的物交付情况的异议	■ 对价款支付及标的物交付情况的异议	■ 对标的物情况的异议 ■ 对合同约定的价格及支付方式的异议 ■ 对合同约定的交货时间、地点、方式、风险承担、安装、调试、验收的异议

3. 买卖合同纠纷

续表

证据	双方此前沟通的聊天记录、邮件、电话录音等买卖合同原件 证明原告履行能力丧失的相关证据 支付凭证、发票、收据 合同当事人无民事行为意思表示不真实（如被欺诈、胁迫）的材料、沟通记录、录音录像等 解除合同的通知、解除协议书等文件 双方关于解除合同沟通的聊天记录、邮件、电话录音等	原告未按合同约定履行义务的证据 原告经营状况严重恶化的证据 原告转移财产、抽逃资金，以逃避债务的证据 原告丧失商业信誉的证据 原告有丧失或者可能丧失履行债务能力的其他情形的证据	付款凭证收据	证明原告违约的证据材料 货物质量检验报告
理由	因出卖人未取得处分权致使标的物所有权不能转移，双方签订的买卖合同已被××法院作出的生效判决解除，故被告不应支付价款	根据合同约定，原告向被告提供[货物描述]，被告应在收到货物后[支付期限]内支付货款。但是，原告一直未按照合同约定交付标的物，被告不应支付价款	被告已按合同约定支付价款，不应再支付价款	原告向被告提供的标的物不符合合同约定的标准，给被告造成了损失，被告要求减少合同价款×元

[1] 合同不成立的原因一般包括：(1)合同的主要条款不具备。(2)当事人的意思表示不一致。(3)合同的形式不合法。

[2] 合同不生效的情况一般包括法律规定或当事人约定的生效情形不存在。

[3] 合同无效的原因一般包括：(1)行为人不具有相应的民事行为能力（行为人为无民事行为能力人，或者限制民事行为能力人实施的纯获利益的民事法律行为或者与其年龄、智力、精神健康状况相适应的民事法律行为外的民事法律行为，未经法定代理人同意或者追认）；(2)意思表示不真实；(3)违反法律、行政法规的强制性规定或违背公序良俗；(4)行为人与相对人恶意串通，损害他人合法权益。

[4] 合同可撤销的情形包括以下几种：(1)基于重大误解实施的民事法律行为；(2)一方以欺诈手段，使对方在违背真实意思的情况下实施的民事法律行为；(3)第三人

· 119 ·

实施欺诈行为，使一方在违背真实意思的情况下实施的民事法律行为；（4）一方或者第三人以胁迫手段，使对方在违背真实意思的情况下实施的民事法律行为；（5）一方利用对方处于危困状态、缺乏判断能力等情形，致使民事法律行为成立时显失公平的。

[5] 合同可被解除的情况包括以下几种：（1）当事人协商一致；（2）合同约定的一方解除合同的事由出现；（3）因不可抗力致使不能实现合同目的；（4）在履行期限届满前，当事人一方明确表示或者以自己的行为表明不履行主要债务；（5）当事人一方迟延履行主要债务，经催告后在合理期限内仍未履行；（6）当事人一方迟延履行债务或者有其他违约行为致使不能实现合同目的；（7）法律规定的其他情形。

另外，买卖合同中买受人特有的法定解除权包括：（1）出卖人未取得处分权致使标的物所有权不能转移的；（2）因标的物不符合质量要求，致使不能实现合同目的的；（3）出卖人没有履行或者不当履行从给付义务，致使买受人不能实现合同目的的。

[6] 当事人互负债务，没有先后履行顺序的，应当同时履行。一方在对方履行之前有权拒绝其履行请求。一方在对方履行债务不符合约定时，有权拒绝其相应的履行请求。

[7] 当事人互负债务，有先后履行顺序，应当先履行债务一方未履行的，后履行一方有权拒绝其履行请求。先履行一方履行债务不符合约定的，后履行一方有权拒绝其相应的履行请求。

[8] 应当先履行债务的当事人，有确切证据证明对方有下列情形之一的，可以中止履行：（1）经营状况严重恶化；（2）转移财产、抽逃资金，以逃避债务；（3）丧失商业信誉；（4）有丧失或者可能丧失履行债务能力的其他情形。

答辩事项 2　对迟延给付价款的利息（违约金）的异议（被告为买方）

答辩依据	《民法典》第 577、585 条 《最高人民法院关于审理买卖合同纠纷案件适用法律问题的解释》第 18 条 《最高人民法院关于适用〈中华人民共和国民法典〉合同编通则若干问题的解释》第 64、65 条 买卖合同第 × 条			
依据分解	买卖合同存在效力瑕疵	买方有履行抗辩权	买方没有迟延给付价款	对于利息（违约金）数额的异议[1]
事实	参见答辩事项 1 事实的相关部分	参见答辩事项 1 事实的相关部分	■ 对价款支付及标的物交付情况的异议 ■ 对存在迟延履行的异议 ■ 对催促过履行的异议	■ 对合同约定的价格及支付方式的异议 ■ 对合同约定的违约金（定金）的异议 ■ 对价款支付及标的物交付情况的异议 ■ 对存在迟延履行的异议 ■ 对应当支付的利息、违约金、赔偿金的异议
证据	参见答辩事项 1 证据的相关部分	参见答辩事项 1 证据的相关部分	付款凭证 收据 双方沟通记录	买卖合同原件 对账单 还款协议 双方沟通记录
理由	参见答辩事项 1 理由的相关部分	参见答辩事项 1 理由的相关部分	被告没有延迟给付价款，故不应支付迟延给付价款的利息（违约金）	为了催促被告给付价款，原告曾与被告签订还款协议，约定，只要被告于××××年××月××日还清货款，可不再支付违约金，故被告无须支付迟延给付价款的违约金

[1] 常见事由包括：(1) 对于违约金条款效力的异议。(2) 对于违约金计算方式的异议。(3) 约定的违约金过分高于造成的损失的，可请求予以适当减少。(4) 账单、还款协议等已经对本金及逾期付款利息或者数额作出变更。

答辩事项 3　对赔偿因卖方违约所受的损失的异议（被告为卖方）

答辩依据	《民法典》第 180、577、583~585、590~592 条 《最高人民法院关于审理买卖合同纠纷案件适用法律问题的解释》第 22、23 条 买卖合同第 × 条					
依据分解	买卖合同存在效力瑕疵	卖方没有违约	损失未发生或损失金额有误	因不可抗力不能履行合同	买方没有采取适当措施致使损失扩大，不得就扩大的损失请求赔偿	买方对损失的发生有过错，应减少相应的损失赔偿额
事实	参见答辩事项 1 事实的相关部分	■ 对存在迟延履行的异议 ■ 对催促过履行的异议 ■ 对买卖合同标的物有质量争议的异议 ■ 对标的物质量规格或履行方式存在不符合约定的情况的异议 ■ 对曾就标的物质量问题进行协商的异议	■ 对标的物情况的异议 ■ 对合同约定的价格及支付方式的异议	■ 其他需要说明的内容 • 不可抗力	■ 对标的物情况的异议 ■ 其他需要说明的内容 • 卖方没有采取适当措施	■ 对合同约定的交货时间、地点、方式、风险承担、安装、调试、验收的异议 ■ 对价款支付及标的物交付情况的异议 ■ 对标的物质量规格或履行方式存在不符合约定的情况的异议

3. 买卖合同纠纷

续表

证据	参见答辩事项1证据的相关部分	买卖合同原件 交付凭证、合格证明 合同原件 检验报告	专家意见 财务报告 市场分析报告 鉴定意见	政府公告 气象报告 专家意见	货物损失情况 专家意见 市场分析报告 鉴定意见	对方操作不当的视频 双方沟通记录 鉴定意见 评估报告
理由	参见答辩事项1理由的相关部分	卖方不存在违约的情形,故被告不应赔偿原告损失	买方未能证明其损失计算的合理性,故被告不应赔偿原告损失	被告的损失是××不可抗力造成的,故被告不应赔偿原告损失	原告以被告提供的货物不符合要求为由拒绝接收,但原告既没有及时通知被告,也没有采取妥善保管措施,致使损失扩大。对于扩大的损失,被告不应承担赔偿责任	原告在使用标的物机器的过程中操作不当,导致机器加速损坏,故应减少被告损失赔偿额×元

买卖合同纠纷

答辩事项 4　对就标的物的瑕疵承担责任的异议（被告为卖方）

答辩依据	《民法典》第 615~617、621 条 《最高人民法院关于审理买卖合同纠纷案件适用法律问题的解释》第 14、24 条 买卖合同第 × 条					
依据分解	买卖合同存在效力瑕疵	标的物质量、数量符合合同约定[1]	买受人在缔约时知道或者应当知道标的物质量存在瑕疵	瑕疵是由买方造成的	已过质量检验期限	对损失数额计算的异议
事实	参见答辩事项 1 事实的相关部分	■ 对标的物情况的异议 ■ 对合同约定的质量标准及检验方式、质量异议期限的异议 ■ 对买卖合同标的物有质量争议的异议	■ 对标的物情况的异议 ■ 对标的物质量规格或履行方式存在不符合约定的情况的异议 ■ 对曾就标的物质量问题进行协商的异议	■ 对买卖合同标的物有质量争议的异议 ■ 对标的物质量规格或履行方式存在不符合约定的情况的异议 ■ 对曾就标的物质量问题进行协商的异议	■ 对合同签订情况（质量检验期限）的异议	■ 对合同约定的质量标准及检验方式、质量异议期限的异议 ■ 对买卖合同标的物有质量争议的异议 ■ 对标的物质量规格或履行方式存在不符合约定的情况的异议 ■ 对曾就标的物质量问题进行协商的异议
证据	参见答辩事项 1 证据的相关部分	买卖合同原件 产品检验报告、合格证 买方检查或接收货物的记录	购买时的交流记录 合同中的相关条款	买卖合同原件 产品检验报告、合格证 买方检查或接收货物的记录	买卖合同原件 买方未在合理期限内提出异议的证明 双方沟通记录	买方的使用记录 产品检验报告、合格证 相关不可抗力的证明材料 使用说明书、保养指南 鉴定意见

续表

| 理由 | 参见答辩事项1理由的相关部分 | 被告提供的标的物完全符合合同约定的规格、质量、数量等要求，故对原告主张的瑕疵不承担责任 | 被告已在合同中注明"微瑕品"，原告在购买时已经知道或者应当知道标的物存在瑕疵，并且接受了这个瑕疵，故被告对标的物的瑕疵不承担责任 | 原告收到标的物之后，未妥善保存，致使标的物被雨浸泡，出现质量瑕疵，故被告不应对标的物瑕疵承担责任 | 被告在合同约定的期限内没有收到原告关于标的物数量或者质量不符合约定的通知，视为标的物数量或者质量符合约定，故被告不应承担责任 | 原告主张被告应对标的物质量瑕疵承担标的物价值的50%的赔偿，经鉴定，质量瑕疵造成的损失不高于标的物价值的20%，故被告仅同意在标的物价值的20%范围内承担责任 |

[1] 标的物质量符合合同约定常见的情形，是指标的物质量合格，不存在瑕疵。

答辩事项 5-1[1]　对要求继续履行的异议

答辩依据	《民法典》第 509、533、557、577、579、580 条 买卖合同第 × 条				
依据分解	买卖合同存在效力瑕疵	对被告不履行合同义务或者履行合同义务不符合约定的异议	买方有履行抗辩权	非金钱给付义务不适合继续履行[2]	合同的基础条件发生了当事人在订立合同时无法预见的、不属于商业风险的重大变化，继续履行合同对于当事人一方明显不公平
事实	参见答辩事项 1 事实的相关部分	■ 对价款支付及标的物交付情况的异议 ■ 对不存在迟延履行的异议 ■ 对催促过履行的异议 ■ 对买卖合同标的物有质量争议的异议 ■ 对标的物质量规格或履行方式存在不符合约定的情况的异议 ■ 对曾就标的物质量问题进行协商的异议	参见答辩事项 1 事实的相关部分	■ 对标的物情况的异议 ■ 对合同约定的价格及支付方式的异议 ■ 对合同约定的交货时间、地点、方式、风险承担、安装、调试、验收的异议	■ 对合同签订情况（名称、编号、签订时间、地点）的异议 ■ 对标的物情况的异议 ■ 对合同约定的价格及支付方式的异议 ■ 其他需要说明的内容 •情势变更

续表

证据	参见答辩事项1证据的相关部分	收据 验收单 双方沟通记录 银行流水 工作日志	参见答辩事项1证据的相关部分	买卖合同原件证明合同履行不能、履行费用过高或债权人未在合理期限内请求履行的相关证据	市场评估报告 相关事件新闻报道 专家鉴定意见
理由	参见答辩事项1理由的相关部分	被告已按照合同约定完全履行义务,不存在应当继续履行的合同义务	参见答辩事项1理由的相关部分	合同存在不适合继续履行的法定情形[具体描述情况],故被告不应继续履行	合同订立后,合同的基础条件发生了当事人在订立合同时无法预见的、不属于商业风险的重大变化,继续履行合同对于被告明显不公平,故被告不应继续履行

[1] 与本书第113~114页诉讼请求部分相对应,本书将示范文本答辩状中"对要求继续履行或是解除合同有无异议"的答辩事项拆分为答辩事项5-1、答辩事项5-2。
[2] 具体情况包括:(1)法律上或者事实上不能履行;(2)债务的标的不适于强制履行或者履行费用过高;(3)债权人在合理期限内未请求履行。

答辩事项 5-2　对要求解除合同的异议

答辩依据	《民法典》第 136、180、509、528、533、562~565、597、610 条 《最高人民法院关于审理买卖合同纠纷案件适用法律问题的解释》第 19 条 买卖合同第 × 条		
依据分解	买卖合同存在效力瑕疵	合同解除条件未成就	解除权行使期限届满，该权利已消灭
事实	参见答辩事项 1 事实的相关部分	■ 对标的物情况的异议 ■ 对合同约定的价格及支付方式的异议 ■ 对合同约定的交货时间、地点、方式、风险承担、安装、调试、验收的异议 ■ 对合同约定的质量标准及检验方式、质量异议期限的异议 ■ 对价款支付及标的物交付情况的异议 ■ 对存在迟延履行的异议 ■ 对催促过履行的异议 ■ 对买卖合同标的物有质量争议的异议 ■ 对标的物质量规格或履行方式存在不符合约定的情况的异议	■ 对价款支付及标的物交付情况的异议 ■ 对存在迟延履行的异议 ■ 对催促过履行的异议 ■ 对买卖合同标的物有质量争议的异议 ■ 对标的物质量规格或履行方式存在不符合约定的情况的异议 ■ 对曾就标的物质量问题进行协商的异议 ■ 其他需要说明的内容 　• 合同对解除权条款的约定 　• 解除权行使情况
证据	参见答辩事项 1 证据的相关部分	买卖合同原件 收据 验收单 双方沟通记录 银行流水 工作日志 现场照片等	买卖合同原件 解除权相关事由出现的相关证据 原告知道或者应当知道解除权事由出现的相关证据 双方沟通记录

续表

| 理由 | 参见答辩事项1理由的相关部分 | 原告主张[具体解除合同条件]，但该情况不构成法定或约定解除合同的情形，故原告解除合同的诉讼请求不应得到支持 | 合同约定，出现××事由可以解除合同，解除权行使期限为1年，该事由出现后，被告已及时告知原告，原告在该期限内未行使解除权，该权利已消灭，故原告解除合同的诉讼请求不应得到支持 |

答辩事项6　对担保权利的异议

答辩依据	《民法典》第393、691、692条 买卖合同第×条		
依据分解	买卖合同存在效力瑕疵	担保权利瑕疵： （1）担保未成立或无效； （2）担保期限已过； （3）担保范围不包含所主张的权利	主债务不存在或已消灭
事实	参见答辩事项1事实的相关部分	■ 对签订物的担保合同的异议 ■ 对担保人、担保物的异议 ■ 对最高额抵押担保的异议 ■ 对办理抵押/质押登记的异议 ■ 对签订保证合同的异议 ■ 对其他担保方式的异议	■ 对标的物情况的异议
证据	参见答辩事项1证据的相关部分	担保合同 相关交流记录 签字或盖章的鉴定	主债务的履行记录 抵销或免除的协议 主债务的其他消灭证明
理由	参见答辩事项1理由的相关部分	担保约定存在瑕疵［缺乏必要的书面形式、未经担保人同意或存在其他使担保无效的情形］，担保未成立或无效，故对主张担保权利的诉讼请求有异议	主债务因履行、抵销、免除等原因不存在或已消灭，担保责任随之消灭，故原告主张担保权利的诉讼请求不应得到支持

答辩事项 7　对实现债权的费用的异议

答辩依据	《民法典》第 561 条	
依据分解	被告不存在违约的情况	对原告支付费用的合理性、真实性的异议
事实	参见答辩事项 1、3、4 的事实各部分	■ 对委托代理合同的签订情况的异议 ■ 对实现债权合理费用的情况的异议
证据	参见答辩事项 1、3、4 的证据各部分	各类费用的收据、发票 委托代理合同
理由	参见答辩事项 1、3、4 的理由各部分	原告诉请 ×× 费用，与本案无关，不是实现债权的合理费用，被告不应支付。原告诉请 ×× 费用 ×× 元，无证据支持，仅认可其中 ×× 元

"实例"

民事起诉状
（买卖合同纠纷）

> **说明：**
> 为了方便您更好地参加诉讼，保护您的合法权利，请填写本表。
> 1. 起诉时需向人民法院提交证明您身份的材料，如身份证复印件、营业执照复印件等。
> 2. 本表所列内容是您提起诉讼以及人民法院查明案件事实所需，请务必如实填写。
> 3. 本表所涉内容系针对一般买卖合同纠纷案件，有些内容可能与您的案件无关，您认为与案件无关的项目可以填"无"或不填；对于本表中勾选项可以在对应项打"√"；您认为另有重要内容需要列明的，可以在本表尾部或者另附页填写。
>
> ★特别提示★
> 《中华人民共和国民事诉讼法》第十三条第一款规定："民事诉讼应当遵循诚信原则。"
> 如果诉讼参加人违反上述规定，进行虚假诉讼、恶意诉讼，人民法院将视违法情形依法追究责任。

当事人信息	
原告（法人、非法人组织）	名称：南通××混凝土有限公司 住所地（主要办事机构所在地）：南通市通州区川××镇××号 注册地/登记地：南通市通州区××镇××号 法定代表人/主要负责人：陈×× 职务：执行董事 联系电话：××××××××××× 统一社会信用代码：911××××××××××××× 类型：有限责任公司☑ 股份有限公司☐ 上市公司☐ 其他企业法人☐ 事业单位☐ 社会团体☐ 基金会☐ 社会服务机构☐ 机关法人☐ 农村集体经济组织法人☐ 城镇农村的合作经济组织法人☐ 基层群众性自治组织法人☐ 个人独资企业☐ 合伙企业☐ 不具有法人资格的专业服务机构☐ 国有（控股☐ 参股☐） 民营☑

3. 买卖合同纠纷

续表

原告（自然人）	姓名： 性别：男□ 女□ 出生日期： 年 月 日 民族： 工作单位： 职务： 联系电话： 住所地（户籍所在地）： 经常居住地：
委托诉讼代理人	有☑ 　　姓名：袁 ×× 　　单位：江苏 ×× 律师事务所　　职务：律师 　　联系电话：××××××××× 　　代理权限：一般授权□　特别授权☑ 无□
送达地址（所填信息除书面特别声明更改外，适用于案件一审、二审、再审所有后续程序）及收件人、联系电话	地址：江苏省南通市 ×× 区 ×× 路 ×× 号江苏 ×× 律师事务所 收件人：袁 ×× 联系电话：×××××××××
是否接受电子送达	是☑　方式：短信 139××××××× 　　　　　　微信 139×××××××　传真＿＿＿ 　　　　　　邮箱 ×××@QQ.COM　其他＿＿＿ 否□
被告（法人、非法人组织）	名称：上海 ×× 集团建筑工程有限公司 住所地（主要办事机构所在地）：上海市宝山区 ×× 路 ×× 幢 ×× 号 注册地/登记地：上海市宝山区 ×× 路 ×× 幢 ×× 号 法定代表人/主要负责人：黄 ××　职务：执行董事 联系电话：××××××××× 统一社会信用代码：911××××××××××××××× 类型：有限责任公司☑　股份有限公司□　上市公司□ 其他企业法人□　事业单位□　社会团体□ 基金会□　社会服务机构□　机关法人□　农村集体经济组织法人□　城镇农村的合作经济组织法人□　基层群众性自治组织法人□　个人独资企业□　合伙企业□　不具有法人资格的专业服务机构□　国有☑（控股☑　参股□）　民营□

代理人除享有一般授权的诉讼权利外，还可行使代为和解、上诉等涉及当事人实体利益的诉讼权利

代理人仅享有出庭、收集证据、辩论、起草法律文书等程序性诉讼权利

此处可填写一项或多项

买卖合同纠纷

· 133 ·

续表

被告（自然人）	姓名： 性别：男□　女□ 出生日期：　　年　　月　　日　　民族： 工作单位：　　　　职务：　　　联系电话： 住所地（户籍所在地）： 经常居住地：
第三人（法人、非法人组织）	名称： 住所地（主要办事机构所在地）： 注册地/登记地： 法定代表人/主要负责人：　职务：　联系电话： 统一社会信用代码： 类型：有限责任公司□　股份有限公司□　上市公司□ 其他企业法人□　事业单位□　社会团体□ 基金会□　社会服务机构□　机关法人□　农村集体经济组织法人□　城镇农村的合作经济组织法人□　基层群众性自治组织法人□　个人独资企业□　合伙企业□　不具有法人资格的专业服务机构□　国有□（控股□　参股□）　民营□
第三人（自然人）	姓名： 性别：男□　女□ 出生日期：　　年　　月　　日 民族： 工作单位：　　　　职务：　　　联系电话： 住所地（户籍所在地）： 经常居住地：
诉讼请求和依据 （卖方填写第1、2、5~10项，买方填写第3~10项）	
1. 给付价款（元）	2395801.28元（人民币，下同；如外币需特别注明）
2. 迟延给付价款的利息（违约金）	以2395801.28元为基数，自2020年6月8日起按照年利率6%标准计算；是否请求支付至实际清偿之日止：是☑　否□

续表

3.赔偿因卖方违约所受的损失	支付赔偿金　　元 违约类型：迟延履行□　不履行□　其他□ 具体情形： 损失计算依据：	
4.是否对标的物的瑕疵承担责任	是□　修理□　重作□　更换□　退货□ 　　减少价款或者报酬□　其他□ 否□　（原告可合理选择）	
5.要求继续履行或是解除合同（二选一）	继续履行□　____日内履行完毕付款□供货□义务 判令解除合同☑ 确认买卖合同已于　　年　月　日解除□	
6.是否主张担保权利	是□　内容： 否☑	
7.是否主张实现债权的费用	是☑　费用明细：律师费100000元 否□	
8.其他请求		
9.标的总额	2558026.47元（暂计至2020年11月16日起诉时）	
10.请求依据（应尽量穷尽列举，可参考本书"适用指南""相关法条"提及的规定）	合同约定：《南通××项目商品混凝土买卖合同》第六条 法律规定：《中华人民共和国民法典》第五百六十二条、第五百六十三条、第五百六十六条、第六百二十六条、第六百二十八条	

约定管辖和诉讼保全

1.有无仲裁、法院管辖约定	有□　合同条款及内容： 无☑
2.是否申请财产保全措施（对方当事人可能导致判决难以执行或造成其他损害的，可申请财产保全措施，包括冻结、扣押、查封）	已经诉前保全：是□　保全法院：　　保全时间： 　　　　　　　否☑ 申请诉讼保全：是□ 　　　　　　　否☑

买卖合同纠纷

· 135 ·

续表

事实和理由	
1.合同的签订情况（名称、编号、签订时间、地点等）	2019年9月16日签订《南通××项目商品混凝土买卖合同》
2.签订主体	出卖人（卖方）：南通××混凝土有限公司 买受人（买方）：上海××集团建筑工程有限公司
3.买卖标的物情况（标的物名称、规格、质量、数量等）	GB××× 混凝土 ××× 吨
4.合同约定的价格及支付方式	单价　　元；总价　　元；币种： 以现金☑ 转账☑ 票据□_____（写明票据类型）其他□ 方式：一次性□ 分期☑ 支付 分期方式：每月最后一日根据实际使用数量结账
5.合同约定的交货时间、地点、方式、风险承担、安装、调试、验收	由卖方负责将混凝土运送至指定交付地点
6.合同约定的质量标准及检验方式、质量异议期限	混凝土应符合GB×××标准，质量异议期为收货后15日
7.合同约定的违约金（定金）	定金□　　元（合同条款：第　条） 违约金□　　元（合同条款：第　条） 迟延履行违约金☑ 银行同期活期存款利率%/日（合同条款：第六条） 〔新标准为1年期贷款市场报价利率（LPR）〕
8.价款支付及标的物交付情况	支付价款：6950000元，逾期付款　　元，逾期未付款2395801.28元 交付标的物：已交付金额为9345801.28元的混凝土；逾期交付　　件，逾期未交付　　件

买卖合同纠纷

·136·

续表

9.是否存在迟延履行	是☑　否☐	迟延时间：　　　逾期付款☑　逾期交货☐
10.是否催促过履行	是☑　否☐	催促情况：2020年3月24日、2020年5月13日，先后通过发送催款函件方式进行了催促
11.买卖合同标的物有无质量争议	有☐　无☑	具体情况：
12.标的物质量规格或履行方式是否存在不符合约定的情况	是☐　否☑	具体情况：
13.是否曾就标的物质量问题进行协商	是☐　否☑	具体情况：
14.被告应当支付的利息、违约金、赔偿金		利息☑ 62225.19元 违约金☐　　元 赔偿金☐　　元 共计62225.19元（暂计至2020年11月16日起诉时） 计算方式：利息：2395801.28元×0.06/365×158日=62225.19元
15.是否签订物的担保（抵押、质押）合同	是☐　否☑	签订时间：
16.担保人、担保物		担保人： 担保物：
17.是否最高额担保（抵押、质押）	是☐　否☑	担保债权的确定时间： 担保额度：
18.是否办理抵押、质押登记	是☐　否☑	正式登记☐ 预告登记☐

买卖合同纠纷

· 137 ·

续表

19.是否签订保证合同	是□ 签订时间： 保证人： 主要内容： 否☑
20.保证方式	一般保证　　□ 连带责任保证□
21.其他担保方式	是□ 形式： 签订时间： 否☑
22.其他需要说明的内容（可另附页）	
23.证据清单（可另附页）	后附证据清单

具状人（签字、盖章）：

（原告）

自然人签字，法人、非法人组织盖章

南通××混凝土有限公司　陈××

日期：2020 年 7 月 15 日

民事答辩状
（买卖合同纠纷）

说明：

为了方便您更好地参加诉讼，保护您的合法权利，请填写本表。

1. 应诉时需向人民法院提交证明您身份的材料，如身份证复印件、营业执照复印件等。

2. 本表所列内容是您参加诉讼以及人民法院查明案件事实所需，请务必如实填写。

3. 本表所涉内容系针对一般买卖合同纠纷案件，有些内容可能与您的案件无关，您认为与案件无关的项目可以填"无"或不填；对于本表中勾选项可以在对应项打"√"；您认为另有重要内容需要列明的，可以在本表尾部或者另附页填写。

★特别提示★

《中华人民共和国民事诉讼法》第十三条第一款规定："民事诉讼应当遵循诚信原则。"

如果诉讼参加人违反上述规定，进行虚假诉讼、恶意诉讼，人民法院将视违法情形依法追究责任。

案号	（2023）沪0× 民初 ×× 号	案由	买卖合同纠纷
当事人信息			
答辩人（法人、非法人组织）	名称：上海 ×× 集团建筑工程有限公司 住所地（主要办事机构所在地）：上海市宝山区 ×× 路 ×× 幢 ×× 号 注册地/登记地：上海市宝山区 ×× 路 ×× 幢 ×× 号 法定代表人/主要负责人：黄 ××　职务：执行董事 联系电话：××××××××× 统一社会信用代码：911××××××××××××× 类型：有限责任公司☑　股份有限公司☐　上市公司☐ 其他企业法人☐　事业单位☐　社会团体☐ 基金会☐　社会服务机构☐　机关法人☐　农村集体经济组织法人☐　城镇农村的合作经济组织法人☐　基层群众性自治组织法人☐　个人独资企业☐　合伙企业☐　不具有法人资格的专业服务机构☐　国有☑（控股☐　参股☑）　民营☐		

续表

答辩人（自然人）	姓名： 性别：男□ 女□ 出生日期： 年 月 日 民族： 工作单位： 职务： 联系电话： 住所地（户籍所在地）： 经常居住地：
委托诉讼代理人	有☑ 　　姓名：王×× 　　单位：上海××集团建筑工程有限公司 职务：员工 　　联系电话：××××××××××× 　　代理权限：一般授权☑ 特别授权□ 无□
送达地址（所填信息除书面特别声明更改外，适用于案件一审、二审、再审所有后续程序）及收件人、联系电话	地址：上海市宝山区××路××幢××号 收件人：王×× 联系电话：××××××××××××
是否接受电子送达	是☑ 方式：短信＿＿＿ 微信＿＿＿ 传真＿＿＿ 　　　邮箱×××@QQ.COM 其他＿＿＿ 否□

（代理人仅享有出庭、收集证据、辩论、起草法律文书等程序性诉讼权利）

（代理人除享有一般授权的诉讼权利外，还可行使代为和解、上诉等涉及当事人实体利益的诉讼权利）

（此处可填写一项或多项）

答辩事项
（对原告诉讼请求的确认或者异议）

1. 对给付价款的诉请有无异议	无□ 有☑ 事实和理由：案涉工程至今尚未结束，原告诉请要求答辩人支付全部合同款项的要求无合同依据，也没有法律依据
2. 对迟延给付价款的利息（违约金）有无异议	无□ 有☑ 事实和理由：原告诉请按照年利率6%的标准支付逾期付款利息的标准过高，根据双方的合同约定，应当以中国人民银行同期活期存款利率来计算，原告的诉请有违双方当事人的意思表示

（新标准为1年期贷款市场报价利率（LPR））

续表

3.对要求继续履行或是解除合同有无异议 *二选一*	无☐ 有☑ 事实和理由：答辩人已经支付了全部货款的74.36%，基本履行了合同义务，且剩余的526641.02元也准备马上支付，不属于合同法规定的迟延履行主要给付义务，亦不属于根本违约，不符合合同解除的条件
4.对赔偿因违约所受的损失有无异议	无☐ 有☑ 事实和理由：原告诉请按照年利率6%的标准支付逾期付款利息的标准过高，根据双方的合同约定，应当以中国人民银行同期活期存款利率来计算 *新标准为1年期贷款市场报价利率（LPR）*
5.对就标的物的瑕疵承担责任有无异议	无☐ 有☐ 事实和理由：
6.对担保权利的诉请有无异议	无☐ 有☐ 事实和理由：
7.对实现债权的费用有无异议	无☐ 有☑ 事实和理由：原告无证据证明其实际支付了100000元律师费，该主张无事实依据
8.对其他请求有无异议	无☐ 有☐ 事实和理由：
9.对标的总额有无异议	无☐ 有☑ 事实和理由：同意支付原告526641.02元，不同意原告的其余诉讼请求
10.答辩依据 *应尽量穷尽列举，可参考本书"适用指南""相关法条"提及的规定*	合同约定：《南通××项目商品混凝土买卖合同》第四条、第九条 法律规定：《中华人民共和国民法典》第四百六十五条

事实与理由
（对起诉状事实与理由的确认或者异议）

1.对合同签订情况（名称、编号、签订时间、地点）有无异议	无☑ 有☐ 事实和理由：

续表

2. 对签订主体有无异议	无☑ 有□	事实和理由：
3. 对标的物情况有无异议	无☑ 有□	事实和理由：
4. 对合同约定的价格及支付方式有无异议	无☑ 有□	事实和理由：
5. 对合同约定的交货时间、地点、方式、风险承担、安装、调试、验收有无异议	无☑ 有□	事实和理由：
6. 对合同约定的质量标准及检验方式、质量异议期限有无异议	无☑ 有□	事实和理由：
7. 对合同约定的违约金（定金）有无异议	无□ 有☑	事实和理由：答辩人已经向原告支付了相应的货款，并未构成违约
8. 对价款支付及标的物交付情况有无异议	无☑ 有□	事实和理由：
9. 对是否存在迟延履行有无异议	无□ 有☑	事实和理由：被告未迟延履行支付价款义务
10. 对是否催促过履行有无异议	无☑ 有□	事实和理由：
11. 对买卖合同标的物有无质量争议有无异议	无☑ 有□	事实和理由：

买卖合同纠纷

续表

12. 对标的物质量规格或履行方式是否存在不符合约定的情况有无异议	无☑ 有☐	事实和理由：
13. 对是否曾就标的物质量问题进行协商有无异议	无☑ 有☐	事实和理由：
14. 对应当支付的利息、违约金、赔偿金有无异议	无☐ 有☑	事实和理由：合同尚在履行期限内，被告不构成违约；且原告主张的逾期利率过高，不符合合同约定
15. 对是否签订物的担保合同有无异议	无☐ 有☐	事实和理由：
16. 对担保人、担保物有无异议	无☐ 有☐	事实和理由：
17. 对最高额抵押担保有无异议	无☐ 有☐	事实和理由：
18. 对是否办理抵押/质押登记有无异议	无☐ 有☐	事实和理由：
19. 对是否签订保证合同有无异议	无☐ 有☐	事实和理由：
20. 对保证方式有无异议	无☐ 有☐	事实和理由：
21. 对其他担保方式有无异议	无☐ 有☐	事实和理由：
22. 有无其他免责/减责事由	无☐ 有☐	事实和理由：

续表

23. 其他需要说明的内容（可另附页）	
24. 证据清单（可另附页）	

被告

自然人签字，法人、非法人组织盖章

答辩人（签字、盖章）：
上海××集团建筑工程有限公司　黄××
日期： 2020 年 7 月 6 日

"相关法条"

《民法典》

第一百三十六条 民事法律行为自成立时生效，但是法律另有规定或者当事人另有约定的除外。

行为人非依法律规定或者未经对方同意，不得擅自变更或者解除民事法律行为。

第一百四十三条 具备下列条件的民事法律行为有效：

（一）行为人具有相应的民事行为能力；

（二）意思表示真实；

（三）不违反法律、行政法规的强制性规定，不违背公序良俗。

第一百四十四条 无民事行为能力人实施的民事法律行为无效。

第一百四十五条 限制民事行为能力人实施的纯获利益的民事法律行为或者与其年龄、智力、精神健康状况相适应的民事法律行为有效；实施的其他民事法律行为经法定代理人同意或者追认后有效。

相对人可以催告法定代理人自收到通知之日起三十日内予以追认。法定代理人未作表示的，视为拒绝追认。民事法律行为被追认前，善意相对人有撤销的权利。撤销应当以通知的方式作出。

第一百四十六条 行为人与相对人以虚假的意思表示实施的民事法律行为无效。

以虚假的意思表示隐藏的民事法律行为的效力，依照有关法律规定处理。

第一百四十七条 基于重大误解实施的民事法律行为，行为人有权请求人民法院或者仲裁机构予以撤销。

第一百四十八条 一方以欺诈手段，使对方在违背真实意思的情况下实施的民事法律行为，受欺诈方有权请求人民法院或者仲裁机构予以撤销。

第一百四十九条 第三人实施欺诈行为，使一方在违背真实意思的情况下实施的民事法律行为，对方知道或者应当知道该欺诈行为的，受欺诈方有权请求人民法院或者仲裁机构予以撤销。

第一百五十条 一方或者第三人以胁迫手段，使对方在违背真实意思的情况下实施的民事法律行为，受胁迫方有权请求人民法院或者仲裁机构予以撤销。

第一百五十一条 一方利用对方处于危困状态、缺乏判断能力等情形，致使民事法律行为成立时显失公平的，受损害方有权请求人民法院或者仲裁机构予以撤销。

第一百八十条 因不可抗力不能履行民事义务的，不承担民事责任。法律另有规定的，依照其规定。

不可抗力是不能预见、不能避免且不能克服的客观情况。

第三百九十三条 有下列情形之一的，担保物权消灭：

（一）主债权消灭；

（二）担保物权实现；

（三）债权人放弃担保物权；

（四）法律规定担保物权消灭的其他情形。

第三百九十四条 为担保债务的履行，债务人或者第三人不转移财产的占有，将该财产抵押给债权人的，债务人不履行到期债务或者发生当事人约定的实现抵押权的情形，债权人有权就该财产优先受偿。

前款规定的债务人或者第三人为抵押人，债权人为抵押权人，提供担保的财产为抵押财产。

第四百一十条 债务人不履行到期债务或者发生当事人约定的实现抵押权的情形，抵押权人可以与抵押人协议以抵押财产折价或者以拍卖、变卖该抵押财产所得的价款优先受偿。协议损害其他债权人利益的，其他债权人可以请求人民法院撤销该协议。

抵押权人与抵押人未就抵押权实现方式达成协议的，抵押权人可以请求人民法院拍卖、变卖抵押财产。

抵押财产折价或者变卖的，应当参照市场价格。

第四百一十三条 抵押财产折价或者拍卖、变卖后，其价款超过债权数额的部分归抵押人所有，不足部分由债务人清偿。

第四百二十五条 为担保债务的履行，债务人或者第三人将其动产出质给债权人占有的，债务人不履行到期债务或者发生当事人约定的实现质权的情形，债权人有权就该动产优先受偿。

前款规定的债务人或者第三人为出质人，债权人为质权人，交付的动产为质押财产。

第四百二十八条 质权人在债务履行期限届满前，与出质人约定债务人不履行到期债务时质押财产归债权人所有的,只能依法就质押财产优先受偿。

第四百三十八条 质押财产折价或者拍卖、变卖后,其价款超过债权数额的部分归出质人所有,不足部分由债务人清偿。

第四百四十条 债务人或者第三人有权处分的下列权利可以出质:

(一)汇票、本票、支票;

(二)债券、存款单;

(三)仓单、提单;

(四)可以转让的基金份额、股权;

(五)可以转让的注册商标专用权、专利权、著作权等知识产权中的财产权;

(六)现有的以及将有的应收账款;

(七)法律、行政法规规定可以出质的其他财产权利。

第四百六十五条 依法成立的合同,受法律保护。

依法成立的合同,仅对当事人具有法律约束力,但是法律另有规定的除外。

第五百零九条 当事人应当按照约定全面履行自己的义务。

当事人应当遵循诚信原则,根据合同的性质、目的和交易习惯履行通知、协助、保密等义务。

当事人在履行合同过程中,应当避免浪费资源、污染环境和破坏生态。

第五百二十五条 当事人互负债务,没有先后履行顺序的,应当同时履行。一方在对方履行之前有权拒绝其履行请求。一方在对方履行债务不符合约定时,有权拒绝其相应的履行请求。

第五百二十六条 当事人互负债务,有先后履行顺序,应当先履行债务一方未履行的,后履行一方有权拒绝其履行请求。先履行一方履行债务不符合约定的,后履行一方有权拒绝其相应的履行请求。

第五百二十七条 应当先履行债务的当事人,有确切证据证明对方有下列情形之一的,可以中止履行:

(一)经营状况严重恶化;

(二)转移财产、抽逃资金,以逃避债务;

(三)丧失商业信誉;

(四)有丧失或者可能丧失履行债务能力的其他情形。

当事人没有确切证据中止履行的,应当承担违约责任。

第五百二十八条 当事人依据前条规定中止履行的,应当及时通知对方。对方提供适当担保的,应当恢复履行。中止履行后,对方在合理期限内未恢复履行能力且未提供适当担保的,视为以自己的行为表明不履行主要债务,中止履行的一方可以解除合同并可以请求对方承担违约责任。

第五百三十三条 合同成立后,合同的基础条件发生了当事人在订立合同时无法预见的、不属于商业风险的重大变化,继续履行合同对于当事人一方明显不公平的,受不利影响的当事人可以与对方重新协商;在合理期限内协商不成的,当事人可以请求人民法院或者仲裁机构变更或者解除合同。

人民法院或者仲裁机构应当结合案件的实际情况,根据公平原则变更或者解除合同。

第五百五十七条 有下列情形之一的,债权债务终止:

(一)债务已经履行;

(二)债务相互抵销;

(三)债务人依法将标的物提存;

(四)债权人免除债务;

(五)债权债务同归于一人;

(六)法律规定或者当事人约定终止的其他情形。

合同解除的,该合同的权利义务关系终止。

第五百六十一条 债务人在履行主债务外还应当支付利息和实现债权的有关费用,其给付不足以清偿全部债务的,除当事人另有约定外,应当按照下列顺序履行:

(一)实现债权的有关费用;

(二)利息;

(三)主债务。

第五百六十二条 当事人协商一致,可以解除合同。

当事人可以约定一方解除合同的事由。解除合同的事由发生时,解除权人可以解除合同。

第五百六十三条 有下列情形之一的,当事人可以解除合同:

(一)因不可抗力致使不能实现合同目的;

(二)在履行期限届满前,当事人一方明确表示或者以自己的行为表明不履行主要债务；

（三）当事人一方迟延履行主要债务，经催告后在合理期限内仍未履行；

（四）当事人一方迟延履行债务或者有其他违约行为致使不能实现合同目的；

（五）法律规定的其他情形。

以持续履行的债务为内容的不定期合同，当事人可以随时解除合同，但是应当在合理期限之前通知对方。

第五百六十四条 法律规定或者当事人约定解除权行使期限，期限届满当事人不行使的，该权利消灭。

法律没有规定或者当事人没有约定解除权行使期限，自解除权人知道或者应当知道解除事由之日起一年内不行使，或者经对方催告后在合理期限内不行使的，该权利消灭。

第五百六十五条 当事人一方依法主张解除合同的，应当通知对方。合同自通知到达对方时解除；通知载明债务人在一定期限内不履行债务则合同自动解除，债务人在该期限内未履行债务的，合同自通知载明的期限届满时解除。对方对解除合同有异议的，任何一方当事人均可以请求人民法院或者仲裁机构确认解除行为的效力。

当事人一方未通知对方，直接以提起诉讼或者申请仲裁的方式依法主张解除合同，人民法院或者仲裁机构确认该主张的，合同自起诉状副本或者仲裁申请书副本送达对方时解除。

第五百六十六条 合同解除后，尚未履行的，终止履行；已经履行的，根据履行情况和合同性质，当事人可以请求恢复原状或者采取其他补救措施，并有权请求赔偿损失。

合同因违约解除的，解除权人可以请求违约方承担违约责任，但是当事人另有约定的除外。

主合同解除后，担保人对债务人应当承担的民事责任仍应当承担担保责任，但是担保合同另有约定的除外。

第五百七十七条 当事人一方不履行合同义务或者履行合同义务不符合约定的，应当承担继续履行、采取补救措施或者赔偿损失等违约责任。

第五百七十九条 当事人一方未支付价款、报酬、租金、利息，或者不履行其他金钱债务的，对方可以请求其支付。

第五百八十条　当事人一方不履行非金钱债务或者履行非金钱债务不符合约定的，对方可以请求履行，但是有下列情形之一的除外：
　　（一）法律上或者事实上不能履行；
　　（二）债务的标的不适于强制履行或者履行费用过高；
　　（三）债权人在合理期限内未请求履行。
　　有前款规定的除外情形之一，致使不能实现合同目的的，人民法院或者仲裁机构可以根据当事人的请求终止合同权利义务关系，但是不影响违约责任的承担。
　　第五百八十二条　履行不符合约定的，应当按照当事人的约定承担违约责任。对违约责任没有约定或者约定不明确，依据本法第五百一十条的规定仍不能确定的，受损害方根据标的的性质以及损失的大小，可以合理选择请求对方承担修理、重作、更换、退货、减少价款或者报酬等违约责任。
　　当事人就迟延履行约定违约金的，违约方支付违约金后，还应当履行债务。
　　第五百八十三条　当事人一方不履行合同义务或者履行合同义务不符合约定的，在履行义务或者采取补救措施后，对方还有其他损失的，应当赔偿损失。
　　第五百八十四条　当事人一方不履行合同义务或者履行合同义务不符合约定，造成对方损失的，损失赔偿额应当相当于因违约所造成的损失，包括合同履行后可以获得的利益；但是，不得超过违约一方订立合同时预见到或者应当预见到的因违约可能造成的损失。
　　第五百八十五条　当事人可以约定一方违约时应当根据违约情况向对方支付一定数额的违约金，也可以约定因违约产生的损失赔偿额的计算方法。
　　约定的违约金低于造成的损失的，人民法院或者仲裁机构可以根据当事人的请求予以增加；约定的违约金过分高于造成的损失的，人民法院或者仲裁机构可以根据当事人的请求予以适当减少。
　　当事人就迟延履行约定违约金的，违约方支付违约金后，还应当履行债务。
　　第五百九十条　当事人一方因不可抗力不能履行合同的，根据不可抗力的影响，部分或者全部免除责任，但是法律另有规定的除外。因不可抗力不能履行合同的，应当及时通知对方，以减轻可能给对方造成的损失，并应当在合理期限内提供证明。
　　当事人迟延履行后发生不可抗力的，不免除其违约责任。
　　第五百九十一条　当事人一方违约后，对方应当采取适当措施防止损失的扩大；没有采取适当措施致使损失扩大的，不得就扩大的损失请求赔偿。

当事人因防止损失扩大而支出的合理费用，由违约方负担。

第五百九十二条 当事人都违反合同的，应当各自承担相应的责任。

当事人一方违约造成对方损失，对方对损失的发生有过错的，可以减少相应的损失赔偿额。

第五百九十五条 买卖合同是出卖人转移标的物的所有权于买受人，买受人支付价款的合同。

第五百九十六条 买卖合同的内容一般包括标的物的名称、数量、质量、价款、履行期限、履行地点和方式、包装方式、检验标准和方法、结算方式、合同使用的文字及其效力等条款。

第五百九十七条 因出卖人未取得处分权致使标的物所有权不能转移的，买受人可以解除合同并请求出卖人承担违约责任。

法律、行政法规禁止或者限制转让的标的物，依照其规定。

第五百九十八条 出卖人应当履行向买受人交付标的物或者交付提取标的物的单证，并转移标的物所有权的义务。

第五百九十九条 出卖人应当按照约定或者交易习惯向买受人交付提取标的物单证以外的有关单证和资料。

第六百条 出卖具有知识产权的标的物的，除法律另有规定或者当事人另有约定外，该标的物的知识产权不属于买受人。

第六百零一条 出卖人应当按照约定的时间交付标的物。约定交付期限的，出卖人可以在该交付期限内的任何时间交付。

第六百零二条 当事人没有约定标的物的交付期限或者约定不明确的，适用本法第五百一十条、第五百一十一条第四项的规定。

第六百零三条 出卖人应当按照约定的地点交付标的物。

当事人没有约定交付地点或者约定不明确，依据本法第五百一十条的规定仍不能确定的，适用下列规定：

（一）标的物需要运输的，出卖人应当将标的物交付给第一承运人以运交给买受人；

（二）标的物不需要运输，出卖人和买受人订立合同时知道标的物在某一地点的，出卖人应当在该地点交付标的物；不知道标的物在某一地点的，应当在出卖人订立合同时的营业地交付标的物。

第六百零四条 标的物毁损、灭失的风险，在标的物交付之前由出卖人承担，交付之后由买受人承担，但是法律另有规定或者当事人另有约定的除外。

第六百零五条 因买受人的原因致使标的物未按照约定的期限交付的，买受人应当自违反约定时起承担标的物毁损、灭失的风险。

第六百零六条 出卖人出卖交由承运人运输的在途标的物，除当事人另有约定外，毁损、灭失的风险自合同成立时起由买受人承担。

第六百零七条 出卖人按照约定将标的物运送至买受人指定地点并交付给承运人后，标的物毁损、灭失的风险由买受人承担。

当事人没有约定交付地点或者约定不明确，依据本法第六百零三条第二款第一项的规定标的物需要运输的，出卖人将标的物交付给第一承运人后，标的物毁损、灭失的风险由买受人承担。

第六百零八条 出卖人按照约定或者依据本法第六百零三条第二款第二项的规定将标的物置于交付地点，买受人违反约定没有收取的，标的物毁损、灭失的风险自违反约定时起由买受人承担。

第六百零九条 出卖人按照约定未交付有关标的物的单证和资料的，不影响标的物毁损、灭失风险的转移。

第六百一十条 因标的物不符合质量要求，致使不能实现合同目的的，买受人可以拒绝接受标的物或者解除合同。买受人拒绝接受标的物或者解除合同的，标的物毁损、灭失的风险由出卖人承担。

第六百一十一条 标的物毁损、灭失的风险由买受人承担的，不影响因出卖人履行义务不符合约定，买受人请求其承担违约责任的权利。

第六百一十二条 出卖人就交付的标的物，负有保证第三人对该标的物不享有任何权利的义务，但是法律另有规定的除外。

第六百一十三条 买受人订立合同时知道或者应当知道第三人对买卖的标的物享有权利的，出卖人不承担前条规定的义务。

第六百一十四条 买受人有确切证据证明第三人对标的物享有权利的，可以中止支付相应的价款，但是出卖人提供适当担保的除外。

第六百一十五条 出卖人应当按照约定的质量要求交付标的物。出卖人提供有关标的物质量说明的，交付的标的物应当符合该说明的质量要求。

第六百一十六条 当事人对标的物的质量要求没有约定或者约定不明确，依据本法第五百一十条的规定仍不能确定的，适用本法第五百一十一条第一项的规定。

第六百一十七条 出卖人交付的标的物不符合质量要求的，买受人可以依据本法第五百八十二条至第五百八十四条的规定请求承担违约责任。

第六百一十八条 当事人约定减轻或者免除出卖人对标的物瑕疵承担的责任，因出卖人故意或者重大过失不告知买受人标的物瑕疵的，出卖人无权主张减轻或者免除责任。

第六百一十九条 出卖人应当按照约定的包装方式交付标的物。对包装方式没有约定或者约定不明确，依据本法第五百一十条的规定仍不能确定的，应当按照通用的方式包装；没有通用方式的，应当采取足以保护标的物且有利于节约资源、保护生态环境的包装方式。

第六百二十条 买受人收到标的物时应当在约定的检验期限内检验。没有约定检验期限的，应当及时检验。

第六百二十一条 当事人约定检验期限的，买受人应当在检验期限内将标的物的数量或者质量不符合约定的情形通知出卖人。买受人怠于通知的，视为标的物的数量或者质量符合约定。

当事人没有约定检验期限的，买受人应当在发现或者应当发现标的物的数量或者质量不符合约定的合理期限内通知出卖人。买受人在合理期限内未通知或者自收到标的物之日起二年内未通知出卖人的，视为标的物的数量或者质量符合约定；但是，对标的物有质量保证期的，适用质量保证期，不适用该二年的规定。

出卖人知道或者应当知道提供的标的物不符合约定的，买受人不受前两款规定的通知时间的限制。

第六百二十二条 当事人约定的检验期限过短，根据标的物的性质和交易习惯，买受人在检验期限内难以完成全面检验的，该期限仅视为买受人对标的物的外观瑕疵提出异议的期限。

约定的检验期限或者质量保证期短于法律、行政法规规定期限的，应当以法律、行政法规规定的期限为准。

第六百二十三条 当事人对检验期限未作约定，买受人签收的送货单、确认单等载明标的物数量、型号、规格的，推定买受人已经对数量和外观瑕疵进行检验，但是有相关证据足以推翻的除外。

第六百二十四条 出卖人依照买受人的指示向第三人交付标的物，出卖人和买受人约定的检验标准与买受人和第三人约定的检验标准不一致的，以出卖人和买受人约定的检验标准为准。

第六百二十五条 依照法律、行政法规的规定或者按照当事人的约定，标的物在有效使用年限届满后应予回收的，出卖人负有自行或者委托第三人对标的物予以回收的义务。

第六百二十六条 买受人应当按照约定的数额和支付方式支付价款。对价款的数额和支付方式没有约定或者约定不明确的，适用本法第五百一十条、第五百一十一条第二项和第五项的规定。

第六百二十七条 买受人应当按照约定的地点支付价款。对支付地点没有约定或者约定不明确，依据本法第五百一十条的规定仍不能确定的，买受人应当在出卖人的营业地支付；但是，约定支付价款以交付标的物或者交付提取标的物单证为条件的，在交付标的物或者交付提取标的物单证的所在地支付。

第六百二十八条 买受人应当按照约定的时间支付价款。对支付时间没有约定或者约定不明确，依据本法第五百一十条的规定仍不能确定的，买受人应当在收到标的物或者提取标的物单证的同时支付。

第六百二十九条 出卖人多交标的物的，买受人可以接收或者拒绝接收多交的部分。买受人接收多交部分的，按照约定的价格支付价款；买受人拒绝接收多交部分的，应当及时通知出卖人。

第六百三十条 标的物在交付之前产生的孳息，归出卖人所有；交付之后产生的孳息，归买受人所有。但是，当事人另有约定的除外。

第六百三十一条 因标的物的主物不符合约定而解除合同的，解除合同的效力及于从物。因标的物的从物不符合约定被解除的，解除的效力不及于主物。

第六百三十二条 标的物为数物，其中一物不符合约定的，买受人可以就该物解除。但是，该物与他物分离使标的物的价值显受损害的，买受人可以就数物解除合同。

第六百三十三条 出卖人分批交付标的物的，出卖人对其中一批标的物不交付或者交付不符合约定，致使该批标的物不能实现合同目的的，买受人可以就该批标的物解除。

出卖人不交付其中一批标的物或者交付不符合约定，致使之后其他各批标的物的交付不能实现合同目的的,买受人可以就该批以及之后其他各批标的物解除。

买受人如果就其中一批标的物解除,该批标的物与其他各批标的物相互依存的,可以就已经交付和未交付的各批标的物解除。

第六百三十四条 分期付款的买受人未支付到期价款的数额达到全部价款的五分之一,经催告后在合理期限内仍未支付到期价款的,出卖人可以请求买受人支付全部价款或者解除合同。

出卖人解除合同的,可以向买受人请求支付该标的物的使用费。

第六百三十五条 凭样品买卖的当事人应当封存样品,并可以对样品质量予以说明。出卖人交付的标的物应当与样品及其说明的质量相同。

第六百三十六条 凭样品买卖的买受人不知道样品有隐蔽瑕疵的,即使交付的标的物与样品相同,出卖人交付的标的物的质量仍然应当符合同种物的通常标准。

第六百三十七条 试用买卖的当事人可以约定标的物的试用期限。对试用期限没有约定或者约定不明确,依据本法第五百一十条的规定仍不能确定的,由出卖人确定。

第六百三十八条 试用买卖的买受人在试用期内可以购买标的物,也可以拒绝购买。试用期限届满,买受人对是否购买标的物未作表示的,视为购买。

试用买卖的买受人在试用期内已经支付部分价款或者对标的物实施出卖、出租、设立担保物权等行为的,视为同意购买。

第六百三十九条 试用买卖的当事人对标的物使用费没有约定或者约定不明确的,出卖人无权请求买受人支付。

第六百四十条 标的物在试用期内毁损、灭失的风险由出卖人承担。

第六百四十一条 当事人可以在买卖合同中约定买受人未履行支付价款或者其他义务的,标的物的所有权属于出卖人。

出卖人对标的物保留的所有权,未经登记,不得对抗善意第三人。

第六百四十二条 当事人约定出卖人保留合同标的物的所有权,在标的物所有权转移前,买受人有下列情形之一,造成出卖人损害的,除当事人另有约定外,出卖人有权取回标的物:

(一)未按照约定支付价款,经催告后在合理期限内仍未支付;

(二)未按照约定完成特定条件;

(三）将标的物出卖、出质或者作出其他不当处分。

出卖人可以与买受人协商取回标的物；协商不成的，可以参照适用担保物权的实现程序。

第六百四十三条 出卖人依据前条第一款的规定取回标的物后，买受人在双方约定或者出卖人指定的合理回赎期限内，消除出卖人取回标的物的事由的，可以请求回赎标的物。

买受人在回赎期限内没有回赎标的物，出卖人可以以合理价格将标的物出卖给第三人，出卖所得价款扣除买受人未支付的价款以及必要费用后仍有剩余的，应当返还买受人；不足部分由买受人清偿。

第六百四十四条 招标投标买卖的当事人的权利和义务以及招标投标程序等，依照有关法律、行政法规的规定。

第六百四十五条 拍卖的当事人的权利和义务以及拍卖程序等，依照有关法律、行政法规的规定。

第六百四十六条 法律对其他有偿合同有规定的，依照其规定；没有规定的，参照适用买卖合同的有关规定。

第六百四十七条 当事人约定易货交易，转移标的物的所有权的，参照适用买卖合同的有关规定。

第六百八十一条 保证合同是为保障债权的实现，保证人和债权人约定，当债务人不履行到期债务或者发生当事人约定的情形时，保证人履行债务或者承担责任的合同。

第六百八十二条 保证合同是主债权债务合同的从合同。主债权债务合同无效的，保证合同无效，但是法律另有规定的除外。

保证合同被确认无效后，债务人、保证人、债权人有过错的，应当根据其过错各自承担相应的民事责任。

第六百九十一条 保证的范围包括主债权及其利息、违约金、损害赔偿金和实现债权的费用。当事人另有约定的，按照其约定。

第六百九十二条 保证期间是确定保证人承担保证责任的期间，不发生中止、中断和延长。

债权人与保证人可以约定保证期间，但是约定的保证期间早于主债务履行期限或者与主债务履行期限同时届满的，视为没有约定；没有约定或者约定不明确的，保证期间为主债务履行期限届满之日起六个月。

债权人与债务人对主债务履行期限没有约定或者约定不明确的，保证期间自债权人请求债务人履行债务的宽限期届满之日起计算。

《最高人民法院关于审理买卖合同纠纷案件适用法律问题的解释》

为正确审理买卖合同纠纷案件，根据《中华人民共和国民法典》《中华人民共和国民事诉讼法》等法律的规定，结合审判实践，制定本解释。

一、买卖合同的成立

第一条　当事人之间没有书面合同，一方以送货单、收货单、结算单、发票等主张存在买卖合同关系的，人民法院应当结合当事人之间的交易方式、交易习惯以及其他相关证据，对买卖合同是否成立作出认定。

对账确认函、债权确认书等函件、凭证没有记载债权人名称，买卖合同当事人一方以此证明存在买卖合同关系的，人民法院应予支持，但有相反证据足以推翻的除外。

二、标的物交付和所有权转移

第二条　标的物为无需以有形载体交付的电子信息产品，当事人对交付方式约定不明确，且依照民法典第五百一十条的规定仍不能确定的，买受人收到约定的电子信息产品或者权利凭证即为交付。

第三条　根据民法典第六百二十九条的规定，买受人拒绝接收多交部分标的物的，可以代为保管多交部分标的物。买受人主张出卖人负担代为保管期间的合理费用的，人民法院应予支持。

买受人主张出卖人承担代为保管期间非因买受人故意或者重大过失造成的损失的，人民法院应予支持。

第四条　民法典第五百九十九条规定的"提取标的物单证以外的有关单证和资料"，主要应当包括保险单、保修单、普通发票、增值税专用发票、产品合格证、质量保证书、质量鉴定书、品质检验证书、产品进出口检疫书、原产地证明书、使用说明书、装箱单等。

第五条　出卖人仅以增值税专用发票及税款抵扣资料证明其已履行交付标的物义务，买受人不认可的，出卖人应当提供其他证据证明交付标的物的事实。

合同约定或者当事人之间习惯以普通发票作为付款凭证，买受人以普通发票证明已经履行付款义务的,人民法院应予支持,但有相反证据足以推翻的除外。

第六条 出卖人就同一普通动产订立多重买卖合同,在买卖合同均有效的情况下,买受人均要求实际履行合同的,应当按照以下情形分别处理:

(一)先行受领交付的买受人请求确认所有权已经转移的,人民法院应予支持;

(二)均未受领交付,先行支付价款的买受人请求出卖人履行交付标的物等合同义务的,人民法院应予支持;

(三)均未受领交付,也未支付价款,依法成立在先合同的买受人请求出卖人履行交付标的物等合同义务的,人民法院应予支持。

第七条 出卖人就同一船舶、航空器、机动车等特殊动产订立多重买卖合同,在买卖合同均有效的情况下,买受人均要求实际履行合同的,应当按照以下情形分别处理:

(一)先行受领交付的买受人请求出卖人履行办理所有权转移登记手续等合同义务的,人民法院应予支持;

(二)均未受领交付,先行办理所有权转移登记手续的买受人请求出卖人履行交付标的物等合同义务的,人民法院应予支持;

(三)均未受领交付,也未办理所有权转移登记手续,依法成立在先合同的买受人请求出卖人履行交付标的物和办理所有权转移登记手续等合同义务的,人民法院应予支持;

(四)出卖人将标的物交付给买受人之一,又为其他买受人办理所有权转移登记,已受领交付的买受人请求将标的物所有权登记在自己名下的,人民法院应予支持。

三、标的物风险负担

第八条 民法典第六百零三条第二款第一项规定的"标的物需要运输的",是指标的物由出卖人负责办理托运,承运人系独立于买卖合同当事人之外的运输业者的情形。标的物毁损、灭失的风险负担,按照民法典第六百零七条第二款的规定处理。

第九条 出卖人根据合同约定将标的物运送至买受人指定地点并交付给承运人后,标的物毁损、灭失的风险由买受人负担,但当事人另有约定的除外。

第十条 出卖人出卖交由承运人运输的在途标的物,在合同成立时知道或者应当知道标的物已经毁损、灭失却未告知买受人，买受人主张出卖人负担标的物毁损、灭失的风险的，人民法院应予支持。

第十一条　当事人对风险负担没有约定，标的物为种类物，出卖人未以装运单据、加盖标记、通知买受人等可识别的方式清楚地将标的物特定于买卖合同，买受人主张不负担标的物毁损、灭失的风险的，人民法院应予支持。

四、标的物检验

第十二条　人民法院具体认定民法典第六百二十一条第二款规定的"合理期限"时，应当综合当事人之间的交易性质、交易目的、交易方式、交易习惯、标的物的种类、数量、性质、安装和使用情况、瑕疵的性质、买受人应尽的合理注意义务、检验方法和难易程度、买受人或者检验人所处的具体环境、自身技能以及其他合理因素，依据诚实信用原则进行判断。

民法典第六百二十一条第二款规定的"二年"是最长的合理期限。该期限为不变期间，不适用诉讼时效中止、中断或者延长的规定。

第十三条　买受人在合理期限内提出异议，出卖人以买受人已经支付价款、确认欠款数额、使用标的物等为由，主张买受人放弃异议的，人民法院不予支持，但当事人另有约定的除外。

第十四条　民法典第六百二十一条规定的检验期限、合理期限、二年期限经过后，买受人主张标的物的数量或者质量不符合约定的，人民法院不予支持。

出卖人自愿承担违约责任后，又以上述期限经过为由翻悔的，人民法院不予支持。

五、违约责任

第十五条　买受人依约保留部分价款作为质量保证金，出卖人在质量保证期未及时解决质量问题而影响标的物的价值或者使用效果，出卖人主张支付该部分价款的，人民法院不予支持。

第十六条　买受人在检验期限、质量保证期、合理期限内提出质量异议，出卖人未按要求予以修理或者因情况紧急，买受人自行或者通过第三人修理标的物后，主张出卖人负担因此发生的合理费用的，人民法院应予支持。

第十七条　标的物质量不符合约定，买受人依照民法典第五百八十二条的规定要求减少价款的，人民法院应予支持。当事人主张以符合约定的标的物和实际交付的标的物按交付时的市场价值计算差价的，人民法院应予支持。

价款已经支付，买受人主张返还减价后多出部分价款的，人民法院应予支持。

第十八条 买卖合同对付款期限作出的变更，不影响当事人关于逾期付款违约金的约定，但该违约金的起算点应当随之变更。

买卖合同约定逾期付款违约金，买受人以出卖人接受价款时未主张逾期付款违约金为由拒绝支付该违约金的，人民法院不予支持。

买卖合同约定逾期付款违约金，但对账单、还款协议等未涉及逾期付款责任，出卖人根据对账单、还款协议等主张欠款时请求买受人依约支付逾期付款违约金的，人民法院应予支持，但对账单、还款协议等明确载有本金及逾期付款利息数额或者已经变更买卖合同中关于本金、利息等约定内容的除外。

买卖合同没有约定逾期付款违约金或者该违约金的计算方法，出卖人以买受人违约为由主张赔偿逾期付款损失，违约行为发生在2019年8月19日之前的，人民法院可以中国人民银行同期同类人民币贷款基准利率为基础，参照逾期罚息利率标准计算；违约行为发生在2019年8月20日之后的，人民法院可以违约行为发生时中国人民银行授权全国银行间同业拆借中心公布的一年期贷款市场报价利率（LPR）标准为基础，加计30-50%计算逾期付款损失。

第十九条 出卖人没有履行或者不当履行从给付义务，致使买受人不能实现合同目的，买受人主张解除合同的，人民法院应当根据民法典第五百六十三条第一款第四项的规定，予以支持。

第二十条 买卖合同因违约而解除后，守约方主张继续适用违约金条款的，人民法院应予支持；但约定的违约金过分高于造成的损失的，人民法院可以参照民法典第五百八十五条第二款的规定处理。

第二十一条 买卖合同当事人一方以对方违约为由主张支付违约金，对方以合同不成立、合同未生效、合同无效或者不构成违约等为由进行免责抗辩而未主张调整过高的违约金的，人民法院应当就法院若不支持免责抗辩，当事人是否需要主张调整违约金进行释明。

一审法院认为免责抗辩成立且未予释明，二审法院认为应当判决支付违约金的，可以直接释明并改判。

第二十二条 买卖合同当事人一方违约造成对方损失，对方主张赔偿可得利益损失的，人民法院在确定违约责任范围时，应当根据当事人的主张，依据民法典第五百八十四条、第五百九十一条、第五百九十二条、本解释第二十三条等规定进行认定。

第二十三条 买卖合同当事人一方因对方违约而获有利益，违约方主张从损失赔偿额中扣除该部分利益的，人民法院应予支持。

第二十四条 买受人在缔约时知道或者应当知道标的物质量存在瑕疵，主张出卖人承担瑕疵担保责任的，人民法院不予支持，但买受人在缔约时不知道该瑕疵会导致标的物的基本效用显著降低的除外。

六、所有权保留

第二十五条 买卖合同当事人主张民法典第六百四十一条关于标的物所有权保留的规定适用于不动产的，人民法院不予支持。

第二十六条 买受人已经支付标的物总价款的百分之七十五以上，出卖人主张取回标的物的，人民法院不予支持。

在民法典第六百四十二条第一款第三项情形下，第三人依据民法典第三百一十一条的规定已经善意取得标的物所有权或者其他物权，出卖人主张取回标的物的，人民法院不予支持。

七、特种买卖

第二十七条 民法典第六百三十四条第一款规定的"分期付款"，系指买受人将应付的总价款在一定期限内至少分三次向出卖人支付。

分期付款买卖合同的约定违反民法典第六百三十四条第一款的规定，损害买受人利益，买受人主张该约定无效的，人民法院应予支持。

第二十八条 分期付款买卖合同约定出卖人在解除合同时可以扣留已受领价金，出卖人扣留的金额超过标的物使用费以及标的物受损赔偿额，买受人请求返还超过部分的，人民法院应予支持。

当事人对标的物的使用费没有约定的，人民法院可以参照当地同类标的物的租金标准确定。

第二十九条 合同约定的样品质量与文字说明不一致且发生纠纷时当事人不能达成合意，样品封存后外观和内在品质没有发生变化的，人民法院应当以样品为准；外观和内在品质发生变化，或者当事人对是否发生变化有争议而又无法查明的，人民法院应当以文字说明为准。

第三十条 买卖合同存在下列约定内容之一的，不属于试用买卖。买受人主张属于试用买卖的，人民法院不予支持：

（一）约定标的物经过试用或者检验符合一定要求时，买受人应当购买标的物；

（二）约定第三人经试验对标的物认可时，买受人应当购买标的物；

（三）约定买受人在一定期限内可以调换标的物；

（四）约定买受人在一定期限内可以退还标的物。

八、其他问题

第三十一条　出卖人履行交付义务后诉请买受人支付价款，买受人以出卖人违约在先为由提出异议的，人民法院应当按照下列情况分别处理：

（一）买受人拒绝支付违约金、拒绝赔偿损失或者主张出卖人应当采取减少价款等补救措施的，属于提出抗辩；

（二）买受人主张出卖人应支付违约金、赔偿损失或者要求解除合同的，应当提起反诉。

第三十二条　法律或者行政法规对债权转让、股权转让等权利转让合同有规定的，依照其规定；没有规定的，人民法院可以根据民法典第四百六十七条和第六百四十六条的规定，参照适用买卖合同的有关规定。

权利转让或者其他有偿合同参照适用买卖合同的有关规定的，人民法院应当首先引用民法典第六百四十六条的规定，再引用买卖合同的有关规定。

第三十三条　本解释施行前本院发布的有关购销合同、销售合同等有偿转移标的物所有权的合同的规定，与本解释抵触的，自本解释施行之日起不再适用。

本解释施行后尚未终审的买卖合同纠纷案件，适用本解释；本解释施行前已经终审，当事人申请再审或者按照审判监督程序决定再审的，不适用本解释。

《最高人民法院关于适用〈中华人民共和国民法典〉合同编通则若干问题的解释》

第六十四条　当事人一方通过反诉或者抗辩的方式，请求调整违约金的，人民法院依法予以支持。

违约方主张约定的违约金过分高于违约造成的损失，请求予以适当减少的，应当承担举证责任。非违约方主张约定的违约金合理的，也应当提供相应的证据。

当事人仅以合同约定不得对违约金进行调整为由主张不予调整违约金的，人民法院不予支持。

第六十五条 当事人主张约定的违约金过分高于违约造成的损失,请求予以适当减少的,人民法院应当以民法典第五百八十四条规定的损失为基础,兼顾合同主体、交易类型、合同的履行情况、当事人的过错程度、履约背景等因素,遵循公平原则和诚信原则进行衡量,并作出裁判。

约定的违约金超过造成损失的百分之三十的,人民法院一般可以认定为过分高于造成的损失。

恶意违约的当事人一方请求减少违约金的,人民法院一般不予支持。

4. 金融借款合同纠纷

【案由地图】

金融借款合同纠纷为合同、准合同纠纷项下 4 级案由。

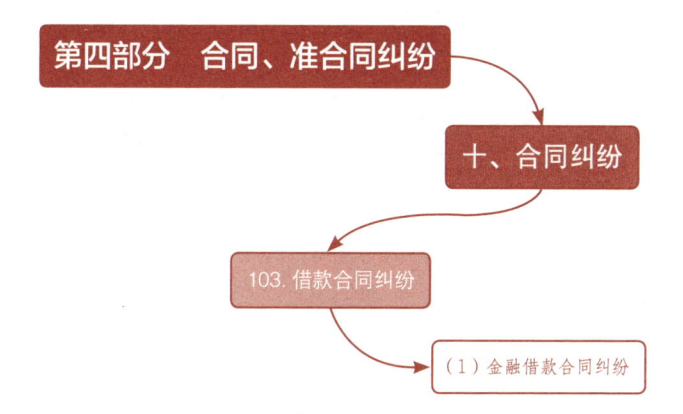

```
第四部分　合同、准合同纠纷
        → 十、合同纠纷
            → 103.借款合同纠纷
                →（1）金融借款合同纠纷
```

【法律关系】

金融借款合同纠纷通常的法律关系如下图所示。

```
            提供借款
贷款人  ─────────────→  借款人
        ←─────────────
        偿还借款并支付利息
```

【常见诉请】

示范文本起诉状所列诉讼请求均为原告为贷款人的情况。

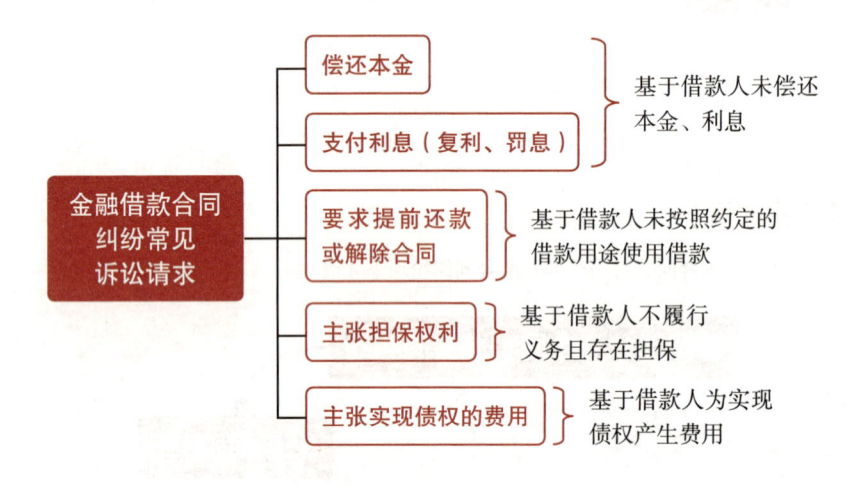

```
金融借款合同          ┌─ 偿还本金           ┐ 基于借款人未偿还
纠纷常见         ────┤                    ├ 本金、利息
诉讼请求             └─ 支付利息（复利、罚息）┘

                    ┌─ 要求提前还款         ┐ 基于借款人未按照约定的
                     │  或解除合同          ├ 借款用途使用借款
                     
                     ├─ 主张担保权利         ┐ 基于借款人不履行
                     │                    ├ 义务且存在担保
                     
                     └─ 主张实现债权的费用    ┐ 基于借款人为实现
                                           └ 债权产生费用
```

"示范文本"

民事起诉状
（金融借款合同纠纷）

扫描下载

说明：

为了方便您更好地参加诉讼，保护您的合法权利，请填写本表。

1. 起诉时需向人民法院提交证明您身份的材料，如身份证复印件、营业执照复印件等。

2. 本表所列内容是您提起诉讼以及人民法院查明案件事实所需，请务必如实填写。

3. 本表所涉内容系针对一般金融借款合同纠纷案件，有些内容可能与您的案件无关，您认为与案件无关的项目可以填"无"或不填；对于本表中勾选项可以在对应项打"√"；您认为另有重要内容需要列明的，可以在本表尾部或者另附页填写。

★特别提示★

《中华人民共和国民事诉讼法》第十三条第一款规定："民事诉讼应当遵循诚信原则。"

如果诉讼参加人违反上述规定，进行虚假诉讼、恶意诉讼，人民法院将视违法情形依法追究责任。

当事人信息	
原告（法人、非法人组织）	名称： 住所地（主要办事机构所在地）： 注册地/登记地： 法定代表人/主要负责人：　职务：　联系电话： 统一社会信用代码： 类型：有限责任公司□　股份有限公司□　上市公司□ 　　　其他企业法人□　事业单位□　社会团体□ 　　　基金会□　社会服务机构□　机关法人□　农村集体经济组织法人□　城镇农村的合作经济组织法人□　基层群众性自治组织法人□　个人独资企业□　合伙企业□　不具有法人资格的专业服务机构□　国有□（控股□　参股□）民营□

续表

原告（自然人）	姓名： 性别：男□　女□ 出生日期：　　年　　月　　日　　民族： 工作单位：　　　职务：　　　联系电话： 住所地（户籍所在地）： 经常居住地：
委托诉讼代理人	有□ 　　姓名： 　　单位：　　　职务：　　　联系电话： 　　代理权限：一般授权□　特别授权□ 无□
送达地址（所填信息除书面特别声明更改外，适用于案件一审、二审、再审所有后续程序）及收件人、电话	地址： 收件人： 电话：
是否接受电子送达	是□　方式：短信＿＿＿＿　微信＿＿＿＿　传真＿＿＿＿ 　　　　邮箱＿＿＿＿　其他＿＿＿＿ 否□
被告（法人、非法人组织）	名称： 住所地（主要办事机构所在地）： 注册地/登记地： 法定代表人/主要负责人：　　职务：　　联系电话： 统一社会信用代码： 类型：有限责任公司□　股份有限公司□　上市公司□ 　　　其他企业法人□　事业单位□　社会团体□ 　　　基金会□　社会服务机构□　机关法人□　农村集体经济组织法人□　城镇农村的合作经济组织法人□　基层群众性自治组织法人□　个人独资企业□　合伙企业□　不具有法人资格的专业服务机构□　国有（控股□　参股□）　民营□

· 168 ·

续表

被告（自然人）	姓名： 性别：男□ 女□ 出生日期： 年 月 日 民族： 工作单位： 职务： 联系电话： 住所地（户籍所在地）： 经常居住地：
第三人（法人、非法人组织）	名称： 住所地（主要办事机构所在地）： 注册地/登记地： 法定代表人/主要负责人： 职务： 联系电话： 统一社会信用代码： 类型：有限责任公司□ 股份有限公司□ 上市公司□ 其他企业法人□ 事业单位□ 社会团体□ 基金会□ 社会服务机构□ 机关法人□ 农村集体经济组织法人□ 城镇农村的合作经济组织法人□ 基层群众性自治组织法人□ 个人独资企业□ 合伙企业□ 不具有法人资格的专业服务机构□ 国有□（控股□ 参股□） 民营□
第三人（自然人）	姓名： 性别：男□ 女□ 出生日期： 年 月 日 民族： 工作单位： 职务： 联系电话： 住所地（户籍所在地）： 经常居住地：
诉讼请求和依据	
1.本金	截至 年 月 日止，尚欠本金 元（人民币，下同；如外币需特别注明）
2.利息（复利、罚息）	截至 年 月 日止，欠利息 元、复利元、罚息（违约金） 元； 计算方式： 是否请求支付至实际清偿之日止：是□ 否□
3.是否要求提前还款或解除合同	是□ 提前还款（加速到期）□/解除合同□ 否□

4.金融借款合同纠纷

续表

4.是否主张担保权利	是□ 内容： 否□
5.是否主张实现债权的费用	是□ 明细： 否□
6.其他请求	
7.标的总额	
8.请求依据	合同约定： 法律规定：

约定管辖和诉讼保全

1.有无仲裁、法院管辖约定	有□ 合同条款及内容： 无□
2.是否申请财产保全措施	已经诉前保全：是□　保全法院：　　保全时间： 　　　　　　　否□ 申请诉讼保全：是□ 　　　　　　　否□

事实和理由

1.合同签订情况（名称、编号、签订时间、地点等）	
2.签订主体	贷款人： 借款人：
3.借款金额	约定： 实际提供：
4.借款期限	是否到期：是□ 否□ 约定期限：　　年　　月　　日起至　　年　　月　　日止
5.借款利率	利率□　%/年（季/月）（合同条款：第　条） 逾期上浮□　%/年（合同条款：第　条） 复利□（合同条款：第　条） 罚息（违约金）□　%/年（合同条款：第　条）

续表

6.借款发放时间	年　　月　　日，　　元
7.还款方式	等额本息□ 等额本金□ 到期一次性还本付息□ 按月计息、到期一次性还本□ 按季计息、到期一次性还本□ 按年计息、到期一次性还本□ 其他□
8.还款情况	已还本金：　　　　元 已还利息：　　　　元，还息至　　年　　月　　日
9.是否存在逾期还款	是□　逾期时间：　　　　至今已逾期 否□
10.是否签订物的担保（抵押、质押）合同	是□　签订时间： 否□
11.担保人、担保物	担保人： 担保物：
12.是否最高额担保（抵押、质押）	是□ 否□ 担保债权的确定时间： 担保额度：
13.是否办理抵押、质押登记	是□　正式登记□ 　　　预告登记□ 否□
14.是否签订保证合同	是□　签订时间：　　　　保证人： 　　　主要内容： 否□
15.保证方式	一般保证　　□ 连带责任保证□

· 171 ·

续表

16. 其他担保方式	是□ 形式： 签订时间： 否□
17. 其他需要说明的内容（可另附页）	
18. 证据清单（可另附页）	

具状人（签字、盖章）：

日期：

民事答辩状
（金融借款合同纠纷）

说明：

为了方便您更好地参加诉讼，保护您的合法权利，请填写本表。

1. 应诉时需向人民法院提交证明您身份的材料，如身份证复印件、营业执照复印件等。

2. 本表所列内容是您参加诉讼以及人民法院查明案件事实所需，请务必如实填写。

3. 本表所涉内容系针对一般金融借款合同纠纷案件，有些内容可能与您的案件无关，您认为与案件无关的项目可以填"无"或不填；对于本表中勾选项可以在对应项打"√"；您认为另有重要内容需要列明的，可以在本表尾部或者另附页填写。

★特别提示★

《中华人民共和国民事诉讼法》第十三条第一款规定："民事诉讼应当遵循诚信原则。"

如果诉讼参加人违反上述规定，进行虚假诉讼、恶意诉讼，人民法院将视违法情形依法追究责任。

案号		案由	
当事人信息			
答辩人（法人、非法人组织）	名称： 住所地（主要办事机构所在地）： 注册地/登记地： 法定代表人/主要负责人：　职务：　联系电话： 统一社会信用代码： 类型：有限责任公司□　股份有限公司□　上市公司□ 其他企业法人□　事业单位□　社会团体□ 基金会□　社会服务机构□　机关法人□　农村集体经济组织法人□　城镇农村的合作经济组织法人□　基层群众性自治组织法人□　个人独资企业□　合伙企业□　不具有法人资格的专业服务机构□　国有（控股□　参股□）　民营□		

续表

答辩人（自然人）	姓名： 性别：男□　女□ 出生日期：　　年　　月　　日　　民族： 工作单位：　　　职务：　　　联系电话： 住所地（户籍所在地）： 经常居住地：
委托诉讼代理人	有□ 　　姓名： 　　单位：　　　职务：　　　联系电话： 　　代理权限：一般授权□　特别授权□ 无□
送达地址（所填信息除书面特别声明更改外，适用于案件一审、二审、再审所有后续程序）及收件人、联系电话	地址： 收件人： 联系电话：
是否接受电子送达	是□　方式：短信_____　微信_____　传真_____ 　　　　　邮箱_____　其他_____ 否□
答辩事项和依据 **（对原告诉讼请求的确认或者异议）**	
1. 对本金有无异议	无□ 有□　事实和理由：
2. 对利息（复利、罚息）有无异议	无□ 有□　事实和理由：
3. 对提前还款或解除合同有无异议	无□ 有□　事实和理由：
4. 对担保权利诉请有无异议	无□ 有□　事实和理由：

续表

5. 对实现债权的费用有无异议	无□ 有□ 事实和理由：
6. 对其他请求有无异议	无□ 有□ 事实和理由：
7. 对标的总额有无异议	无□ 有□ 事实和理由：
8. 答辩依据	合同约定： 法律规定：

事实和理由
（对起诉状事实和理由的确认或者异议）

1. 对合同签订情况（名称、编号、签订时间、地点等）有无异议	无□ 有□ 事实和理由：
2. 对签订主体有无异议	无□ 有□ 事实和理由：
3. 对借款金额有无异议	无□ 有□ 事实和理由：
4. 对借款期限有无异议	无□ 有□ 事实和理由：
5. 对借款利率有无异议	无□ 有□ 事实和理由：
6. 对借款发放时间有无异议	无□ 有□ 事实和理由：
7. 对还款方式有无异议	无□ 有□ 事实和理由：
8. 对还款情况有无异议	无□ 有□ 事实和理由：

续表

9. 对是否逾期还款有无异议	无□ 有□	事实和理由：
10. 对是否签订物的担保合同有无异议	无□ 有□	事实和理由：
11. 对担保人、担保物有无异议	无□ 有□	事实和理由：
12. 对最高额抵押担保有无异议	无□ 有□	事实和理由：
13. 对是否办理抵押/质押登记有无异议	无□ 有□	事实和理由：
14. 对是否签订保证合同有无异议	无□ 有□	事实和理由：
15. 对保证方式有无异议	无□ 有□	事实和理由：
16. 对其他担保方式有无异议	无□ 有□	事实和理由：
17. 有无其他免责/减责事由	无□ 有□	事实和理由：
18. 其他需要说明的内容（可另附页）	无□ 有□	内容：
19. 证据清单（可另附页）		

答辩人（签字、盖章）：

日期：

4. 金融借款合同纠纷

"**适用指南**"

起诉部分
（金融借款合同纠纷）

诉讼请求 1　偿还本金

请求依据	《民法典》第 667、668、675 条 金融借贷合同第 × 条		
依据分解	原告与被告之间存在有效的金融借贷关系	借款确已实际发放	被告未按照约定偿还本金
事实	■合同签订情况（名称、编号、签订时间、地点等） ■签订主体 ■借款金额 ■借款期限	■借款金额 ■借款发放时间	■借款期限 ■还款方式 ■还款情况 ■存在逾期还款
证据	金融借贷合同原件 相关录音录像 双方沟通记录	银行交易流水 转账记录 相关票据 权利转让记录 双方沟通记录	银行交易流水 转账记录 相关票据 权利转让记录 双方沟通记录
理由	××××年××月××日，原告与被告签订金融借贷合同。××××年××月××日，原告已将合同约定的借款××元转账至被告××的银行卡。××××年××月××日，被告逾期还款，原告多次催收，被告仍拒绝偿还本金，诉请被告偿还本金		

金融借款合同纠纷

· 177 ·

诉讼请求 2　支付利息（复利、罚息）

请求依据	《民法典》第 667、668、671、674、676 条 金融借贷合同第 × 条	
依据分解	原告与被告存在有效的金融借贷关系	被告未按照约定支付利息
事实	参见诉讼请求 1 的事实各部分	■ 借款利率 ■ 还款方式 ■ 还款情况 ■ 存在逾期还款
证据	参见诉讼请求 1 的证据各部分	借贷合同 银行卡交易流水 相关票据 权利转让记录 双方沟通记录
理由	××××年××月××日，原告与被告签订金融借贷合同。××××年××月××日，原告已将合同约定的借款××元转账至被告××的银行卡。××××年××月××日，被告逾期还款，原告多次催收，被告仍拒绝偿还本金，诉请被告支付利息	

金融借款合同纠纷

诉讼请求 3　要求提前还款或解除合同[1]

请求依据	《民法典》第 562、563、667、668、673 条 金融借贷合同第 × 条		
依据分解	原告与被告之间存在有效的金融借贷关系	借款确已实际发放	借款人未按照约定的借款用途使用借款
事实	参见诉讼请求 1 的事实相关部分	参见诉讼请求 1 的事实相关部分	■ 合同签订情况（名称、编号、签订时间、地点等） ■ 还款情况 ■ 存在逾期还款 ■ 其他需要说明的内容 　● 借款使用情况
证据	参见诉讼请求 1 的证据相关部分	参见诉讼请求 1 的证据相关部分	借贷合同 银行卡交易流水 相关票据 双方沟通记录 借款使用情况相关证据
理由	××××年××月××日，原告与被告签订金融借贷合同。××××年××月××日，原告已将合同约定的借款 ×× 元转账至被告 ×× 的银行卡。合同约定，该借款只能用于企业经营，但被告将该借款用于购买房屋，原告要求提前还款/解除合同		

[1] 根据示范文本的提示语和上下文关系，此处"提前还款或解除合同"专指《民法典》第 673 条规定的借款合同的特定理由。其他通用的解除合同条件还包括：（1）法定的解除条件：①因不可抗力致使不能实现合同目的；②在履行期限届满前，当事人一方明确表示或者以自己的行为表明不履行主要债务；③当事人一方迟延履行主要债务，经催告后在合理期限内仍未履行；④当事人一方迟延履行债务或者有其他违约行为致使不能实现合同目的。（2）合同约定的解除条件。

诉讼请求 4　主张担保权利

请求依据	《民法典》第 386、387、394、410、420、425、440、509、675 条 金融借贷合同第 × 条 担保合同第 × 条	
依据分解	被告逾期不偿还本金和支付利息	原告可主张担保权利： （1）主债权存在且有效； （2）抵押合同或条款有效； （3）担保或保证期间未经过； （4）担保权利成立（满足法定设立要件）
事实	参见诉讼请求 1、2 的事实各部分	■ 签订物的担保（抵押、质押）合同 ■ 担保人、担保物 ■ 最高额担保（抵押、质押） ■ 办理抵押、质押登记 ■ 签订保证合同 ■ 保证方式 ■ 其他担保方式
证据	参见诉讼请求 1、2 的证据各部分	担保合同原件 抵押登记证明或他项权利证书 房产证、土地使用权证等权属证明 股票、债券、存单等权利凭证或证明文件 动产或权利的交付证明 车辆等登记证明
理由	被告逾期不偿还本金和利息，共计 ×× 元，原告依法享有担保利益，诉请就抵押物（质押物）等财产优先受偿	

4. 金融借款合同纠纷

诉讼请求 5　主张实现债权的费用

请求依据	《民法典》第 561 条	
依据分解	被告逾期不偿还本金和支付利息	原告为实现债权，支付了合理费用，主要包括： （1）诉讼费用； （2）保全费用； （3）实现担保权利的费用； （4）律师费； （5）差旅费用等
事实	参见诉讼请求 1、2 的事实各部分	■其他需要说明的内容 　●实现债权合理费用的情况
证据	参见诉讼请求 1、2 的证据各部分	各类费用的收据、发票 委托代理合同
理由	被告逾期不偿还本金和利息，共计 ×× 元，为了实现债权，原告采取 ×× 措施，支付 ×× 费用 ×× 元，共计 ×× 元，由被告承担	

金融借款合同纠纷

· 181 ·

答辩部分
（金融借款合同纠纷）

答辩事项1　对偿还本金的异议

答辩依据	《民法典》第153~155、667、668、670、675、678条 《银行业监督管理法》第19条 金融借贷合同第×条					
依据分解	金融借贷合同无效[1]	原告未发放借款	被告已按照合同约定偿还本金	被告已向原告申请展期，原告同意	对本金数额的异议
事实	■ 对合同签订情况的异议	■ 对借款发放时间的异议	■ 对还款情况的异议 ■ 对逾期还款的异议	■ 对还款情况的异议 ■ 对逾期还款的异议	■ 对借款金额的异议 ■ 对还款情况的异议 ■ 对逾期还款的异议
证据	借贷合同原件 原告涉嫌违法的判决书 双方沟通记录	银行流水 双方沟通记录	银行流水 双方沟通记录	借贷合同原件 双方关于合同展期的沟通记录、补充协议等	银行流水 双方沟通记录
理由	原告存在[具体使合同无效的情形]，故原被告之间的借贷合同不成立	原告至今未按照合同约定发放借款，故被告不应向原告偿还本金	被告已于××××年××月××日按照合同约定金额偿还本金，不存在逾期未还款的情况，不应承担还款义务	被告因经营困难，已在还款期限届满前向原告申请展期，原告同意，故被告不应现在偿还本金	金融借贷合同约定借款金额为×元，后原告从本金中扣除利息之后，以银行转账方式实际支付Y元，故本金数额应当为Y元

[1] 常见情形包括：（1）违反法律、行政法规的强制性规定；（2）违背公序良俗；（3）行为人与相对人恶意串通，损害他人合法权益。

答辩事项 2 对利息（复利、罚息）的异议

答辩依据	《民法典》第 509、577、667、668、671、674~676、680 条 金融借贷合同第 × 条	
依据分解	对偿还本金的异议	对利息的异议： （1）对利息计算方法和标准的异议； （2）利率超过合同成立时 1 年期贷款市场报价利率（LPR）4 倍
事实	参见答辩事项 1 的事实各部分	■对借款利率的异议
证据	参见答辩事项 1 的证据各部分	借款合同 借据 双方沟通记录
理由	参见答辩事项 1 的理由各部分	原告对于利率的起算时间和罚息的计算有误，起算时间应为 ×××× 年 ×× 月 ×× 日，罚息应为 Y 元

答辩事项3　对提前还款或解除合同的异议[1]

答辩依据	《民法典》第562、563、667、668、673条 金融借贷合同第 × 条	
依据分解	对借贷合同效力和原告已发放借款的异议	对借款人未按照约定的借款用途使用借款的异议
事实	参见答辩事项1的事实相关部分	■ 对合同签订情况的异议 ■ 对还款情况的异议 ■ 对逾期还款的异议 ■ 其他需要说明的内容 　● 对借款使用情况的异议
证据	参见答辩事项1的证据相关部分	借贷合同 银行卡交易流水 相关票据 双方沟通记录 借款使用情况相关证据
理由	参见答辩事项1的理由相关部分	被告一直按照合同约定的用途使用借款，不存在可申请提前还款或解除合同的情况

[1] 根据示范文本的提示语和上下文关系，此处"提前还款或解除合同"专指《民法典》第673条规定的借款合同的特定理由。其他通用的解除合同条件还包括：（1）法定的解除条件：①因不可抗力致使不能实现合同目的；②在履行期限届满前，当事人一方明确表示或者以自己的行为表明不履行主要债务；③当事人一方迟延履行主要债务，经催告后在合理期限内仍未履行；④当事人一方迟延履行债务或者有其他违约行为致使不能实现合同目的。（2）合同约定的解除条件。

答辩事项 4 对担保权利的异议

答辩依据	《民法典》第 386~388、394、410、420、425、440、509、675 条 金融借贷合同第 × 条 担保合同第 × 条 保证合同第 × 条		
依据分解	对偿还本金的异议	对担保权利的依据的异议： （1）担保合同或保证合同无效； （2）主债权不存在或合同无效； （3）原告未取得合法的担保权利	担保权利行使条件未满足
事实	参见答辩事项 1 的事实各部分	■ 对签订物的担保合同的异议 ■ 对担保人、担保物的异议 ■ 对最高额抵押担保的异议 ■ 对办理抵押/质押登记的异议 ■ 对签订保证合同的异议 ■ 对保证方式的异议 ■ 对其他担保方式的异议	■ 其他需要说明的内容 ● 对原告向被告进行通知和催收的异议
证据	参见答辩事项 1 的证据各部分	担保合同原件 抵押登记证明或他项权利证书 房产证、土地使用权证等权属证明 股票、债券、存单等权利凭证或证明文件 动产或权利的交付证明 车辆等登记证明	担保合同原件 担保人与银行的沟通记录
理由	参见答辩事项 1 的理由各部分	被告存在未履行主合同义务的情况，但是：（1）被告与原告签订的担保合同/保证合同因 ×× 原因无效；（2）主债权不存在或合同无效；（3）原告未取得合法的担保权利。因此，原告无权主张担保权利	担保合同约定，在原告催告被告还款、被告明确拒绝还款之前，不得要求担保人履行担保义务。被告未履行催告义务，担保合同约定的担保权利行使条件未成就，原告不得要求担保人履行

答辩事项 5　对实现债权的费用的异议

答辩依据	《民法典》第 561 条	
依据分解	被告不存在未偿还本金及支付利息的情况	对原告支付费用的合理性、真实性的异议
事实	参见答辩事项 1、2 的事实各部分	■其他需要说明的内容 ●委托代理合同的签订情况 ●实现债权合理费用的情况 ●实现担保权利支出费用的情况
证据	参见答辩事项 1、2 的证据各部分	各类费用的收据、发票 委托代理合同
理由	参见答辩事项 1、2 的理由各部分	原告诉请 ×× 费用，与本案无关，不是实现债权的合理费用，被告不应支付。原告诉请 ×× 费用 ×× 元，无证据支持，仅认可其中 ×× 元

民事起诉状
（金融借款合同纠纷）

> **说明：**
> 为了方便您更好地参加诉讼，保护您的合法权利，请填写本表。
> 1. 起诉时需向人民法院提交证明您身份的材料，如身份证复印件、营业执照复印件等。
> 2. 本表所列内容是您提起诉讼以及人民法院查明案件事实所需，请务必如实填写。
> 3. 本表所涉内容系针对一般金融借款合同纠纷案件，有些内容可能与您的案件无关，您认为与案件无关的项目可以填"无"或不填；对于本表中勾选项可以在对应框打"√"；您认为另有重要内容需要列明的，可以在本表尾部或者另附页填写。
>
> ★**特别提示**★
> 《中华人民共和国民事诉讼法》第十三条第一款规定："民事诉讼应当遵循诚信原则。"
> 如果诉讼参加人违反上述规定，进行虚假诉讼、恶意诉讼，人民法院将视违法情形依法追究责任。

当事人信息

原告（法人、非法人组织） 〔贷款人〕〔金融借款合同纠纷中原告为具有相关资质的法人、非法人组织〕

名称：浙江×××银行股份有限公司
住所地（主要办事机构所在地）：安吉县×××路1号
注册地／登记地：安吉县×××路1号
法定代表人／主要负责人：马×× 　职务：行长
联系电话：×××××××
统一社会信用代码：
类型：有限责任公司□　股份有限公司☑　上市公司□
　　　其他企业法人□　事业单位□　社会团体□
　　　基金会□　社会服务机构□　机关法人□　农村集体经济组织法人□　城镇农村的合作经济组织法人□　基层群众性自治组织法人□　个人独资企业□　合伙企业□　不具有法人资格的专业服务机构□　国有☑（控股☑　参股□）　民营□

4. 金融借款合同纠纷

· 187 ·

续表

委托诉讼代理人	有☑ 　　姓名：李×× 　　单位：浙江×××银行股份有限公司　职务：职员 　　联系电话：××××××× 　　代理权限：一般授权☑　特别授权□ 无□
送达地址（所填信息除书面特别声明更改外，适用于案件一审、二审、再审所有后续程序）及收件人、联系电话	地址：安吉县×××路1号 收件人：李×× 联系电话：×××××××
是否接受电子送达	是☑　方式：短信＿＿＿　微信＿＿＿　传真＿＿＿ 　　　　邮箱×××@QQ.COM　其他＿＿＿ 否□
被告（法人、非法人组织）	名称：安吉××公司 住所地（主要办事机构所在地）：浙江省安吉县××街道××号 注册地/登记地： 法定代表人/主要负责人：杨××　职务：总经理 联系电话：××××××× 统一社会信用代码： 类型：有限责任公司☑　股份有限公司□　上市公司□ 　　其他企业法人□　事业单位□　社会团体□ 　　基金会□　社会服务机构□　机关法人□　农村集体经济组织法人□　城镇农村的合作经济组织法人□　基层群众性自治组织法人□　个人独资企业□　合伙企业□　不具有法人资格的专业服务机构□　国有□（控股□　参股□）民营☑
被告（自然人）	姓名：沈×× 性别：男□　女☑ 出生日期：1955年5月25日　民族：汉族 工作单位：无　职务：无　联系电话：××××××× 住所地（户籍所在地）：浙江省安吉县 经常居住地：浙江省安吉县××街道××社区×号

代理人仅享有出庭、收集证据、辩论、起草法律文书等程序性诉讼权利

代理人除享有一般授权的诉讼权利外，还可行使代为和解、上诉等涉及当事人实体利益的诉讼权利

此处可填写一项或多项

借款人

续表

第三人（法人、非法人组织）	名称： 住所地（主要办事机构所在地）： 注册地/登记地： 法定代表人/主要负责人：　　职务：　　联系电话： 统一社会信用代码： 类型：有限责任公司□　股份有限公司□　上市公司□ 　　　其他企业法人□　事业单位□　社会团体□ 　　　基金会□　社会服务机构□　机关法人□　农村集体经济组织法人□　城镇农村的合作经济组织法人□　基层群众性自治组织法人□　个人独资企业□　合伙企业□　不具有法人资格的专业服务机构□　国有□（控股□　参股□）民营□
第三人（自然人）	姓名： 性别：男□　女□ 出生日期：　　年　　月　　日　　　民族： 工作单位：　　　职务：　　　联系电话： 住所地（户籍所在地）： 经常居住地：
	诉讼请求和依据
1. 本金	截至 2023 年 2 月 10 日止，尚欠本金 590065.94 元（人民币，下同）
2. 利息（复利、罚息）	截至 2023 年 2 月 10 日止，欠利息 46261.85 元、复利 678.52 元、罚息（违约金）31183.33 元 是否请求支付至实际清偿之日止：是☑　否□
3. 是否要求提前还款或解除合同	是□　提前还款（加速到期）□/解除合同□ 否☑
4. 是否主张担保权利	是☑　内容：（写明担保人、担保范围、担保金额、担保类型等）沈 ×× 履行保证责任归还担保本金 590065.94 元及利息、罚息、复息（暂计至 2023 年 2 月 10 日为 46261.85 元，自 2023 年 2 月 11 日起以未还本金为基数按年利率 6% 加收 50% 计收罚息，对欠付利息按罚息利率计收复息，至款清之日止） 否□

（实际出借的金额）

续表

5.是否主张实现债权的费用	是☑ 费用明细：律师费、财产保全费（已实际发生为准） 否☐
6.其他请求	本案诉讼费用由被告承担
7.标的总额	636327.79元（暂计至2023年2月10日）
8.请求依据	合同约定：《流动资金循环借款合同》第3条、第8条等，《保证函》 法律规定：《最高人民法院关于适用〈中华人民共和国民法典〉时间效力的若干规定》第一条第二款，《中华人民共和国合同法》第一百零七条、第二百零五条、第二百零六条，《中华人民共和国担保法》第十八条、第二十一条

（8.请求依据旁注：应尽量穷尽列举，可参考本书"适用指南""相关法条"提及的规定）

约定管辖和诉讼保全

1.有无仲裁、法院管辖约定	有☑ 合同条款及内容：第15条，发生争议由被告所在地人民法院管辖 无☐
2.是否申请财产保全措施	已经诉前保全：是☐ 保全法院： 保全时间： 　　　　　　　否☑ 申请诉讼保全：是☑ 　　　　　　　否☐

（2.是否申请财产保全措施旁注：对方当事人可能导致判决难以执行或造成其他损害的，可申请财产保全措施，包括冻结、扣押、查封）

事实和理由

1.合同签订情况（名称、编号、签订时间、地点等）	2019年7月16日，在原告所在地签订《流动资金循环借款合同》
2.签订主体	贷款人：安吉××银行××支行 借款人：安吉××公司
3.借款金额	约定：最高融资限额1000000元整 实际发放：600000元

（3.借款金额旁注：本金）

续表

4.借款期限	是否到期：是☑ 否□ 约定限期：2019年7月16日起至2022年7月15日止
5.借款利率	利率☑ 6%/年（季/月）（合同条款：第3条） 逾期上浮☑ 9%/年（合同条款：第8条） 复利□ （合同条款：第 条） 罚息（违约金）☑ 9%/年（合同条款：第8条）
6.借款发放时间	2021年8月18日，发放200000元 2021年11月12日，发放400000元
7.还款方式	等额本息□ 等额本金□ 到期一次性还本付息□ 按月计息、到期一次性还本☑ 按季计息、到期一次性还本□ 按年计息、到期一次性还本□ 其他□
8.还款情况	已还本金：0元 已还利息：0元，还息至　　年　　月　　日
9.是否存在逾期还款	是☑　逾期时间：2022年7月16日至起诉时已逾期209天 否□
10.是否签订物的担保（抵押、质押）合同	是□　签订时间： 否☑
11.担保人、担保物	担保人： 担保物：
12.是否最高额担保（抵押、质押）	是□ 否☑ 担保债权的确定时间： 担保额度：

续表

13. 是否办理抵押、质押登记	是☐ 否☑	正式登记☐ 预告登记☐
14. 是否签订保证合同/保函	是☑ 否☐	签订时间：2019年7月16日　保证人：沈×× 主要内容：沈××出具《保证函》一份，具体内容为（保证范围、保证期间等）：保证期间为两年，保证担保范围为贷款本金、利息（包括罚息、复息）以及实现债权的费用等
15. 保证方式		一般保证　　☐ 连带责任保证☑
16. 其他担保方式	是☐ 否☑	形式：　　　　　　签订时间：
17. 其他需要说明的内容（可另附页）		截至2023年2月10日，安吉××公司尚欠原告本金591666.36元、利息14400元、罚息31183.33元、利息的复息678.52元。此后，安吉××公司曾于2023年6月30日归还本金1600.42元
18. 证据清单（可另附页）		附页

具状人（签字、盖章）：

浙江×××银行股份有限公司　马××

日期： 2023年2月10日

民事答辩状
（金融借款合同纠纷）

说明：

为了方便您更好地参加诉讼，保护您的合法权利，请填写本表。

1. 应诉时需向人民法院提交证明您身份的材料，如身份证复印件、营业执照复印件等。

2. 本表所列内容是您参加诉讼以及人民法院查明案件事实所需，请务必如实填写。

3. 本表所涉内容系针对一般金融借款合同纠纷案件，有些内容可能与您的案件无关，您认为与案件无关的项目可以填"无"或不填；对于本表中勾选项可以在对应项打"√"；您认为另有重要内容需要列明的，可以在本表尾部或者另附页填写。

★特别提示★

《中华人民共和国民事诉讼法》第十三条第一款规定："民事诉讼应当遵循诚信原则。"

如果诉讼参加人违反上述规定，进行虚假诉讼、恶意诉讼，人民法院将视违法情形依法追究责任。

案号	（2023）浙×××民初×××号	案由	金融借款合同纠纷
当事人信息			
答辩人（法人、非法人组织） 〔借款人〕	名称： 住所地（主要办事机构所在地）： 注册地/登记地： 法定代表人/主要负责人：　　职务：　　联系电话： 统一社会信用代码： 类型：有限责任公司□　股份有限公司□　上市公司□ 　　　其他企业法人□　事业单位□　社会团体□ 　　　基金会□　社会服务机构□　机关法人□　农村集体经济组织法人□　城镇农村的合作经济组织法人□　基层群众性自治组织法人□　个人独资企业□　合伙企业□　不具有法人资格的专业服务机构□　国有□（控股□　参股□）　民营□		

· 193 ·

续表

答辩人（自然人）	姓名：沈×× 性别：男□ 女☑ 出生日期：1955年5月25日　民族：汉族 工作单位：无　职务：无　联系电话：××××××× 住所地（户籍所在地）：浙江省安吉县 经常居住地：浙江省安吉县××街道××社区×号
委托诉讼代理人	有☑ 　　姓名：杨×× 　　单位：浙江××律师事务所　　职务：律师 　　联系电话：136××××××× 　　代理权限：一般授权☑　特别授权□ 无□
送达地址（所填信息除书面特别声明更改外，适用于案件一审、二审、再审所有后续程序）及收件人、电话	地址：浙江省安吉县××街道××社区×号 收件人：杨×× 电话：136×××××××
是否接受电子送达	是☑　方式：短信_____　微信_____　传真_____ 　　　　邮箱×××@QQ.COM　其他_____ 否□

代理人仅享有出庭、收集证据、辩论、起草法律文书等程序性诉讼权利

代理人除享有一般授权的诉讼权利外，还可行使代为和解、上诉等涉及当事人实体利益的诉讼权利

此处可填写一项或多项

答辩事项和依据
（对原告诉讼请求的确认或者异议）

1. 对本金有无异议	无□ 有□　事实和理由：
2. 对利息（复利、罚息）有无异议	无□ 有□　事实和理由：合同未约定复利，不应支付复利
3. 对提前还款或解除合同有无异议	无□ 有□　事实和理由：

续表

4. 对担保权利诉请有无异议	无□ 有☑ 事实和理由：一、被告对于贷款并不知情。二、被告不应承担罚息和复息，所签署的保证函中仅要求对利息承担保证责任，未提及需要对罚息、复息承担保证责任，且担保合同或者主合同都是格式条款，银行未做醒目提示，也未明确说明担保范围。三、根据主合同的约定，未明确复利计算依据，故只能按照利息为基数来计算，不能把罚息作为计算基础
5. 对实现债权的费用有无异议	无□ 有□ 事实和理由：
6. 对其他请求有无异议	无□ 有☑ 事实和理由：诉讼费用由法院判决
7. 对标的总额有无异议	无□ 有☑ 事实和理由：同对原告诉请担保权利的意见
8. 答辩依据 *应尽量穷尽列举，可参考本书"适用指南""相关法条"提及的规定*	合同约定：《流动资金循环借款合同》，《保证函》 法律规定：《最高人民法院关于适用〈中华人民共和国民法典〉时间效力的若干规定》第一条第二款，《中华人民共和国合同法》第三十九条、第四十条、第二百零六条，《中华人民共和国担保法》第十八条、第二十一条

事实和理由
（对起诉状事实和理由的确认或者异议）

1. 对合同签订情况（名称、编号、签订时间、地点）有无异议	无□ 有☑ 事实和理由：答辩人不知情
2. 对签订主体有无异议	无□ 有☑ 事实和理由：答辩人不知情
3. 对借款金额有无异议	无□ 有☑ 事实和理由：答辩人不知情
4. 对借款期限有无异议	无□ 有☑ 事实和理由：答辩人不知情

续表

5. 对借款利率有无异议	无☐ 有☑	事实和理由：答辩人不知情
6. 对借款发放时间有无异议	无☐ 有☑	事实和理由：答辩人不知情
7. 对还款方式有无异议	无☐ 有☑	事实和理由：答辩人不知情
8. 对还款情况有无异议	无☐ 有☑	事实和理由：答辩人不知情
9. 对是否逾期还款有无异议	无☐ 有☑	事实和理由：答辩人不知情
10. 对是否签订物的担保合同有无异议	无☐ 有☐	事实和理由：
11. 对担保人、担保物有无异议	无☐ 有☐	事实和理由：
12. 对最高额抵押担保有无异议	无☐ 有☐	事实和理由：
13. 对是否办理抵押/质押登记有无异议	无☐ 有☐	事实和理由：
14. 对是否签订保证合同有无异议	无☐ 有☑	事实和理由：一、被告对于贷款并不知情。二、被告不应承担罚息和复息，所签署的保证函中仅要求对利息承担保证责任，未提及需要对罚息、复息承担保证责任，且担保合同或者主合同都是格式条款，银行未做醒目提示，也未明确说明担保范围。三、根据主合同的约定，未明确复息计算依据，故只能按照利息为基数来计算，不能把罚息作为计算基础
15. 对保证方式有无异议	无☑ 有☐	事实和理由：

续表

16. 对其他担保方式有无异议	无☐ 有☐ 事实和理由：
17. 有无其他免责/减责事由	无☐ 有☐ 内容：
18. 其他需要说明的内容（可另附页）	
19. 证据清单（可另附页）	

答辩人（签字、盖章）：沈××（被告）

日期：×× 年 ×× 月 ×× 日

（自然人签字，法人、非法人组织盖章）

"相关法条"

《民法典》

第一百五十三条 违反法律、行政法规的强制性规定的民事法律行为无效。但是，该强制性规定不导致该民事法律行为无效的除外。

违背公序良俗的民事法律行为无效。

第一百五十四条 行为人与相对人恶意串通，损害他人合法权益的民事法律行为无效。

第一百五十五条 无效的或者被撤销的民事法律行为自始没有法律约束力。

第三百八十六条 担保物权人在债务人不履行到期债务或者发生当事人约定的实现担保物权的情形，依法享有就担保财产优先受偿的权利，但是法律另有规定的除外。

第三百八十七条 债权人在借贷、买卖等民事活动中，为保障实现其债权，需要担保的，可以依照本法和其他法律的规定设立担保物权。

第三人为债务人向债权人提供担保的，可以要求债务人提供反担保。反担保适用本法和其他法律的规定。

第三百八十八条 设立担保物权，应当依照本法和其他法律的规定订立担保合同。担保合同包括抵押合同、质押合同和其他具有担保功能的合同。担保合同是主债权债务合同的从合同。主债权债务合同无效的，担保合同无效，但是法律另有规定的除外。

担保合同被确认无效后，债务人、担保人、债权人有过错的，应当根据其过错各自承担相应的民事责任。

第三百九十四条 为担保债务的履行，债务人或者第三人不转移财产的占有，将该财产抵押给债权人的，债务人不履行到期债务或者发生当事人约定的实现抵押权的情形，债权人有权就该财产优先受偿。

前款规定的债务人或者第三人为抵押人，债权人为抵押权人，提供担保的财产为抵押财产。

第四百一十条 债务人不履行到期债务或者发生当事人约定的实现抵押权的

情形，抵押权人可以与抵押人协议以抵押财产折价或者以拍卖、变卖该抵押财产所得的价款优先受偿。协议损害其他债权人利益的，其他债权人可以请求人民法院撤销该协议。

抵押权人与抵押人未就抵押权实现方式达成协议的，抵押权人可以请求人民法院拍卖、变卖抵押财产。

抵押财产折价或者变卖的，应当参照市场价格。

第四百二十四条 为担保债务的履行，债务人或者第三人对一定期间内将要连续发生的债权提供担保财产的，债务人不履行到期债务或者发生当事人约定的实现抵押权的情形，抵押权人有权在最高债权额限度内就该担保财产优先受偿。

最高额抵押权设立前已经存在的债权，经当事人同意，可以转入最高额抵押担保的债权范围。

第四百二十五条 为担保债务的履行，债务人或者第三人将其动产出质给债权人占有的，债务人不履行到期债务或者发生当事人约定的实现质权的情形，债权人有权就该动产优先受偿。

前款规定的债务人或者第三人为出质人，债权人为质权人，交付的动产为质押财产。

第四百四十条 债务人或者第三人有权处分的下列权利可以出质：

（一）汇票、本票、支票；

（二）债券、存款单；

（三）仓单、提单；

（四）可以转让的基金份额、股权；

（五）可以转让的注册商标专用权、专利权、著作权等知识产权中的财产权；

（六）现有的以及将有的应收账款；

（七）法律、行政法规规定可以出质的其他财产权利。

第五百零九条 当事人应当按照约定全面履行自己的义务。

当事人应当遵循诚信原则，根据合同的性质、目的和交易习惯履行通知、协助、保密等义务。

当事人在履行合同过程中，应当避免浪费资源、污染环境和破坏生态。

第五百一十条 合同生效后，当事人就质量、价款或者报酬、履行地点等内容没有约定或者约定不明确的，可以协议补充；不能达成补充协议的，按照合同相关条款或者交易习惯确定。

第五百六十一条 债务人在履行主债务外还应当支付利息和实现债权的有关费用，其给付不足以清偿全部债务的，除当事人另有约定外，应当按照下列顺序履行：

（一）实现债权的有关费用；

（二）利息；

（三）主债务。

第五百六十二条 当事人协商一致，可以解除合同。

当事人可以约定一方解除合同的事由。解除合同的事由发生时，解除权人可以解除合同。

第五百六十三条 有下列情形之一的，当事人可以解除合同：

（一）因不可抗力致使不能实现合同目的；

（二）在履行期限届满前，当事人一方明确表示或者以自己的行为表明不履行主要债务；

（三）当事人一方迟延履行主要债务，经催告后在合理期限内仍未履行；

（四）当事人一方迟延履行债务或者有其他违约行为致使不能实现合同目的；

（五）法律规定的其他情形。

以持续履行的债务为内容的不定期合同，当事人可以随时解除合同，但是应当在合理期限之前通知对方。

第五百七十七条 当事人一方不履行合同义务或者履行合同义务不符合约定的，应当承担继续履行、采取补救措施或者赔偿损失等违约责任。

第五百八十五条 当事人可以约定一方违约时应当根据违约情况向对方支付一定数额的违约金，也可以约定因违约产生的损失赔偿额的计算方法。

约定的违约金低于造成的损失的，人民法院或者仲裁机构可以根据当事人的请求予以增加；约定的违约金过分高于造成的损失的，人民法院或者仲裁机构可以根据当事人的请求予以适当减少。

当事人就迟延履行约定违约金的，违约方支付违约金后，还应当履行债务。

第六百六十七条 借款合同是借款人向贷款人借款，到期返还借款并支付利息的合同。

第六百六十八条 借款合同应当采用书面形式，但是自然人之间借款另有约定的除外。

借款合同的内容一般包括借款种类、币种、用途、数额、利率、期限和还款方式等条款。

第六百六十九条 订立借款合同，借款人应当按照贷款人的要求提供与借款有关的业务活动和财务状况的真实情况。

第六百七十条 借款的利息不得预先在本金中扣除。利息预先在本金中扣除的，应当按照实际借款数额返还借款并计算利息。

第六百七十一条 贷款人未按照约定的日期、数额提供借款，造成借款人损失的，应当赔偿损失。

借款人未按照约定的日期、数额收取借款的，应当按照约定的日期、数额支付利息。

第六百七十二条 贷款人按照约定可以检查、监督借款的使用情况。借款人应当按照约定向贷款人定期提供有关财务会计报表或者其他资料。

第六百七十三条 借款人未按照约定的借款用途使用借款的，贷款人可以停止发放借款、提前收回借款或者解除合同。

第六百七十四条 借款人应当按照约定的期限支付利息。对支付利息的期限没有约定或者约定不明确，依据本法第五百一十条的规定仍不能确定，借款期间不满一年的，应当在返还借款时一并支付；借款期间一年以上的，应当在每届满一年时支付，剩余期间不满一年的，应当在返还借款时一并支付。

第六百七十五条 借款人应当按照约定的期限返还借款。对借款期限没有约定或者约定不明确，依据本法第五百一十条的规定仍不能确定的，借款人可以随时返还；贷款人可以催告借款人在合理期限内返还。

第六百七十六条 借款人未按照约定的期限返还借款的，应当按照约定或者国家有关规定支付逾期利息。

第六百七十七条 借款人提前返还借款的，除当事人另有约定外，应当按照实际借款的期间计算利息。

第六百七十八条 借款人可以在还款期限届满前向贷款人申请展期；贷款人同意的，可以展期。

第六百七十九条 自然人之间的借款合同，自贷款人提供借款时成立。

第六百八十条 禁止高利放贷，借款的利率不得违反国家有关规定。

借款合同对支付利息没有约定的,视为没有利息。

借款合同对支付利息约定不明确,当事人不能达成补充协议的,按照当地或者当事人的交易方式、交易习惯、市场利率等因素确定利息;自然人之间借款的,视为没有利息。

《银行业监督管理法》

第十九条 未经国务院银行业监督管理机构批准,任何单位或者个人不得设立银行业金融机构或者从事银行业金融机构的业务活动。

5. 物业服务合同纠纷

【案由地图】

物业服务合同纠纷为合同、准合同纠纷项下 3 级案由。

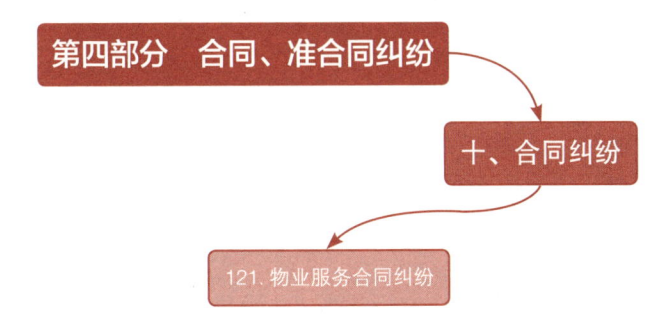

```
第四部分  合同、准合同纠纷
        →  十、合同纠纷
              →  121. 物业服务合同纠纷
```

【法律关系】

物业服务合同纠纷通常的法律关系如下图所示。

```
物业服务人  ——提供物业服务→  业主
           ←——支付物业费——
```

【常见诉请】

示范文本起诉状所列诉讼请求均为原告为物业服务人的情况。

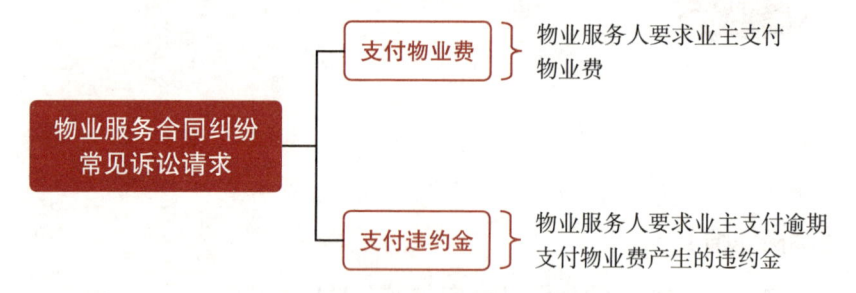

```
                    ┌─── 支付物业费  }  物业服务人要求业主支付
                    │                   物业费
物业服务合同纠纷 ───┤
常见诉讼请求        │
                    └─── 支付违约金  }  物业服务人要求业主支付逾期
                                        支付物业费产生的违约金
```

"示范文本"

民事起诉状
（物业服务合同纠纷）

扫描下载

说明：

为了方便您更好地参加诉讼，保护您的合法权利，请填写本表。

1. 起诉时需向人民法院提交证明您身份的材料，如身份证复印件、营业执照复印件等。

2. 本表所列内容是您提起诉讼以及人民法院查明案件事实所需，请务必如实填写。

3. 本表所涉内容系针对一般物业服务合同纠纷案件，有些内容可能与您的案件无关，您认为与案件无关的项目可以填"无"或不填；对于本表中勾选项可以在对应项打"√"；您认为另有重要内容需要列明的，可以在本表尾部或者另附页填写。

★特别提示★

《中华人民共和国民事诉讼法》第十三条第一款规定："民事诉讼应当遵循诚信原则。"

如果诉讼参加人违反上述规定，进行虚假诉讼、恶意诉讼，人民法院将视违法情形依法追究责任。

当事人信息

原告（法人、非法人组织）	名称： 住所地（主要办事机构所在地）： 注册地/登记地： 法定代表人/主要负责人：　　职务：　　联系电话： 统一社会信用代码： 类型：有限责任公司□　股份有限公司□　上市公司□　其他企业法人□　事业单位□　社会团体□　基金会□　社会服务机构□　机关法人□　农村集体经济组织法人□　城镇农村的合作经济组织法人□　基层群众性自治组织法人□　个人独资企业□　合伙企业□　不具有法人资格的专业服务机构□　国有□（控股□　参股□）　民营□

物业服务合同纠纷

· 205 ·

续表

委托诉讼代理人	有□ 　　姓名： 　　单位：　　　职务：　　　联系电话： 　　代理权限：一般授权□　　特别授权□ 　　证件类型：居民身份证□　律师执业证□ 无□
送达地址（所填信息除书面特别声明更改外，适用于案件一审、二审、再审所有后续程序）及收件人、电话	地址： 收件人： 电话：
是否接受电子送达	是□　方式：短信_____　微信_____　传真_____ 　　　　邮箱_____　其他_____ 否□
被告（法人、非法人组织）	名称： 住所地（主要办事机构所在地）： 注册地/登记地： 法定代表人/主要负责人：　职务：　联系电话： 统一社会信用代码： 类型：有限责任公司□　股份有限公司□　上市公司□ 　　　其他企业法人□　事业单位□　社会团体□ 　　　基金会□　社会服务机构□　机关法人□　农村集体经济组织法人□　城镇农村的合作经济组织法人□　基层群众性自治组织法人□　个人独资企业□　合伙企业□　不具有法人资格的专业服务机构□　国有（控股□　参股□）民营□
被告（自然人）	姓名： 性别：男□　女□ 出生日期：　　年　　月　　日　　民族： 工作单位：　　　　职务：　　　联系电话： 住所地（户籍所在地）： 经常居住地：

· 206 ·

续表

第三人（法人、非法人组织）	名称： 住所地（主要办事机构所在地）： 注册地/登记地： 法定代表人/主要负责人：　职务：　联系电话： 统一社会信用代码： 类型：有限责任公司□　股份有限公司□　上市公司□ 　　　其他企业法人□　事业单位□　社会团体□ 　　　基金会□　社会服务机构□　机关法人□　农村集体经济组织法人□　城镇农村的合作经济组织法人□　基层群众性自治组织法人□　个人独资企业□　合伙企业□　不具有法人资格的专业服务机构□　国有□（控股□　参股□）　民营□
第三人（自然人）	姓名： 性别：男□　女□ 出生日期：　年　月　日　　　民族： 工作单位：　　　职务：　　联系电话： 住所地（户籍所在地）： 经常居住地：
诉讼请求和依据	
1. 物业费	截至　年　月　日止，尚欠物业费　元
2. 违约金	截至　年　月　日止，欠逾期物业费的违约金　元 是否请求支付至实际清偿之日止：是□　否□
3. 其他请求	
4. 标的总额	
5. 请求依据	合同约定： 法律规定：
约定管辖和诉讼保全	
1. 有无仲裁、法院管辖约定	有□　合同条款及内容： 无□

续表

2.是否申请财产保全措施	已经诉前保全：是□ 否□ 申请诉讼保全：是□ 否□	保全法院： 保全时间：

事实和理由	
1.物业服务合同或前期物业服务合同签订情况（名称、编号、签订时间、地点等）	
2.签订主体	业主/建设单位： 物业服务人：
3.物业项目情况	坐落位置： 面积： 所有权人：
4.约定的物业费标准	
5.约定的物业服务期限	年 月 日起至 年 月 日止
6.约定的物业费支付方式	
7.约定的逾期支付物业费违约金标准	
8.被告欠付物业费数额及计算方式	欠付物业费数额： 具体计算方式：
9.被告应付违约金数额及计算方式	应付违约金数额： 具体计算方式：
10.催缴情况	

续表

11.其他需要说明的内容（可另附页）	
12.证据清单（可另附页）	

具状人（签字、盖章）:
日期:

民事答辩状
（物业服务合同纠纷）

说明：
为了方便您更好地参加诉讼，保护您的合法权利，请填写本表。 　　1.应诉时需向人民法院提交证明您身份的材料，如身份证复印件、营业执照复印件等。 　　2.本表所列内容是您参加诉讼以及人民法院查明案件事实所需，请务必如实填写。 　　3.本表所涉内容系针对一般物业服务合同纠纷案件，有些内容可能与您的案件无关，您认为与案件无关的项目可以填"无"或不填；对于本表中勾选项可以在对应项打"√"；您认为另有重要内容需要列明的，可以在本表尾部或者另附页填写。 　　★特别提示★ 　　《中华人民共和国民事诉讼法》第十三条第一款规定："民事诉讼应当遵循诚信原则。" 　　如果诉讼参加人违反上述规定，进行虚假诉讼、恶意诉讼，人民法院将视违法情形依法追究责任。

案号		案由	
当事人信息			
答辩人（法人、非法人组织）	名称： 住所地（主要办事机构所在地）： 注册地/登记地： 法定代表人/主要负责人：　职务：　联系电话： 统一社会信用代码： 类型：有限责任公司□　股份有限公司□　上市公司□　其他企业法人□　事业单位□　社会团体□　基金会□　社会服务机构□　机关法人□　农村集体经济组织法人□　城镇农村的合作经济组织法人□　基层群众性自治组织法人□　个人独资企业□　合伙企业□　不具有法人资格的专业服务机构□　国有□（控股□　参股□）　民营□		

续表

答辩人（自然人）	姓名： 性别：男□　女□ 出生日期：　　年　　月　　日　　民族： 工作单位：　　　　职务：　　　联系电话： 住所地（户籍所在地）： 经常居住地：
委托诉讼代理人	有□ 　　姓名： 　　工作单位：　　　职务：　　　联系电话： 　　代理权限：一般授权□　特别授权□ 无□
送达地址（所填信息除书面特别声明更改外，适用于案件一审、二审、再审所有后续程序）及收件人、联系电话	地址： 收件人： 联系电话：
是否接受电子送达	是□　方式：短信_____　微信_____　邮箱_____ 　　　　其他_____ 否□
答辩事项和依据 **（对原告诉讼请求的确认或者异议）**	
1. 对物业费有无异议	无□ 有□　事实和理由：
2. 对违约金有无异议	无□ 有□　事实和理由：
3. 对其他请求有无异议	无□ 有□　事实和理由：
4. 对标的总额有无异议	无□ 有□　事实和理由：

续表

5. 答辩依据	合同约定： 法律规定：
事实和理由 **（对起诉状事实和理由的确认或者异议）**	
1. 对物业服务合同或前期物业服务合同签订情况（名称、编号、签订时间、地点等）有无异议	无□ 有□　事实和理由：
2. 对签订主体有无异议	无□ 有□　事实和理由：
3. 对物业项目情况有无异议	无□ 有□　事实和理由：
4. 对物业费标准有无异议	无□ 有□　事实和理由：
5. 对物业服务期限有无异议	无□ 有□　事实和理由：
6. 对物业费支付方式有无异议	无□ 有□　事实和理由：
7. 对逾期支付物业费违约金标准有无异议	无□ 有□　事实和理由：
8. 对欠付物业费数额及计算方式有无异议	无□ 有□　事实和理由：
9. 对应付违约金数额及计算方式有无异议	无□ 有□　事实和理由：

续表

10.对催缴情况有无异议	无□ 有□ 事实和理由：
11.其他需要说明的内容（可另附页）	无□ 有□ 内容：
12.证据清单（可另附页）	

答辩人（签字、盖章）：
日期：

"适用指南"

起诉部分
（物业服务合同纠纷）

诉讼请求1　支付物业费[1]

请求依据	《民法典》第 579、937、938、939、944、950 条 《最高人民法院关于审理物业服务纠纷案件适用法律若干问题的解释》第 2 条 物业服务合同第 × 条			
依据分解	双方有合法有效的物业服务合同或者物业服务有法律依据[2]	物业服务人已按约定提供物业服务	物业服务人依法进行了催缴	业主未支付物业费
事实	■物业服务合同或前期物业服务合同签订情况 ■签订主体	■物业项目情况 ■其他需要说明的内容 　●物业服务提供情况	■催缴情况	■约定的物业费标准 ■约定的物业费支付方式 ■被告欠付物业费数额及计算方式
证据	物业服务合同原件	物业服务报告 物业服务工作台账（如清洁服务记录、安全巡逻记录、绿化养护记录、设施维修和保养记录） 日常维修、投诉等及时处理的业主沟通记录 业主满意度调查 第三方评估报告 监控录像 其他业主的证言	催款通知书 邮寄凭证 电子邮件或短信通知记录 公告或公示照片，或张贴公告的监控记录 上门催收记录 电话催收记录 律师函 会议记录 证人证言 电子支付平台催缴通知记录	业主拒绝支付的沟通记录（如即时通信信息、电话录音、邮件） 银行流水

续表

| 理由 | 物业费用账单
欠费明细表
在小区的社交媒体群组或官方账号上发布的催费通知 |

> ××××年××月××日,原告与被告签订了物业服务合同,合同编号为[合同编号]。根据合同的约定,原告为被告所在的[小区名称]提供物业管理服务,被告应按照合同约定支付物业管理费。自[欠费起始年月]起,被告未按合同约定支付物业管理费,经原告多次书面催告,被告仍未履行支付义务

[1] 根据示范文本上下文,此处仅指物业服务人要求业主支付物业费的情况。现实中,关于物业费的诉讼请求还包括业主要求物业服务人退还物业费。
[2] 《民法典》第950条规定,物业服务合同终止后,在业主或者业主大会选聘的新物业服务人或者决定自行管理的业主接管之前,原物业服务人应当继续处理物业服务事项,并可以请求业主支付该期间的物业费。

诉讼请求 2　支付违约金[1]

请求依据	《民法典》第 577、585 条 物业服务合同第 × 条	
依据分解	被告应支付而未支付物业费	物业服务合同约定了未支付物业费的违约金
事实	参见诉讼请求 1 的事实各部分	■ 约定的物业费支付方式
证据	参见诉讼请求 1 的证据各部分	物业服务合同 即时通信信息 电话录音 邮件 其他业主的证人证言
理由	×××× 年 ×× 月 ×× 日，原告与被告签订了物业服务合同，合同编号为［合同编号］，约定被告应按月/季/年支付物业费，具体金额为［金额］。被告一直拒绝支付物业费，违反了合同约定。原告已履行合同义务，但被告未能履行其支付义务。合同中明确约定了违约金的计算方式和支付条件，请求法院判决被告支付至实际清偿之日的违约金	

[1] 根据示范文本上下文，此处仅指业主未支付物业费产生的违约金。现实中，业主和物业服务人违约的情形还有很多。

答辩部分
（物业服务合同纠纷）

答辩事项 1　对支付物业费的异议

答辩依据	《民法典》第 579、937、938、939、944、949、950 条 《最高人民法院关于审理物业服务纠纷案件适用法律若干问题的解释》第 2 条 物业服务合同第 × 条				
依据分解	双方没有合法有效的物业服务合同	物业服务人违反法律规定，超标准要求业主支付物业费	物业服务人未按约定提供物业服务	物业服务人未依法进行催缴	业主已经支付物业费
事实	■ 对物业服务合同或前期物业服务合同签订情况的异议 ■ 对签订主体的异议	■ 对物业费标准的异议	■ 对物业项目情况的异议 ■ 其他需要说明的内容 　• 物业服务提供情况	■ 对催缴情况的异议	■ 对物业费支付方式的异议
证据	物业服务合同原件	物业服务合同原件 其他业主的证人证言 物业服务人擅自扩大收费范围、提高收费标准或重复收费的其他证据	未按约定提供服务的记录（如清洁服务不到位、绿化不到位、安全巡逻缺失的照片或视频证据） 未维修或维护的证据（如公共设施损坏未修理的照片或视频） 第三方评估报告 其他业主的证人证言 监控录像 服务不到位的新闻报道 业主大会或与物业服务人的会议记录	双方相关沟通记录，如即时通信软件聊天记录、电话录音等	物业服务合同原件 转账记录 物业费缴纳收据 双方聊天记录

续表

理由	原告与被告之间没有合法有效的物业服务合同。故原告提出的被告支付物业费的诉讼请求没有依据	物业服务人擅自扩大收费范围、提高收费标准或重复收费，对违规收费部分，被告不应支付	原告未按合同约定提供物业服务。故原告提出的被告支付物业费的诉讼请求没有依据	原告并未进行任何形式的催缴。故原告提出的被告支付物业费的诉讼请求没有依据	被告已按照物业服务合同支付物业费，不应再支付物业费

5. 物业服务合同纠纷

答辩事项 2　对支付违约金的异议[1]

答辩依据	《民法典》第 577、585 条	
依据分解	被告不存在未支付物业费的违约情形	物业服务合同未约定未支付物业费的违约金
事实	参见答辩事项 1 的事实各部分	■ 对物业费支付方式的异议 ■ 对逾期支付物业费违约金标准的异议 ■ 对应付违约金数额及计算方式的异议
证据	参见答辩事项 1 的证据各部分	即时通信信息 电话录音 邮件 其他业主的证人证言
理由	参见答辩事项 1 的理由各部分	被告同意支付物业费，但是对于原告主张的违约金，因为物业服务合同未明确规定，所以不应支付

[1]　根据起诉状上下文，此处仅指业主未支付物业费产生的违约金。现实中，业主和物业服务人违约的情形还有很多。

"**实例**"

民事起诉状
（物业服务合同纠纷）

说明：
　　为了方便您更好地参加诉讼，保护您的合法权利，请填写本表。
　　1. 起诉时需向人民法院提交证明您身份的材料，如身份证复印件、营业执照复印件等。
　　2. 本表所列内容是您提起诉讼以及人民法院查明案件事实所需，请务必如实填写。
　　3. 本表所涉内容系针对一般物业服务合同纠纷案件，有些内容可能与您的案件无关，您认为与案件无关的项目可以填"无"或不填；对于本表中勾选项可以在对应项打"√"；您认为另有重要内容需要列明的，可以在本表尾部或者另附页填写。
★**特别提示**★
　　《中华人民共和国民事诉讼法》第十三条第一款规定："民事诉讼应当遵循诚信原则。"
　　如果诉讼参加人违反上述规定，进行虚假诉讼、恶意诉讼，人民法院将视违法情形依法追究责任。

当事人信息

| 原告（法人、非法人组织）〔物业服务人〕 | 名称：北京市×××物业管理有限公司
住所地（主要办事机构所在地）：北京市××区××路1号
注册地/登记地：
法定代表人/主要负责人：郭×× 职务：经理
联系电话：
统一社会信用代码：
类型：有限责任公司☑ 股份有限公司☐ 上市公司☐
　　　其他企业法人☐ 事业单位☐ 社会团体☐
　　　基金会☐ 社会服务机构☐ 机关法人☐ 农村集体经济组织法人☐ 城镇农村的合作经济组织法人☐ 基层群众性自治组织法人☐ 个人独资企业☐ 合伙企业☐ 不具有法人资格的专业服务机构☐ 国有☐（控股☐ 参股☐） 民营☑ |

续表

委托诉讼代理人	有☑ 　　姓名：李×× 　　单位：北京市×××物业管理有限公司　职务：职员 　　联系电话：××××××× 　　代理权限：一般授权☑　特别授权□ 无□
送达地址（所填信息除书面特别声明更改外，适用于案件一审、二审、再审所有后续程序）及收件人、电话	地址：北京市××区××路1号 收件人：李×× 联系电话：×××××××
是否接受电子送达	是☑　方式：短信××××　微信＿＿＿＿　传真＿＿＿＿ 　　　　　邮箱＿＿＿＿　其他＿＿＿＿ 否□
被告（法人、非法人组织）	名称： 住所地（主要办事机构所在地）： 注册地/登记地： 法定代表人/主要负责人：　　职务：　　联系电话： 统一社会信用代码： 类型：有限责任公司□　股份有限公司□　上市公司□ 　　　其他企业法人□　事业单位□　社会团体□ 　　　基金会□　社会服务机构□　机关法人□　农村集体经济组织法人□　城镇农村的合作经济组织法人□　基层群众性自治组织法人□　个人独资企业□　合伙企业□　不具有法人资格的专业服务机构□　国有□（控股□　参股□）　民营□
被告（自然人）	姓名：杨×× 性别：男☑　女□ 出生日期：××××年××月××日 民族：汉族 工作单位：无　职务：无　联系电话：××××××× 住所地（户籍所在地）：北京市西城区××街道××社区×号 经常居住地：

代理人仅享有出庭、收集证据、辩论、起草法律文书等程序性诉讼权利

代理人除享有一般授权的诉讼权利外，还可行使代为和解、上诉等涉及当事人实体利益的诉讼权利

此处可填写一项或多项

业主

业主

续表

第三人（法人、非法人组织）	名称： 住所地（主要办事机构所在地）： 注册地/登记地： 法定代表人/主要负责人：　职务：　联系电话： 统一社会信用代码： 类型：有限责任公司□　股份有限公司□　上市公司□ 　　　其他企业法人□　事业单位□　社会团体□ 　　　基金会□　社会服务机构□　机关法人□　农村集体经济组织法人□　城镇农村的合作经济组织法人□　基层群众性自治组织法人□　个人独资企业□　合伙企业□　不具有法人资格的专业服务机构□　国有□（控股□　参股□）　民营
第三人（自然人）	姓名： 性别：男□　女□ 出生日期：　　年　　月　　日 民族： 工作单位：　　　　职务：　　联系电话： 住所地（户籍所在地）： 经常居住地：
诉讼请求和依据	
1. 物业费	截至2023年12月31日止，尚欠物业费24046.8元
2. 违约金	截至2023年12月31日止，欠逾期物业费的违约金15433.1元 是否请求支付至实际清偿之日止：是☑　否□
3. 其他请求	本案诉讼费用由被告承担
4. 标的总额	39479.9元（暂计至2023年12月31日）
5. 请求依据	合同约定：《×××前期物业服务协议》第15条、第20条等 法律规定：《中华人民共和国民法典》第九百三十七条、第九百三十九条、第九百四十四条

应尽量穷尽列举，可参考本书"适用指南""相关法条"提及的规定

续表

约定管辖和诉讼保全	
1.有无仲裁、法院管辖约定	有☐　合同条款及内容： 无☑
2.是否申请财产保全措施	已经诉前保全：是☐　保全法院：　保全时间： 　　　　　　　否☑ 申请诉讼保全：是☐ 　　　　　　　否☑

> 对方当事人可能导致判决难以执行或造成其他损害的，可申请财产保全措施，包括冻结、扣押、查封

事实和理由	
1.物业服务合同或前期物业服务合同签订情况（名称、编号、签订时间、地点等）	2015年5月18日，杨××与北京市×××物业管理有限公司签订《北京市前期物业服务合同》
2.签订主体	业主/建设单位：杨×× 物业服务人：北京市×××物业管理有限公司
3.物业项目情况	坐落位置：北京市西城区××街道××社区×号 面积：138.2平方米　　　所有权人：杨××
4.约定的物业费标准	6元/月/平方米
5.约定的物业服务期限	2015年5月20日起至本物业成立业主委员会并选聘新的物业服务企业并与新的物业服务企业签订物业服务合同生效之日止
6.约定的物业费支付方式	业主办理入住手续时预付一年的物业服务费，此后均预付一年的物业费，具体时间为每年的4月1日
7.约定的逾期支付物业费违约金标准	业主未能按时足额缴纳物业服务费，应当按欠费总额日千分之三的标准支付违约金
8.被告欠付物业费数额及计算方式	欠付物业费数额：24046.8元 具体计算方式：138.2平方米×6元/月/平米×29月（自2021年8月1日至2023年12月31日）

5.物业服务合同纠纷

·223·

续表

9.被告欠应付违约金数额及计算方式	应付违约金数额：15433.1元 具体计算方式：24046.8元×3‰/天×333天（自2021年8月1日至2022年12月31日）
10.催缴情况	多次上门催缴，并在被告门口张贴催费书面通知
11.其他需要说明的内容（可另附页）	无
12.证据清单（可另附页）	附页

（原告）

（自然人签字，法人、非法人组织盖章）

具状人（签字、盖章）：
北京市 ××× 物业管理有限公司（盖章）
日期： 2024年 ×× 月 ×× 日

民事答辩状
（物业服务合同纠纷）

说明：

为了方便您更好地参加诉讼，保护您的合法权利，请填写本表。

1. 应诉时需向人民法院提交证明您身份的材料，如身份证复印件、营业执照复印件等。

2. 本表所列内容是您参加诉讼以及人民法院查明案件事实所需，请务必如实填写。

3. 本表所涉内容系针对一般物业服务合同纠纷案件，有些内容可能与您的案件无关，您认为与案件无关的项目可以填"无"或不填；对于本表中勾选项可以在对应项打"√"；您认为另有重要内容需要列明的，可以在本表尾部或者另附页填写。

★特别提示★

《中华人民共和国民事诉讼法》第十三条第一款规定："民事诉讼应当遵循诚信原则。"

如果诉讼参加人违反上述规定，进行虚假诉讼、恶意诉讼，人民法院将视违法情形依法追究责任。

案号		案由	
当事人信息			
答辩人（业主）（法人、非法人组织）	名称： 住所地（主要办事机构所在地）： 注册地/登记地： 法定代表人/主要负责人：　　职务：　　联系电话： 统一社会信用代码： 类型：有限责任公司□　股份有限公司□　上市公司□ 　　　其他企业法人□　事业单位□　社会团体□ 　　　基金会□　社会服务机构□　机关法人□　农村集体经济组织法人□　城镇农村的合作经济组织法人□　基层群众性自治组织法人□　个人独资企业□　合伙企业□　不具有法人资格的专业服务机构□　国有□（控股□　参股□）　民营□		

续表

答辩人（自然人） 业主	姓名：杨×× 性别：男☑ 女☐ 出生日期：××××年××月××日 民族：汉族 工作单位：无 职务：无 联系电话：×××××××× 住所地（户籍所在地）：北京市西城区××街道××社区×号 经常居住地：
委托诉讼代理人	有☐ 　　姓名： 　　单位： 职务： 联系电话： 　　代理权限：一般授权☐ 特别授权☐ 无☑ （代理人仅享有出庭、收集证据、辩论、起草法律文书等程序性诉讼权利） （代理人除享有一般授权的诉讼权利外，还可行使代为和解、上诉等涉及当事人实体利益的诉讼权利）
送达地址（所填信息除书面特别声明更改外，适用于案件一审、二审、再审所有后续程序）及收件人、联系电话	地址：北京市西城区××街道××社区×号 收件人：杨×× 联系电话：××××××××
是否接受电子送达	是☑ 方式：短信×××× 微信＿＿ 邮箱＿＿ 　　　　其他＿＿ 否☐ （此处可填写一项或多项）

答辩事项和依据
（对原告诉讼请求的确认或者异议）

1. 对物业费有无异议	无☐ 有☑ 事实和理由：原告提供的物业服务不达标，物业费应打折收取
2. 对违约金有无异议	无☐ 有☑ 事实和理由：不是恶意拖欠物业服务费，而是希望通过这种方式促进物业公司改进服务

续表

3.对其他请求有无异议	无☐ 有☑　事实和理由：诉讼费应当原告承担或者双方分担
4.对标的总额有无异议	无☐ 有☑　事实和理由：因为原告的服务"打折"了，物业费也应当打折收取；不应交违约金
5.答辩依据	合同约定：合同第5条 法律规定：《中华人民共和国民法典》第九百四十二条

> 应尽量穷尽列举，可参考本书"适用指南""相关法条"提及的规定

事实和理由
（对起诉状事实和理由的确认或者异议）

1.对物业服务合同或前期物业服务合同签订情况（名称、编号、签订时间、地点等）有无异议	无☑ 有☐　事实和理由：
2.对签订主体有无异议	无☑ 有☐　事实和理由：
3.对物业项目情况有无异议	无☑ 有☐　事实和理由：
4.对物业费标准有无异议	无☑ 有☐　事实和理由：
5.对物业服务期限有无异议	无☑ 有☐　事实和理由：
6.对物业费支付方式有无异议	无☑ 有☐　事实和理由：
7.对逾期支付物业费违约金标准有无异议	无☑ 有☐　事实和理由：

续表

8.对欠付物业费数额及计算方式有无异议	无□ 有☑　事实和理由：未交纳物业费是因为原告提供的物业服务严重不达标： 1.小区内有业主养大型宠物犬不拴绳，多次反映，物业均未管理；2.计入公摊的大堂被不当占用；3.垃圾清理不及时；4.催收物业费的方式过于粗暴。原告提供的物业服务不达标，所以物业费也应打折收取
9.对应付违约金数额及计算方式有无异议	无□ 有☑　事实和理由：不是恶意拖欠物业服务费，而是希望通过这种方式促进物业公司改进服务，是在行使抗辩权，不是违约，所以不应支付违约金
10.对催缴情况有无异议	无☑ 有□　事实和理由：
11.其他需要说明的内容（可另附页）	无☑ 有□　事实和理由：
12.证据清单（可另附页）	附页

答辩人（签字、盖章）： 杨××
（被告）

日期： ××××年××月××日

（自然人签字，法人、非法人组织盖章）

物业服务合同纠纷

·228·

"相关法条"

《民法典》

第五百零九条 当事人应当按照约定全面履行自己的义务。

当事人应当遵循诚信原则,根据合同的性质、目的和交易习惯履行通知、协助、保密等义务。

当事人在履行合同过程中,应当避免浪费资源、污染环境和破坏生态。

第五百二十五条 当事人互负债务,没有先后履行顺序的,应当同时履行。一方在对方履行之前有权拒绝其履行请求。一方在对方履行债务不符合约定时,有权拒绝其相应的履行请求。

第五百七十七条 当事人一方不履行合同义务或者履行合同义务不符合约定的,应当承担继续履行、采取补救措施或者赔偿损失等违约责任。

第五百七十九条 当事人一方未支付价款、报酬、租金、利息,或者不履行其他金钱债务的,对方可以请求其支付。

第五百八十五条 当事人可以约定一方违约时应当根据违约情况向对方支付一定数额的违约金,也可以约定因违约产生的损失赔偿额的计算方法。

约定的违约金低于造成的损失的,人民法院或者仲裁机构可以根据当事人的请求予以增加;约定的违约金过分高于造成的损失的,人民法院或者仲裁机构可以根据当事人的请求予以适当减少。

当事人就迟延履行约定违约金的,违约方支付违约金后,还应当履行债务。

第九百三十七条 物业服务合同是物业服务人在物业服务区域内,为业主提供建筑物及其附属设施的维修养护、环境卫生和相关秩序的管理维护等物业服务,业主支付物业费的合同。

物业服务人包括物业服务企业和其他管理人。

第九百三十八条 物业服务合同的内容一般包括服务事项、服务质量、服务费用的标准和收取办法、维修资金的使用、服务用房的管理和使用、服务期限、服务交接等条款。

物业服务人公开作出的有利于业主的服务承诺,为物业服务合同的组成部分。

物业服务合同应当采用书面形式。

第九百三十九条 建设单位依法与物业服务人订立的前期物业服务合同，以及业主委员会与业主大会依法选聘的物业服务人订立的物业服务合同，对业主具有法律约束力。

第九百四十条 建设单位依法与物业服务人订立的前期物业服务合同约定的服务期限届满前，业主委员会或者业主与新物业服务人订立的物业服务合同生效的，前期物业服务合同终止。

第九百四十一条 物业服务人将物业服务区域内的部分专项服务事项委托给专业性服务组织或者其他第三人的，应当就该部分专项服务事项向业主负责。

物业服务人不得将其应当提供的全部物业服务转委托给第三人，或者将全部物业服务支解后分别转委托给第三人。

第九百四十二条 物业服务人应当按照约定和物业的使用性质，妥善维修、养护、清洁、绿化和经营管理物业服务区域内的业主共有部分，维护物业服务区域内的基本秩序，采取合理措施保护业主的人身、财产安全。

对物业服务区域内违反有关治安、环保、消防等法律法规的行为，物业服务人应当及时采取合理措施制止、向有关行政主管部门报告并协助处理。

第九百四十三条 物业服务人应当定期将服务的事项、负责人员、质量要求、收费项目、收费标准、履行情况，以及维修资金使用情况、业主共有部分的经营与收益情况等以合理方式向业主公开并向业主大会、业主委员会报告。

第九百四十四条 业主应当按照约定向物业服务人支付物业费。物业服务人已经按照约定和有关规定提供服务的，业主不得以未接受或者无需接受相关物业服务为由拒绝支付物业费。

业主违反约定逾期不支付物业费的，物业服务人可以催告其在合理期限内支付；合理期限届满仍不支付的，物业服务人可以提起诉讼或者申请仲裁。

物业服务人不得采取停止供电、供水、供热、供燃气等方式催交物业费。

第九百四十五条 业主装饰装修房屋的，应当事先告知物业服务人，遵守物业服务人提示的合理注意事项，并配合其进行必要的现场检查。

业主转让、出租物业专有部分、设立居住权或者依法改变共有部分用途的，应当及时将相关情况告知物业服务人。

第九百四十六条 业主依照法定程序共同决定解聘物业服务人的，可以解除物业服务合同。决定解聘的，应当提前六十日书面通知物业服务人，但是合同对通知期限另有约定的除外。

依据前款规定解除合同造成物业服务人损失的，除不可归责于业主的事由外，业主应当赔偿损失。

第九百四十七条 物业服务期限届满前，业主依法共同决定续聘的，应当与原物业服务人在合同期限届满前续订物业服务合同。

物业服务期限届满前，物业服务人不同意续聘的，应当在合同期限届满前九十日书面通知业主或者业主委员会，但是合同对通知期限另有约定的除外。

第九百四十八条 物业服务期限届满后，业主没有依法作出续聘或者另聘物业服务人的决定，物业服务人继续提供物业服务的，原物业服务合同继续有效，但是服务期限为不定期。

当事人可以随时解除不定期物业服务合同，但是应当提前六十日书面通知对方。

第九百四十九条 物业服务合同终止的，原物业服务人应当在约定期限或者合理期限内退出物业服务区域，将物业服务用房、相关设施、物业服务所必需的相关资料等交还给业主委员会、决定自行管理的业主或者其指定的人，配合新物业服务人做好交接工作，并如实告知物业的使用和管理状况。

原物业服务人违反前款规定的，不得请求业主支付物业服务合同终止后的物业费；造成业主损失的，应当赔偿损失。

第九百五十条 物业服务合同终止后，在业主或者业主大会选聘的新物业服务人或者决定自行管理的业主接管之前，原物业服务人应当继续处理物业服务事项，并可以请求业主支付该期间的物业费。

《最高人民法院关于审理物业服务纠纷案件适用法律若干问题的解释》

第二条 物业服务人违反物业服务合同约定或者法律、法规、部门规章规定，擅自扩大收费范围、提高收费标准或者重复收费，业主以违规收费为由提出抗辩的，人民法院应予支持。

业主请求物业服务人退还其已经收取的违规费用的，人民法院应予支持。

6. 银行信用卡纠纷

【案由地图】

银行信用卡纠纷属于合同、准合同纠纷项下 4 级案由。

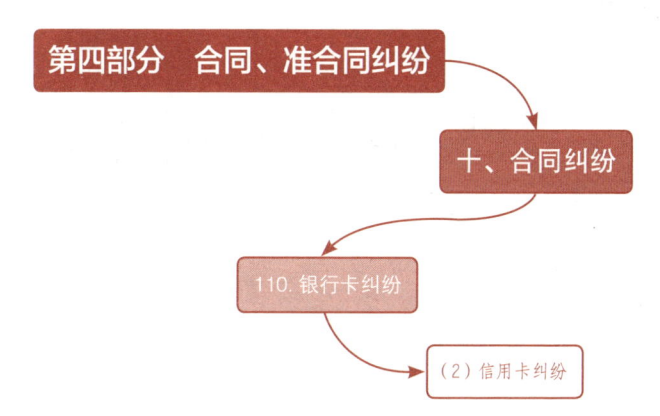

```
第四部分　合同、准合同纠纷
        ↓
     十、合同纠纷
        ↓
   110. 银行卡纠纷
        ↓
   （2）信用卡纠纷
```

【法律关系】

银行信用卡纠纷通常的法律关系如下图所示。

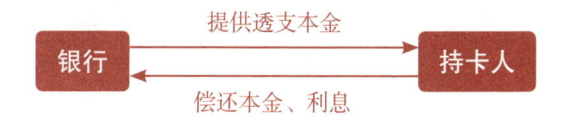

```
         提供透支本金
  银行 ───────────────→ 持卡人
       ←───────────────
         偿还本金、利息
```

【常见诉请】

示范文本起诉状所列诉讼请求均为原告为银行的情况。

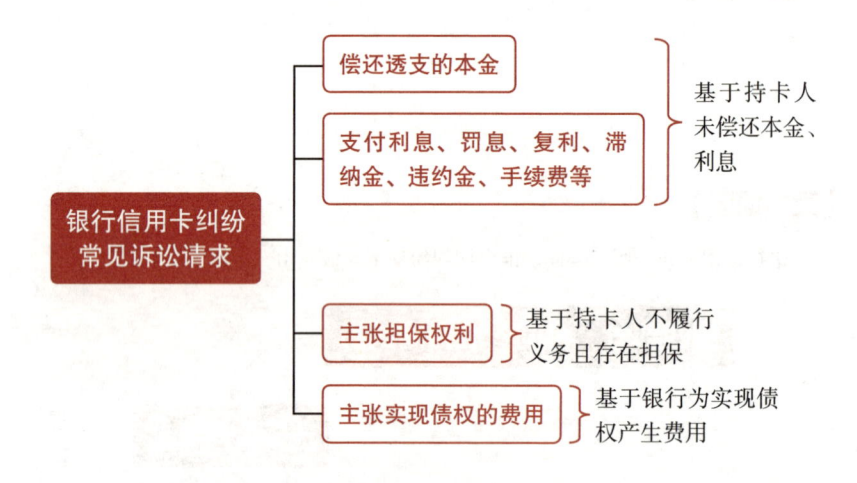

```
                    ┌─ 偿还透支的本金 ─────────────┐
                    │                              ├─ 基于持卡人
                    ├─ 支付利息、罚息、复利、滞    │  未偿还本金、
                    │  纳金、违约金、手续费等      ┘  利息
银行信用卡纠纷 ─────┤
常见诉讼请求        │
                    ├─ 主张担保权利 ─── 基于持卡人不履行
                    │                    义务且存在担保
                    │
                    └─ 主张实现债权的费用 ─── 基于银行为实现债
                                              权产生费用
```

6. 银行信用卡纠纷

"**示范文本**"

民事起诉状
（银行信用卡纠纷）

扫描下载

说明：
　　为了方便您更好地参加诉讼，保护您的合法权利，请填写本表。
　　1. 起诉时需向人民法院提交证明您身份的材料，如身份证复印件、营业执照复印件等。
　　2. 本表所列内容是您提起诉讼以及人民法院查明案件事实所需，请务必如实填写。
　　3. 本表所涉内容系针对一般银行信用卡纠纷案件，有些内容可能与您的案件无关，您认为与案件无关的项目可以填"无"或不填；对于本表中勾选项可以在对应项打"√"；您认为另有重要内容需要列明的，可以在本表尾部或者另附页填写。
　　★特别提示★
　　《中华人民共和国民事诉讼法》第十三条第一款规定："民事诉讼应当遵循诚信原则。"
　　如果诉讼参加人违反上述规定，进行虚假诉讼、恶意诉讼，人民法院将视违法情形依法追究责任。

当事人信息

原告（法人、非法人组织）	名称： 住所地（主要办事机构所在地）： 注册地/登记地： 法定代表人/主要负责人：　　职务：　　联系电话： 统一社会信用代码： 类型：有限责任公司□　股份有限公司□　上市公司□　其他企业法人□　事业单位□　社会团体□　基金会□　社会服务机构□　机关法人□　农村集体经济组织法人□　城镇农村的合作经济组织法人□　基层群众性自治组织法人□　个人独资企业□　合伙企业□　不具有法人资格的专业服务机构□　国有□（控股□　参股□）　民营□

银行信用卡纠纷

· 235 ·

续表

原告（自然人）	姓名： 性别：男□ 女□ 出生日期： 年 月 日 民族： 工作单位： 职务： 联系电话： 住所地（户籍所在地）： 经常居住地：

委托诉讼代理人	有□
	  姓名：
	  单位： 职务： 联系电话：
	  代理权限：一般授权□ 特别授权□
	无□

送达地址（所填信息除书面特别声明更改外，适用于案件一审、二审、再审所有后续程序）及收件人、联系电话	地址： 收件人： 联系电话：
是否接受电子送达	是□ 方式：短信_____ 微信_____ 传真_____ 邮箱_____ 其他_____ 否□
被告（法人、非法人组织）	名称： 住所地（主要办事机构所在地）： 注册地/登记地： 法定代表人/主要负责人： 职务： 联系电话： 统一社会信用代码： 类型：有限责任公司□ 股份有限公司□ 上市公司□ 其他企业法人□ 事业单位□ 社会团体□ 基金会□ 社会服务机构□ 机关法人□ 农村集体经济组织法人□ 城镇农村的合作经济组织法人□ 基层群众性自治组织法人□ 个人独资企业□ 合伙企业□ 不具有法人资格的专业服务机构□ 国有□（控股□ 参股□） 民营□

续表

被告（自然人）	姓名： 性别：男□　女□ 出生日期：　　年　　月　　日　　民族： 工作单位：　　　　职务：　　　联系电话： 住所地（户籍所在地）： 经常居住地：
第三人（法人、非法人组织）	名称： 住所地（主要办事机构所在地）： 注册地/登记地： 法定代表人/主要负责人：　　职务：　联系电话： 统一社会信用代码： 类型：有限责任公司□　股份有限公司□　上市公司□ 　　　其他企业法人□　事业单位□　社会团体□ 　　　基金会□　社会服务机构□　机关法人□　农村集体经济组织法人□　城镇农村的合作经济组织法人□　基层群众性自治组织法人□　个人独资企业□　合伙企业□　不具有法人资格的专业服务机构□　国有□（控股□　参股□）　民营□
第三人（自然人）	姓名： 性别：男□　女□ 出生日期：　　年　　月　　日　　民族： 工作单位：　　　　职务：　　　联系电话： 住所地（户籍所在地）： 经常居住地：
诉讼请求和依据	
1.透支本金	截至　　年　　月　　日止，尚欠本金　　元（人民币，下同；如为外币需特别注明）
2.利息、罚息、复利、滞纳金、违约金、手续费等	截至　　年　　月　　日止，欠利息、罚息、复利、滞纳金、违约金、手续费等共计　　元 自　　年　　月　　日之后的利息、罚息、复利、滞纳金、违约金以及手续费等各项费用按照信用卡领用协议计算至实际清偿之日止 明细：

续表

3. 是否主张担保权利	是☐ 内容： 否☐
4. 是否主张实现债权的费用	是☐ 费用明细： 否☐
5. 其他请求	
6. 标的总额	
7. 请求依据	合同约定： 法律规定：

约定管辖和诉讼保全

1. 有无仲裁、法院管辖约定	有☐ 合同条款及内容： 无☐
2. 是否申请财产保全措施	已经诉前保全：是☐ 保全法院： 保全时间： 否☐ 申请诉讼保全：是☐ 否☐

事实和理由

1. 信用卡办理情况（信用卡卡号、信用卡登记权利人、办卡时间、办卡行等）	
2. 信用卡合约的主要约定	透支金额： 利息、罚息、复利、滞纳金、违约金、手续费等的计算标准： 违约责任： 解除条件：

续表

3.是否对被告就信用卡合约主要条款进行提示注意、说明	是□ 提示说明的具体方式以及时间地点： 否□
4.被告已还款金额	元
5.被告逾期未还款金额	逾期时间： 截至　　年　　月　　日，被告　欠付信用卡本金　　元、利息　　元、罚息　　元、复利　　元、滞纳金　　元、违约金　　元、手续费　　元
6.是否向被告进行通知和催收	是□ 具体情况： 否□
7.是否签订物的担保（抵押、质押）合同	是□ 签订时间： 否□
8.担保人、担保物	担保人： 担保物：
9.是否最高额担保（抵押、质押）	是□ 否□ 担保债权的确定时间： 担保额度：
10.是否办理抵押、质押登记	是□　　正式登记□ 　　　　预告登记□ 否□
11.是否签订保证合同	是□　签订时间：　　　　保证人： 　　　主要内容： 否□
12.保证方式	一般保证　　□ 连带责任保证□

续表

13.其他担保方式	是□ 形式： 否□	签订时间：
14.其他需要说明的内容（可另附页）		
15.证据清单（可另附页）		

具状人（签字、盖章）:

日期：

民事答辩状
（银行信用卡纠纷）

说明：
为了方便您更好地参加诉讼，保护您的合法权利，请填写本表。 　　1. 应诉时需向人民法院提交证明您身份的材料，如身份证复印件、营业执照复印件等。 　　2. 本表所列内容是您参加诉讼以及人民法院查明案件事实所需，请务必如实填写。 　　3. 本表所涉内容系针对一般物业服务合同纠纷案件，有些内容可能与您的案件无关，您认为与案件无关的项目可以填"无"或不填；对于本表中勾选项可以在对应项打"√"；您认为另有重要内容需要列明的，可以在本表尾部或者另附页填写。 　　★特别提示★ 　　《中华人民共和国民事诉讼法》第十三条第一款规定："民事诉讼应当遵循诚信原则。" 　　如果诉讼参加人违反上述规定，进行虚假诉讼、恶意诉讼，人民法院将视违法情形依法追究责任。

当事人信息	
答辩人（法人、非法人组织）	名称： 住所地（主要办事机构所在地）： 注册地/登记地： 法定代表人/主要负责人：　　职务：　　联系电话： 统一社会信用代码： 类型：有限责任公司□　股份有限公司□　上市公司□ 其他企业法人□　事业单位□　社会团体□ 基金会□　社会服务机构□　机关法人□　农村集体经济组织法人□　城镇农村的合作经济组织法人□　基层群众性自治组织法人□　个人独资企业□　合伙企业□　不具有法人资格的专业服务机构□　国有（控股□　参股□）民营□

· 241 ·

续表

答辩人（自然人）	姓名： 性别：男□ 女□ 出生日期： 年 月 日 民族： 工作单位： 职务： 联系电话： 住所地（户籍所在地）： 经常居住地：
委托诉讼代理人	有□ 　　姓名： 　　单位： 职务： 联系电话： 　　代理权限：一般授权□ 特别授权□ 无□
送达地址（所填信息除书面特别声明更改外，适用于案件一审、二审、再审所有后续程序）及收件人、联系电话	地址： 收件人： 电话：
是否接受电子送达	是□ 方式：短信_____ 微信_____ 传真_____ 　　　　 邮箱_____ 其他_____ 否□
答辩事项和依据 **（对原告诉讼请求的确认或者异议）**	
1.对透支本金有无异议	确认□ 异议□ 内容：
2.对利息、罚息、复利、滞纳金、违约金、手续费等有无异议	确认□ 异议□ 内容：
3.对担保权利诉请有无异议	确认□ 异议□ 内容：

· 242 ·

续表

4. 对实现债权的费用有无异议	无□ 有□　事实和理由：
5. 对其他请求有无异议	无□ 有□　事实和理由：
6. 对标的总额有无异议	无□ 有□　事实和理由：
7. 答辩依据	合同约定： 法律规定：
事实和理由 **（对起诉状事实与理由的确认或者异议）**	
1. 对信用卡办理情况有无异议	确认□ 异议□　事实和理由：
2. 对信用卡合约的主要约定有无异议	确认□ 异议□　事实和理由：
3. 对原告对被告就信用卡合约主要条款进行提示注意、说明的情况有无异议	确认□ 异议□　事实和理由：
4. 对被告已还款金额有无异议	确认□ 异议□　事实和理由：
5. 对被告逾期未还款金额有无异议	确认□ 异议□　事实和理由：
6. 对是否向被告进行通知和催收有无异议	确认□ 异议□　事实和理由：
7. 对是否签订物的担保合同有无异议	无□ 有□　事实和理由：

续表

8.对担保人、担保物有无异议	无□ 有□	事实和理由:
9.对最高额抵押担保有无异议	无□ 有□	事实和理由:
10.对是否办理抵押/质押登记有无异议	无□ 有□	事实和理由:
11.对是否签订保证合同有无异议	无□ 有□	事实和理由:
12.对保证方式有无异议	无□ 有□	事实和理由:
13.对其他担保方式有无异议	无□ 有□	事实和理由:
14.有无其他免责/减责事由	无□ 有□	事实和理由:
15.其他需要说明的内容(可另附页)		
16.证据清单(可另附页)		

答辩人(签字、盖章):

日期:

6.银行信用卡纠纷

"适用指南"

起诉部分
（银行信用卡纠纷）

诉讼请求 1　偿还透支的本金

请求依据	《民法典》第 509、675 条 信用卡领用合约第 × 条 信用卡章程第 × 条		
依据分解	被告申领信用卡，签订信用卡领用合约	被告透支信用卡	被告未按照信用卡领用合约约定的期限还款
事实	■ 信用卡办理情况（信用卡卡号、信用卡登记权利人、办卡时间、办卡行等） ■ 对被告就信用卡合约主要条款进行提示注意、说明 ■ 信用卡合约的主要约定 　• 透支金额	■ 被告已还款金额 ■ 被告逾期未还款金额	■ 被告逾期未还款金额 ■ 向被告进行通知和催收
证据	信用卡申请表 信用卡领用合约 信用卡章程 被告告知信用卡领用合约主要条款的录音录像等	银行卡交易流水	信用卡领用合约 信用卡章程 银行卡交易流水
理由	××××年××月××日，被告向原告申领信用卡，并签订信用卡领用合约。××××年××月××日，被告激活该信用卡。××××年××月××日，被告使用该信用卡透支消费/取现。被告在透支后，未按照信用卡领用合约约定的期限还款，经原告通知、催收后仍不还款，故诉请被告偿还信用卡透支的本金		

银行信用卡纠纷

诉讼请求 2　支付利息、罚息、复利、滞纳金、违约金、手续费等

请求依据	《民法典》第 509、577、674、676 条 信用卡领用合约第 × 条 信用卡章程第 × 条	
依据分解	被告透支本金逾期不还	被告的行为产生利息、罚息、复利、滞纳金、违约金、手续费等
事实	参见诉讼请求 1 的事实各部分	■ 信用卡合约的主要约定 　● 透支金额 　● 利息、罚息、复利、滞纳金、违约金、手续费等的计算标准 　● 违约责任 ■ 被告逾期未还款金额
证据	参见诉讼请求 1 的证据各部分	信用卡领用合约 信用卡章程 银行卡交易流水
理由	被告透支本金逾期不还，由此产生利息 × 元、罚息 × 元、复利 × 元、滞纳金 × 元、违约金 × 元、手续费 × 元等，被告应当向原告支付	

诉讼请求 3　主张担保权利

请求依据	《民法典》第 386、387、394、410、420、425、440、509、675 条 信用卡领用合约第 × 条 信用卡章程第 × 条 担保合同第 × 条	
依据分解	被告透支本金逾期不还并产生违约金等	原告可主张担保权利： （1）主债权存在且有效； （2）抵押合同或条款有效； （3）担保或保证期间未经过； （4）担保权利成立（满足法定设立要件）
事实	参见诉讼请求 1、2 的事实各部分	■ 签订物的担保（抵押、质押）合同 ■ 担保人、担保物 ■ 最高额担保（抵押、质押） ■ 办理抵押、质押登记 ■ 签订保证合同 ■ 保证方式 ■ 其他担保方式
证据	参见诉讼请求 1、2 的证据各部分	担保合同原件 抵押登记证明或他项权利证书 房产证、土地使用权证等权属证明 股票、债券、存单等权利凭证或证明文件 动产或权利的交付证明 车辆等登记证明
理由	被告透支本金 × 元，逾期未还，由此产生利息 × 元、罚息 × 元、复利 × 元、滞纳金 × 元、违约金 × 元、手续费 × 元等，原告依法享有担保利益，诉请就抵押物（质押物）等财产优先受偿	

诉讼请求 4　主张实现债权的费用

请求依据	《民法典》第 561 条	
依据分解	被告透支本金逾期不还并产生违约金等	原告为实现债权，支付了合理费用，主要包括： （1）诉讼费用； （2）保全费用； （3）实现担保物权的费用； （4）律师费； （5）差旅费用等
事实	参见诉讼请求 1、2 的事实各部分	■其他需要说明的内容 ●实现债权合理费用的情况
证据	参见诉讼请求 1、2 的证据各部分	各类费用的收据、发票 委托代理合同
理由	被告透支本金×元，逾期未还，由此产生利息×元、罚息×元、复利×元、滞纳金×元、违约金×元、手续费×元等，实现担保权利的费用×元，共计××元，应由被告承担	

答辩部分
（银行信用卡纠纷）

答辩事项 1　对透支本金的异议

答辩依据	《民法典》第 509、675 条 信用卡领用合约第 × 条 信用卡章程第 × 条			
依据分解	被告未申领信用卡，信用卡系冒领	信用卡领用合约条款无效	对透支金额的异议： （1）透支系信用卡被盗刷产生； （2）透支金额错误	被告已按照信用卡领用合约约定的期限还款
事实	■ 对信用卡办理情况的异议 ● 信用卡卡号 ● 信用卡登记权利人 ● 办卡时间 ● 办卡行等	■ 对信用卡合约的主要约定的异议 ■ 对原告对被告就信用卡合约主要条款进行提示注意、说明的情况的异议	■ 对被告已还款金额的异议 ■ 对被告逾期未还款金额的异议	■ 对被告逾期未还款金额的异议 ■ 对向被告进行通知和催收的异议
证据	信用卡申请表 信用卡领用合约 信用卡章程 银行告知信用卡领用合约主要条款的录音录像等	信用卡申请表 信用卡领用合约 信用卡章程 被告知信用卡领用合约主要条款的录音录像等	透支消费的交易记录 监控录像 相关证人证言 信用卡消费异常的沟通记录 信用卡被盗刷的报警记录	信用卡领用合约 信用卡章程 银行卡交易流水 通话记录、短信记录
理由	被告未申领信用卡，信用卡系冒领，被告不是信用卡领用合约的当事人，不应当承担相关责任	被告于××××年××月××日向原告申领信用卡，原告办理人员未尽到说明义务，导致信用卡领用合约条款无效，被告不应承担相应合同义务	被告的信用卡于××××年××月××日被盗，被告于当日通知原告并报警，××××年××月××日的消费并非被告产生，被告不应对此承担偿还义务	被告已于××××年××月××日偿还透支本金，不存在逾期未还款的情况，不应承担还款义务

银行信用卡纠纷

答辩事项2 对利息、罚息、复利、滞纳金、违约金、手续费等的异议

答辩依据	《民法典》第509、577、674、676条 信用卡领用合约第×条 信用卡章程第×条	
依据分解	对透支本金的异议	对利息、罚息、复利、滞纳金、违约金、手续费等金额计算的异议
事实	参见答辩事项1的事实各部分	■对信用卡合约的主要约定的异议 　●透支金额 　●利息、罚息、复利、滞纳金、违约金、手续费等的计算标准 　●违约责任 ■对被告逾期未还款金额的异议
证据	参见答辩事项1的证据各部分	信用卡领用合约 信用卡章程 银行卡交易流水
理由	参见答辩事项1的理由各部分	原告对于利息、罚息、复利、滞纳金、违约金、手续费等金额的计算存在错误,实际费用应当为利息×元、罚息×元、复利×元、滞纳金×元、违约金×元、手续费×元

银行信用卡纠纷

6.银行信用卡纠纷

答辩事项3　对担保权利的异议

答辩依据	《民法典》第386、387、394、410、420、425、440、509、675条 信用卡领用合约第 × 条 信用卡章程第 × 条 担保合同第 × 条		
依据分解	对本金及违约金等的异议	对担保权利的依据的异议： （1）担保合同或保证合同无效； （2）主债权不存在或合同无效； （3）原告未取得合法的担保权利	担保权利行使条件未满足
事实	参见答辩事项1、2的事实各部分	■ 对签订物的担保合同的异议 ■ 对担保人、担保物的异议 ■ 对最高额抵押担保的异议 ■ 对办理抵押/质押登记的异议 ■ 对签订保证合同的异议 ■ 对保证方式的异议 ■ 对其他担保方式的异议	■ 对向被告进行通知和催收的异议
证据	参见答辩事项1、2的证据各部分	担保合同原件 抵押登记证明或他项权利证书 房产证、土地使用权证等权属证明 股票、债券、存单等权利凭证或证明文件 动产或权利的交付证明 车辆等登记证明	担保合同原件 担保人与银行的沟通记录
理由	参见答辩事项1、2的理由各部分	被告与原告签订的担保合同因××原因无效，原告无权主张担保权利	担保合同约定，在原告催告被告还款、被告明确拒绝还款之前，不得要求担保人履行担保义务。被告未履行催告义务，担保合同约定的担保权利行使条件未成就，原告不得要求担保人履行

· 251 ·

答辩事项 4　对实现债权的费用的异议

答辩依据	《民法典》第 561 条	
依据分解	被告不存在透支本金及产生其他费用的情况	对原告支付费用的合理性、真实性的异议
事实	参见答辩事项 1、2 的事实各部分	■ 其他需要说明的内容 ● 委托代理合同的签订情况 ● 实现债权合理费用的情况 ● 实现担保权利支出费用的情况
证据	参见答辩事项 1、2 的证据各部分	各类费用的收据、发票 委托代理合同
理由	参见答辩事项 1、2 的理由各部分	原告诉请 ×× 费用，与本案无关，不是实现债权的合理费用，被告不应支付。原告诉请 ×× 费用 ×× 元，无证据支持，仅认可其中 ×× 元

6. 银行信用卡纠纷

"实例"

民事起诉状
（银行信用卡纠纷）

说明：
　　为了方便您更好地参加诉讼，保护您的合法权利，请填写本表。
　　1. 起诉时需向人民法院提交证明您身份的材料，如身份证复印件、营业执照复印件等。
　　2. 本表所列内容是您提起诉讼以及人民法院查明案件事实所需，请务必如实填写。
　　3. 本表所涉内容系针对一般银行信用卡纠纷案件，有些内容可能与您的案件无关，您认为与案件无关的项目可以填"无"或不填；对于本表中勾选项可以在对应项打"√"；您认为另有重要内容需要列明的，可以在本表尾部或者另附页填写。
★特别提示★
　　《中华人民共和国民事诉讼法》第十三条第一款规定："民事诉讼应当遵循诚信原则。"
　　如果诉讼参加人违反上述规定，进行虚假诉讼、恶意诉讼，人民法院将视违法情形依法追究责任。

当事人信息

原告（银行）	名称：××银行股份有限公司信用卡中心 住所地（主要办事机构所在地）：上海市浦东新区××路××号 注册地/登记地：上海市浦东新区××路××号 法定代表人/主要负责人：王×× 职务：总经理 联系电话：×××××××××× 统一社会信用代码： 类型：有限责任公司□ 股份有限公司☑ 上市公司□ 其他企业法人□ 事业单位□ 社会团体□ 基金会□ 社会服务机构□ 机关法人□ 农村集体经济组织法人□ 城镇农村的合作经济组织法人□ 基层群众性自治组织法人□ 个人独资企业□ 合伙企业□ 不具有法人资格的专业服务机构□ 国有☑（控股☑ 参股□） 民营□

· 253 ·

续表

委托诉讼代理人	有☑ 　　姓名：唐×× 　　单位：上海××律师事务所　职务：律师 　　联系电话：××××××××× 　　代理权限：一般授权☑　特别授权□ 无□
送达地址（所填信息除书面特别声明更改外，适用于案件一审、二审、再审所有后续程序）	地址：上海市浦东新区××路××街道上海××律师事务所 收件人：唐×× 联系电话：××××××××××
是否接受电子送达	是☑　方式：短信 139××××××× 　　　　　微信 139××××××× 　　　　　传真 ××××××　邮箱 ×××@QQ.COM 　　　　　其他　　　　 否□
被告（法人、非法人组织）	名称： 住所地（主要办事机构所在地）： 注册地/登记地： 法定代表人/主要负责人：　职务：　联系电话： 统一社会信用代码： 类型：有限责任公司□　股份有限公司□　上市公司□ 　　　其他企业法人□　事业单位□　社会团体□ 　　　基金会□　社会服务机构□　机关法人□　农村集体经济组织法人□　城镇农村的合作经济组织法人□　基层群众性自治组织法人□　个人独资企业□　合伙企业□　不具有法人资格的专业服务机构□　国有□（控股□　参股□）民营□
被告（自然人）	姓名：林×× 性别：男☑　女□ 出生日期：19××年××月××日 民族：×族 工作单位：××公司　职务：职员 联系电话：×××××××××× 住所地（户籍所在地）：河南省新密市 经常居住地：上海市浦东区××巷××弄××号

注释：
- 代理人除享有一般授权的诉讼权利外，还可行使代为和解、上诉等涉及当事人实体利益的诉讼权利
- 代理人仅享有出庭、收集证据、辩论、起草法律文书等程序性诉讼权利
- 此处可填写一项或多项
- 持卡人
- 持卡人

银行信用卡纠纷

·254·

续表

第三人（法人、非法人组织）	名称： 住所地（主要办事机构所在地）： 注册地/登记地： 法定代表人/主要负责人： 职务： 联系电话： 统一社会信用代码： 类型：有限责任公司□ 股份有限公司□ 上市公司□ 其他企业法人□ 事业单位□ 社会团体□ 基金会□ 社会服务机构□ 机关法人□ 农村集体经济组织法人□ 城镇农村的合作经济组织法人□ 基层群众性自治组织法人□ 个人独资企业□ 合伙企业□ 不具有法人资格的专业服务机构□ 国有□（控股□ 参股□） 民营□
第三人（自然人）	姓名： 性别：男□ 女□ 出生日期： 年 月 日 民族： 工作单位： 职务： 联系电话： 住所地（户籍所在地）： 经常居住地：
诉讼请求和依据	
1. 透支本金	截至2021年10月9日止，尚欠本金39958.51元
2. 利息、罚息、复利、滞纳金、违约金、手续费等	截至2021年10月9日止，欠利息、违约金、手续费等共计18168.14元；自2021年10月10日之后的逾期利息计算至实际清偿之日止，计算方式：透支款58126.65元×0.5‰×天数 明细：截至2021年10月9日止，被告林××欠利息4440.19元、违约金11486.96元、账单分期手续费2240.99元
3. 是否主张担保权利	是□ 否☑
4. 是否主张实现债权的费用	是☑ 费用明细：律师费（以实际发生数额为准） 否□

续表

5. 其他请求	
6. 标的总额	58126.65 元
7. 请求依据	合同约定：《××银行信用卡领用协议》 法律规定：《中华人民共和国民法典》第六百七十四条、第六百七十五条、第六百七十六条

> 应尽量穷尽列举，可参考本书"适用指南""相关法条"提及的规定

约定管辖和诉讼保全

1. 有无仲裁、法院管辖约定	有☑　合同条款及内容：如发生纠纷向人民法院起诉解决 无☐
2. 是否申请财产保全措施	已经诉前保全：是☐　保全法院：　保全时间： 　　　　　　　否☑ 申请诉讼保全：是☐ 　　　　　　　否☑

> 对方当事人可能导致判决难以执行或造成其他损害的，可申请财产保全措施，包括冻结、扣押、查封

事实和理由

1. 信用卡办理情况（信用卡卡号、信用卡登记权利人、办卡时间、办卡行等）	20××年××月××日，林××携带身份证件来我行申领信用卡，并签署了《××银行信用卡领用协议》
2. 信用卡合约的主要约定	透支金额：50000 元 利息、罚息、复利、滞纳金、违约金、手续费等的计算标准：从交易记账日起至还款记账日止计收透支利息，日利率为万分之五 违约责任：按照当月最低还款额未还部分的5%计算 解除条件：
3. 是否对被告就信用卡合约主要条款进行提示注意、说明	是☑　提示说明的具体方式以及时间地点：《××银行信用卡领用协议》中标红部分内容，并口头告知 否☐

银行信用卡纠纷

续表

4. 被告已还款金额	0 元
5. 被告逾期未还款金额	逾期时间：　　　日 截至 2021 年 10 月 9 日，被告林 ×× 欠付信用卡本金 39958.51 元、利息 4440.19 元、罚息　　元、复利　　元、滞纳金　　元、违约金 11486.96 元、手续费 2240.99 元
6. 是否向被告进行通知和催收	是☑　具体情况：2021 年 7 月 8 日通过我行客服电话 95××× 与林 ×× 在我行预留手机号 ×××××××××× 通话，告知其已逾期；2021 年 7 月 9 日通过 EMS 向林 ×× 在我行预留地址邮寄催收函 否□
7. 是否签订物的担保（抵押、质押）合同	是□　签订时间： 否☑
8. 担保人、担保物	担保人： 担保物：
9. 是否最高额担保（抵押、质押）	是□ 否☑ 担保债权的确定时间： 担保额度：
10. 是否办理抵押、质押登记	是□　正式登记□ 　　　　预告登记□ 否☑
11. 是否签订保证合同	是□　签订时间：　　　　保证人： 　　　主要内容： 否☑
12. 保证方式	一般保证　　□ 连带责任保证□
13. 其他担保方式	是□　形式：　　　　　签订时间： 否☑

续表

14.其他需要说明的内容（可另附页）	
15.证据清单（可另附页）	后附证据清单

具状人（签字、盖章）：(自然人签字，法人、非法人组织盖章)

×× 银行股份有限公司信用卡中心　王××（原告）

日期：×× 年 ×× 月 ×× 日

民事答辩状
（银行信用卡纠纷）

说明：
　　为了方便您更好地参加诉讼，保护您的合法权利，请填写本表。
　　1. 应诉时需向人民法院提交证明您身份的材料，如身份证复印件、营业执照复印件等。
　　2. 本表所列内容是您参加诉讼以及人民法院查明案件事实所需，请务必如实填写。
　　3. 本表所涉内容系针对一般银行信用卡纠纷案件，有些内容可能与您的案件无关，您认为与案件无关的项目可以填"无"或不填；对于本表中勾选项可以在对应项打"√"；您认为另有重要内容需要列明的，可以在本表尾部或者另附页填写。
　　★特别提示★
　　《中华人民共和国民事诉讼法》第十三条第一款规定："民事诉讼应当遵循诚信原则。"
　　如果诉讼参加人违反上述规定，进行虚假诉讼、恶意诉讼，人民法院将视违法情形依法追究责任。

当事人信息

答辩人（法人、非法人组织） （持卡人）	名称： 住所地（主要办事机构所在地）： 注册地/登记地： 法定代表人/主要负责人：　　职务：　　联系电话： 统一社会信用代码： 类型：有限责任公司□　股份有限公司□　上市公司□ 其他企业法人□　事业单位□　社会团体□ 基金会□　社会服务机构□　机关法人□　农村集体经济组织法人□　城镇农村的合作经济组织法人□　基层群众性自治组织法人□　个人独资企业□　合伙企业□　不具有法人资格的专业服务机构□　国有□（控股□　参股□）　民营□

6. 银行信用卡纠纷

· 259 ·

续表

答辩人(自然人)〔持卡人〕	姓名：林×× 性别：男☑ 女☐ 出生日期：19×× 年 ×× 月 ×× 日　民族：×族 工作单位：×× 公司　　职务：职员 联系电话：××××××××××× 住所地（户籍所在地）：河南省新密市 经常居住地：上海市浦东区 ×× 巷 ×× 弄 ×× 号 经常居住地：上海市浦东区 ×× 巷 ×× 弄 ×× 号
委托诉讼代理人	有☐ 　　姓名： 　　单位：　　　职务：　　　联系电话： 　　代理权限：一般授权☐　特别授权☐ 无☑ 〔代理人仅享有出庭、收集证据、辩论、起草法律文书等程序性诉讼权利；代理人除享有一般授权的诉讼权利外，还可行使代为和解、上诉等涉及当事人实体利益的诉讼权利〕
送达地址（所填信息除书面特别声明更改外，适用于案件一审、二审、再审所有后续程序）及收件人、联系电话	地址：上海市浦东区 ×× 巷 ×× 弄 ×× 号 收件人：林×× 联系电话：×××××××××××
是否接受电子送达〔此处可填写一项或多项〕	是☑　方式：短信 139×××××××× 　　　　　微信 139×××××××× 传真＿＿＿ 　　　　　邮箱＿＿＿　其他＿＿＿ 否☐
答辩事项和依据（对原告诉讼请求的确认或者异议）	
1. 对透支本金有无异议	无☑ 有☐　事实和理由：
2. 对利息、罚息、复利、滞纳金、违约金、手续费等有无异议	无☐ 有☑　事实和理由：答辩人对违约金、手续费等约定并不知情

续表

3. 对担保权利诉请有无异议	无☐ 有☐ 事实和理由：
4. 对实现债权的费用有无异议	无☐ 有☐ 事实和理由：
5. 对其他请求有无异议	无☐ 有☐ 事实和理由：
6. 对标的总额有无异议	无☐ 有☑ 事实和理由：答辩人仅应归还本金
7. 答辩依据	合同约定： 法律规定：

> 应尽量穷尽列举，可参考本书"适用指南""相关法条"提及的规定

事实和理由
（对起诉状事实与理由的确认或者异议）

1. 对信用卡办理情况有无异议	无☑ 有☐ 事实和理由：
2. 对信用卡合约的主要约定有无异议	无☐ 有☑ 事实和理由：答辩人对违约金、手续费等内容并不知情，不应承担这些费用；且利息、违约金、手续费等费用标准过高
3. 对原告对被告就信用卡合约主要条款进行提示注意、说明的情况有无异议	无☐ 有☑ 事实和理由：原告并未就相关违约金、手续费等条款进行说明
4. 对被告已还款金额有无异议	无☐ 有☐ 事实和理由：
5. 对被告逾期未还款金额有无异议	无☑ 有☐ 事实和理由：
6. 对是否向被告进行通知和催收有无异议	无☐ 有☑ 事实和理由：答辩人并未收到过原告的催款通知

续表

7.对是否签订物的担保合同有无异议	无☐ 有☐ 事实和理由：
8.对担保人、担保物有无异议	无☐ 有☐ 事实和理由：
9.对最高额抵押担保有无异议	无☐ 有☐ 事实和理由：
10.对是否办理抵押/质押登记有无异议	无☐ 有☐ 事实和理由：
11.对是否签订保证合同有无异议	无☐ 有☐ 事实和理由：
12.对保证方式有无异议	无☐ 有☐ 事实和理由：
13.对其他担保方式有无异议	无☐ 有☐ 事实和理由：
14.有无其他免责/减责事由	无☐ 有☑ 事实和理由：因疫情原因，收入中断，故不能及时还款
15.其他需要说明的内容（可另附页）	
16.证据清单（可另附页）	

答辩人（签字、盖章）：林××（被告）

日期：×× 年 ×× 月 ×× 日

（自然人签字，法人、非法人组织盖章）

"相关法条"

《民法典》

第一百五十三条 违反法律、行政法规的强制性规定的民事法律行为无效。但是，该强制性规定不导致该民事法律行为无效的除外。

违背公序良俗的民事法律行为无效。

第一百五十四条 行为人与相对人恶意串通，损害他人合法权益的民事法律行为无效。

第一百五十五条 无效的或者被撤销的民事法律行为自始没有法律约束力。

第三百八十六条 担保物权人在债务人不履行到期债务或者发生当事人约定的实现担保物权的情形，依法享有就担保财产优先受偿的权利，但是法律另有规定的除外。

第三百八十七条 债权人在借贷、买卖等民事活动中，为保障实现其债权，需要担保的，可以依照本法和其他法律的规定设立担保物权。

第三人为债务人向债权人提供担保的，可以要求债务人提供反担保。反担保适用本法和其他法律的规定。

第三百九十四条 为担保债务的履行，债务人或者第三人不转移财产的占有，将该财产抵押给债权人的，债务人不履行到期债务或者发生当事人约定的实现抵押权的情形，债权人有权就该财产优先受偿。

前款规定的债务人或者第三人为抵押人，债权人为抵押权人，提供担保的财产为抵押财产。

第四百一十条 债务人不履行到期债务或者发生当事人约定的实现抵押权的情形，抵押权人可以与抵押人协议以抵押财产折价或者以拍卖、变卖该抵押财产所得的价款优先受偿。协议损害其他债权人利益的，其他债权人可以请求人民法院撤销该协议。

抵押权人与抵押人未就抵押权实现方式达成协议的，抵押权人可以请求人民法院拍卖、变卖抵押财产。

抵押财产折价或者变卖的，应当参照市场价格。

第四百二十条 为担保债务的履行，债务人或者第三人对一定期间内将要连续发生的债权提供担保财产的，债务人不履行到期债务或者发生当事人约定的实现抵押权的情形，抵押权人有权在最高债权额限度内就该担保财产优先受偿。

最高额抵押权设立前已经存在的债权，经当事人同意，可以转入最高额抵押担保的债权范围。

第四百二十五条 为担保债务的履行，债务人或者第三人将其动产出质给债权人占有的，债务人不履行到期债务或者发生当事人约定的实现质权的情形，债权人有权就该动产优先受偿。

前款规定的债务人或者第三人为出质人，债权人为质权人，交付的动产为质押财产。

第四百四十条 债务人或者第三人有权处分的下列权利可以出质：

（一）汇票、本票、支票；

（二）债券、存款单；

（三）仓单、提单；

（四）可以转让的基金份额、股权；

（五）可以转让的注册商标专用权、专利权、著作权等知识产权中的财产权；

（六）现有的以及将有的应收账款；

（七）法律、行政法规规定可以出质的其他财产权利。

第五百零九条 当事人应当按照约定全面履行自己的义务。

当事人应当遵循诚信原则，根据合同的性质、目的和交易习惯履行通知、协助、保密等义务。

当事人在履行合同过程中，应当避免浪费资源、污染环境和破坏生态。

第五百六十一条 债务人在履行主债务外还应当支付利息和实现债权的有关费用，其给付不足以清偿全部债务的，除当事人另有约定外，应当按照下列顺序履行：

（一）实现债权的有关费用；

（二）利息；

（三）主债务。

第五百七十七条 当事人一方不履行合同义务或者履行合同义务不符合约定的，应当承担继续履行、采取补救措施或者赔偿损失等违约责任。

第六百七十四条 借款人应当按照约定的期限支付利息。对支付利息的期限没有约定或者约定不明确，依据本法第五百一十条的规定仍不能确定，借款期间不满一年的，应当在返还借款时一并支付；借款期间一年以上的，应当在每届满一年时支付，剩余期间不满一年的，应当在返还借款时一并支付。

第六百七十五条 借款人应当按照约定的期限返还借款。对借款期限没有约定或者约定不明确，依据本法第五百一十条的规定仍不能确定的，借款人可以随时返还；贷款人可以催告借款人在合理期限内返还。

第六百七十六条 借款人未按照约定的期限返还借款的，应当按照约定或者国家有关规定支付逾期利息。

7. 机动车交通事故责任纠纷

【案由地图】

机动车交通事故责任纠纷属于侵权责任纠纷项下 3 级案由。

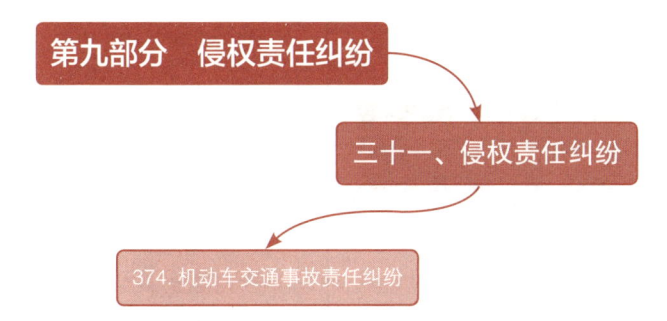

```
第九部分　侵权责任纠纷
        ↓
    三十一、侵权责任纠纷
        ↓
  374. 机动车交通事故责任纠纷
```

【法律关系】

根据《民法典》第 1213 条，机动车发生交通事故造成损害，属于该机动车一方责任的，先由承保机动车强制保险的保险人在强制保险责任限额范围内予以赔偿；不足部分，由承保机动车商业保险的保险人按照保险合同的约定予以赔偿；仍然不足或者没有投保机动车商业保险的，由侵权人赔偿。因此，机动车交通事故责任纠纷通常的法律关系如下图所示。

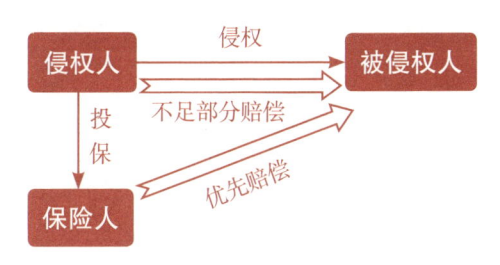

```
    侵权人 ——侵权——→ 被侵权人
      │    ←—不足部分赔偿—
     投
     保
      ↓              优先赔偿
    保险人 ————————————→
```

【常见诉请】

示范文本起诉状所列诉讼请求中，均为被侵权人为原告的情况。

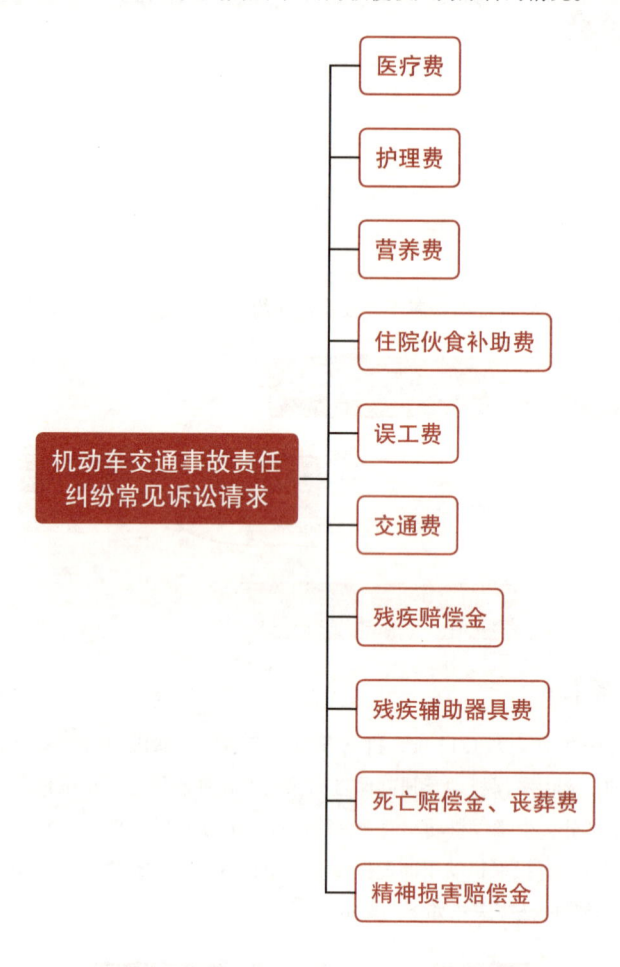

机动车交通事故责任纠纷常见诉讼请求：
- 医疗费
- 护理费
- 营养费
- 住院伙食补助费
- 误工费
- 交通费
- 残疾赔偿金
- 残疾辅助器具费
- 死亡赔偿金、丧葬费
- 精神损害赔偿金

7.机动车交通事故责任纠纷

"**示范文本**"

民事起诉状
（机动车交通事故责任纠纷）

扫描下载

说明：

为了方便您更好地参加诉讼，保护您的合法权利，请填写本表。

1. 起诉时需向人民法院提交证明您身份的材料，如身份证复印件、营业执照复印件等。

2. 本表所列内容是您提起诉讼以及人民法院查明案件事实所需，请务必如实填写。

3. 本表有些内容可能与您的案件无关，您认为与案件无关的项目可以填"无"或不填；对于本表中勾选项可以在对应项打"√"；您认为另有重要内容需要列明的，可以在本表尾部或者另附页填写。

★特别提示★

《中华人民共和国民事诉讼法》第十三条第一款规定："民事诉讼应当遵循诚信原则。"

如果诉讼参加人违反上述规定，进行虚假诉讼、恶意诉讼，人民法院将视违法情形依法追究责任。

当事人信息	
原告（自然人）	姓名： 性别：男□ 女□ 出生日期： 年 月 日 民族： 工作单位： 职务： 联系电话： 住所地（户籍所在地）： 经常居住地：
原告（法人、非法人组织）	名称： 住所地（主要办事机构所在地）： 注册地/登记地： 法定代表人/主要负责人： 职务： 联系电话： 统一社会信用代码： 类型：有限责任公司□ 股份有限公司□ 上市公司□ 　　　其他企业法人□ 事业单位□ 社会团体□

机动车交通事故责任纠纷

·269·

续表

	基金会□ 社会服务机构□ 机关法人□ 农村集体经济组织法人□ 城镇农村的合作经济组织法人□ 基层群众性自治组织法人□ 个人独资企业□ 合伙企业□ 不具有法人资格的专业服务机构□ 国有□（控股□ 参股□） 民营□
委托诉讼代理人	有□ 　　姓名： 　　单位：　　　职务：　　　联系电话： 　　代理权限：一般授权□　特别授权□ 无□
送达地址（所填信息除书面特别声明更改外，适用于案件一审、二审、再审所有后续程序）及收件人、电话	地址： 收件人： 电话：
是否接受电子送达	是□　方式：短信＿＿＿　微信＿＿＿　传真＿＿＿ 　　　　　　邮箱＿＿＿　其他＿＿＿ 否□
被告（保险公司或其他法人、非法人组织）	名称： 住所地（主要办事机构所在地）： 注册地/登记地： 法定代表人/主要负责人：　　职务：　　联系电话： 统一社会信用代码： 类型：有限责任公司□　股份有限公司□　上市公司□　其他企业法人□　事业单位□　社会团体□　基金会□ 社会服务机构□ 机关法人□ 农村集体经济组织法人□ 城镇农村的合作经济组织法人□ 基层群众性自治组织法人□ 个人独资企业□ 合伙企业□ 不具有法人资格的专业服务机构□ 国有□（控股□ 参股□） 民营□

续表

被告（自然人）	姓名： 性别：男□ 女□ 出生日期： 年 月 日 民族： 工作单位： 职务： 联系电话： 住所地（户籍所在地）： 经常居住地：
第三人（法人、非法人组织）	名称： 住所地（主要办事机构所在地）： 注册地/登记地： 法定代表人/主要负责人： 职务： 联系电话： 统一社会信用代码： 类型：有限责任公司□ 股份有限公司□ 上市公司□ 其他企业法人□ 事业单位□ 社会团体□ 基金会□ 社会服务机构□ 机关法人□ 农村集体经济组织法人□ 城镇农村的合作经济组织法人□ 基层群众性自治组织法人□ 个人独资企业□ 合伙企业□ 不具有法人资格的专业服务机构□ 国有□（控股□ 参股□）民营□
第三人（自然人）	姓名： 性别：男□ 女□ 出生日期： 年 月 日 民族： 工作单位： 职务： 联系电话： 住所地（户籍所在地）： 经常居住地：
诉讼请求和依据	
1. 医疗费	年 月 日至 年 月 日期间在 医院住院（门诊）治疗，累计发生医疗费 元 医疗费发票、医疗费清单、病历资料：有□ 无□
2. 护理费	住院护理 天支付护理费 元（或护理人员发生误工费 元），或遵医嘱短期护理发生护理费 元 住院证明、医嘱等：有□ 无□

续表

3. 营养费	营养费　　　元 病历资料：有□　无□
4. 住院伙食补助费	住院伙食补助费　　　元 病历资料：有□　无□
5. 误工费	年　　月　　日至　　年　　月　　日误工费　　　元
6. 交通费	交通费　　　元 交通费凭证：有□　无□
7. 残疾赔偿金	残疾赔偿金　　　元
8. 残疾辅助器具费	残疾辅助器具费　　　元
9. 死亡赔偿金、丧葬费	死亡赔偿金　　　元，丧葬费　　　元
10. 精神损害赔偿金	精神损害赔偿金　　　元
11. 其他费用	主张　　　费用　　　元
事实和理由	
1. 交通事故发生情况	
2. 交通事故责任认定	
3. 机动车投保情况	
4. 其他情况及法律依据	
5. 证据清单（可另附页）	

具状人（签字、盖章）：

日期：

民事答辩状
（机动车交通事故责任纠纷）

说明：

为了方便您更好地参加诉讼，保护您的合法权利，请填写本表。

1. 应诉时需向人民法院提交证明您身份的材料，如身份证复印件、营业执照复印件等。

2. 本表所列内容是您参加诉讼以及人民法院查明案件事实所需，请务必如实填写。

3. 本表有些内容可能与您的案件无关，您认为与案件无关的项目可以填"无"或不填；对于本表中勾选项可以在对应项打"√"；您认为另有重要内容需要列明的，可以在本表尾部或者另附页填写。

★特别提示★

《中华人民共和国民事诉讼法》第十三条第一款规定："民事诉讼应当遵循诚信原则。"

如果诉讼参加人违反上述规定，进行虚假诉讼、恶意诉讼，人民法院将视违法情形依法追究责任。

案号		案由	

	当事人信息		
答辩人（自然人）	姓名： 性别：男□　女□ 出生日期：　　　年　　　月　　　日 民族： 工作单位：　　　职务：　　　联系电话： 住所地（户籍所在地）： 经常居住地：		

续表

答辩人（保险公司或其他法人、非法人组织）	名称： 住所地（主要办事机构所在地）： 注册地/登记地： 法定代表人/主要负责人：　　职务：　　联系电话： 统一社会信用代码： 类型：有限责任公司□　股份有限公司□　上市公司□ 　　　其他企业法人□　事业单位□　社会团体□ 　　　基金会□　社会服务机构□　机关法人□　农村集体经济组织法人□　城镇农村的合作经济组织法人□　基层群众性自治组织法人□　个人独资企业□　合伙企业□　不具有法人资格的专业服务机构□　国有□（控股□　参股□）　民营□
委托诉讼代理人	有□ 　　姓名： 　　单位：　　　职务：　　　联系电话： 　　代理权限：一般授权□　特别授权□ 无□
送达地址（所填信息除书面特别声明更改外，适用于案件一审、二审、再审所有后续程序）及收件人、联系电话	地址： 收件人： 联系电话：
是否接受电子送达	是□　方式：短信＿＿＿＿　微信＿＿＿＿　传真＿＿＿＿ 　　　　　　邮箱＿＿＿＿　其他＿＿＿＿ 否□
答辩事项和依据 **（对原告诉讼请求的确认或者异议）**	
1. 对交通事故事实有无异议	无□ 有□　事实和理由：
2. 对交通事故责任认定有无异议	无□ 有□　事实和理由：

续表

3. 对各项费用有无异议	无□ 有□ 事实和理由：
4. 对鉴定意见有无异议	无□ 有□ 事实和理由：
5. 对原告诉讼请求有无异议	无□ 有□ 事实和理由：
6. 证据清单（可另附页）	

答辩人（签字、盖章）:
日期:

"适用指南"

起诉部分
（机动车交通事故责任纠纷）

诉讼请求 1　医疗费

请求依据	《民法典》第 1165、1179、1213 条 《道路交通安全法》第 76 条 《最高人民法院关于审理人身损害赔偿案件适用法律若干问题的解释》第 6 条 《保险法》第 64、65 条			
依据分解	发生了交通事故	发生交通事故是侵权人的责任	肇事车辆投保了交强险/商业险，根据法律规定或合同约定，被告[1]应当承担赔偿责任	原告就医产生医疗费
事实	■交通事故发生情况	■交通事故责任认定	■机动车投保情况	■其他情况及法律依据 ●原告因交通事故就医，产生的医疗费合理、必要
证据	现场监控录像 行车记录仪录像 目击者证言 交通事故责任认定书	交通事故责任认定书	保险合同原件/电子合同 保费缴纳记录	门诊病历 出入院记录 挂号费、治疗费票据 住院费用清单 诊断记录 医疗机构出具的其他证明
理由	××××年××月××日，原告驾驶车辆在××路正常行驶，侵权人驾驶车辆A突然变道，发生碰撞，引发原告受伤、两车损毁的交通事故。×市公安局交通警察支队×大队认定，侵权人承担事故的全部责任。车辆A在被告处投保交强险和机动车第三者责任保险（责任限额为200万元），不计免赔，事故发生在保险期间内。事故发生后，原告在×医院治疗，支出医药费×元，请求判令被告赔偿原告医疗费×元。			

[1] 原告可根据实际情况，选择保险公司或/和侵权人为被告，下同。

诉讼请求 2　护理费

请求依据	《民法典》第 1165、1179、1213 条 《道路交通安全法》第 76 条 《最高人民法院关于审理人身损害赔偿案件适用法律若干问题的解释》第 8 条 《保险法》第 64、65 条			
依据分解	发生了交通事故	发生交通事故是侵权人的责任	肇事车辆投保了交强险/商业险，根据法律规定或合同约定，被告应当承担赔偿责任	原告产生护理费
事实	参见诉讼请求 1 的事实相关部分	参见诉讼请求 1 的事实相关部分	参见诉讼请求 1 的事实相关部分	■其他情况及法律依据 ●原告因交通事故受伤，需要护理，护理费合理、必要
证据	参见诉讼请求 1 的证据相关部分	参见诉讼请求 1 的证据相关部分	参见诉讼请求 1 的证据相关部分	出入院记录 交通事故伤残鉴定意见书 护理期证明 护理期司法鉴定意见书 护理人数司法鉴定意见书 护理人员收入证明 护理人员的雇佣合同等 银行流水
理由	××××年××月××日，原告在交通事故中受伤，该交通事故由侵权人承担全部责任，被告作为保险公司应承担赔偿责任。原告因伤残需要护理，护理期间 × 天，护理人员 × 人，护理人员费用 × 元/日，护理费合计 × 元，请求判令被告赔偿原告护理费 × 元			

诉讼请求 3　营养费

请求依据	《民法典》第 1165、1179、1213 条 《道路交通安全法》第 76 条 《最高人民法院关于审理人身损害赔偿案件适用法律若干问题的解释》第 11 条 《保险法》第 64、65 条			
依据分解	发生了交通事故	发生交通事故是侵权人的责任	肇事车辆投保了交强险/商业险，根据法律规定或合同约定，被告应当承担赔偿责任	原告产生营养费
事实	参见诉讼请求 1 的事实相关部分	参见诉讼请求 1 的事实相关部分	参见诉讼请求 1 的事实相关部分	■ 其他情况及法律依据 ● 原告遵医嘱或者由于伤残情况，需要加强营养，产生营养费
证据	参见诉讼请求 1 的证据相关部分	参见诉讼请求 1 的证据相关部分	参见诉讼请求 1 的证据相关部分	加强营养的医嘱或诊疗记录 营养期司法鉴定意见书 交通事故伤残鉴定意见书 购买营养品的票据
理由	××××年××月××日，原告在交通事故中受伤，该交通事故由侵权人承担全部责任，被告作为保险公司应承担赔偿责任。原告遵医嘱或者由于伤残情况，需要加强营养，产生营养费合计×元，请求判令被告赔偿原告营养费×元			

诉讼请求 4　住院伙食补助费

请求依据	《民法典》第 1165、1179、1213 条 《道路交通安全法》第 76 条 《最高人民法院关于审理人身损害赔偿案件适用法律若干问题的解释》第 10 条 《保险法》第 64、65 条			
依据分解	发生了交通事故	发生交通事故是侵权人的责任	肇事车辆投保了交强险/商业险，根据法律规定或合同约定，被告应当承担赔偿责任	原告产生住院伙食补助费
事实	参见诉讼请求 1 的事实相关部分	参见诉讼请求 1 的事实相关部分	参见诉讼请求 1 的事实相关部分	■ 其他情况及法律依据 ● 原告因交通事故住院，产生住院伙食补助费
证据	参见诉讼请求 1 的证据相关部分	参见诉讼请求 1 的证据相关部分	参见诉讼请求 1 的证据相关部分	出入院记录 当地国家机关一般工作人员的出差伙食补助标准
理由	××××年××月××日，原告在交通事故中受伤，该交通事故由侵权人承担全部责任，被告作为保险公司应承担赔偿责任。原告因交通事故住院治疗，住院×天，当地国家机关一般工作人员的出差伙食补助标准为×元，请求判令被告赔偿原告住院伙食补助费×元			

诉讼请求 5　误工费

请求依据	《民法典》第 1165、1179、1213 条 《道路交通安全法》第 76 条 《最高人民法院关于审理人身损害赔偿案件适用法律若干问题的解释》第 7 条 《保险法》第 64、65 条			
依据分解	发生了交通事故	发生交通事故是侵权人的责任	肇事车辆投保了交强险/商业险，根据法律规定或合同约定，被告应当承担赔偿责任	原告产生误工费
事实	参见诉讼请求 1 的事实相关部分	参见诉讼请求 1 的事实相关部分	参见诉讼请求 1 的事实相关部分	■ 其他情况及法律依据 • 原告因交通事故受伤，无法工作
证据	参见诉讼请求 1 的证据相关部分	参见诉讼请求 1 的证据相关部分	参见诉讼请求 1 的证据相关部分	出入院记录 医疗机构出具的证明 交通事故伤残鉴定意见书 收入证明 劳动合同 工资条 银行转账记录 单位证明 误工期司法鉴定意见书
理由	××××年××月××日，原告在交通事故中受伤，该交通事故由侵权人承担全部责任，被告作为保险公司应承担赔偿责任。原告因交通事故无法工作，误工期为×天，原告日平均收入为×元，请求判令被告赔偿原告误工费×元			

诉讼请求 6　交通费

请求依据	《民法典》第 1165、1179、1213 条 《道路交通安全法》第 76 条 《最高人民法院关于审理人身损害赔偿案件适用法律若干问题的解释》第 9 条 《保险法》第 64、65 条			
依据分解	发生了交通事故	发生交通事故是侵权人的责任	肇事车辆投保了交强险/商业险，根据法律规定或合同约定，被告应当承担赔偿责任	原告及其必要的陪护人员产生交通费
事实	参见诉讼请求 1 的事实相关部分	参见诉讼请求 1 的事实相关部分	参见诉讼请求 1 的事实相关部分	■ 其他情况及法律依据 ● 受害人及其必要的陪护人员因就医或者转院治疗实际发生交通费
证据	参见诉讼请求 1 的证据相关部分	参见诉讼请求 1 的证据相关部分	参见诉讼请求 1 的证据相关部分	门诊病历 转院记录 出入院记录 交通费票据
理由	××××年××月××日，原告在交通事故中受伤，该交通事故由侵权人承担全部责任，被告作为保险公司应承担赔偿责任。原告及其必要的陪护人员因就医或者转院治疗实际发生交通费×元，请求判令由被告赔偿			

诉讼请求 7　残疾赔偿金

请求依据	《民法典》第 1165、1179、1213 条 《道路交通安全法》第 76 条 《最高人民法院关于审理人身损害赔偿案件适用法律若干问题的解释》第 12、16 条 《保险法》第 64、65 条			
依据分解	发生了交通事故	发生交通事故是侵权人的责任	肇事车辆投保了交强险/商业险，根据法律规定或合同约定，被告应当承担赔偿责任	原告残疾，收入减少
事实	参见诉讼请求 1 的事实相关部分	参见诉讼请求 1 的事实相关部分	参见诉讼请求 1 的事实相关部分	■ 其他情况及法律依据 ● 原告因交通事故残疾，收入受到影响，被告应当支付残疾赔偿金
证据	参见诉讼请求 1 的证据相关部分	参见诉讼请求 1 的证据相关部分	参见诉讼请求 1 的证据相关部分	交通事故伤残鉴定意见书 被侵权人年龄证明 身份证 户口本等
理由	××××年××月××日，原告因交通事故残疾，该交通事故由侵权人承担全部责任，被告作为保险公司应承担赔偿责任。原告伤残等级为×级，受诉法院所在地上一年度城镇居民人均可支配收入标准为×元，原告今年×岁，被告应赔偿原告残疾赔偿金×元			

诉讼请求 8　残疾辅助器具费

请求依据	《民法典》第 1165、1179、1213 条 《道路交通安全法》第 76 条 《最高人民法院关于审理人身损害赔偿案件适用法律若干问题的解释》第 13 条 《保险法》第 64、65 条			
依据分解	发生了交通事故	发生交通事故是侵权人的责任	肇事车辆投保了交强险/商业险，根据法律规定或合同约定，被告应当承担赔偿责任	原告因残疾产生残疾辅助器具费
事实	参见诉讼请求 1 的事实相关部分	参见诉讼请求 1 的事实相关部分	参见诉讼请求 1 的事实相关部分	■ 其他情况及法律依据 ● 原告因交通事故残疾，产生残疾辅助器具费
证据	参见诉讼请求 1 的证据相关部分	参见诉讼请求 1 的证据相关部分	参见诉讼请求 1 的证据相关部分	医疗机构出具的意见 购买残疾辅助器具的票据 医院诊断证明书
理由	××××年××月××日，原告因交通事故残疾，该交通事故由侵权人承担全部责任，被告作为保险公司应承担赔偿责任。原告因残疾需要使用残疾辅助器具，被告应赔偿原告残疾辅助器具费×元			

诉讼请求 9　死亡赔偿金、丧葬费

请求依据	《民法典》第 1165、1179、1213 条 《道路交通安全法》第 76 条 《最高人民法院关于审理人身损害赔偿案件适用法律若干问题的解释》第 14~16 条 《保险法》第 64、65 条			
依据分解	发生了交通事故	发生交通事故是侵权人的责任	肇事车辆投保了交强险/商业险，根据法律规定或合同约定，被告应当承担赔偿责任	被侵权人死亡，产生死亡赔偿金、丧葬费
事实	参见诉讼请求 1 的事实相关部分	参见诉讼请求 1 的事实相关部分	参见诉讼请求 1 的事实相关部分	■ 其他情况及法律依据 ● 被侵权人死亡，被告应当支付丧葬费、死亡赔偿金
证据	参见诉讼请求 1 的证据相关部分	参见诉讼请求 1 的证据相关部分	参见诉讼请求 1 的证据相关部分	丧葬费票据 被侵权人收入证明 被侵权人年龄证明 身份证 户口本等
理由	××××年××月××日，被侵权人因交通事故死亡，该交通事故由侵权人承担全部责任，被告作为保险公司应承担赔偿责任。被告应当支付被侵权人的丧葬费、死亡赔偿金×元			

诉讼请求 10　精神损害赔偿金

请求依据	《民法典》第 1165、1183、1213 条 《道路交通安全法》第 76 条 《最高人民法院关于确定民事侵权精神损害赔偿责任若干问题的解释》第 1、5 条 《保险法》第 64、65 条			
依据分解	发生了交通事故	发生交通事故是侵权人的责任	肇事车辆投保了交强险/商业险，根据法律规定或合同约定，被告应当承担赔偿责任	原告遭受精神损害
事实	参见诉讼请求 1 的事实相关部分	参见诉讼请求 1 的事实相关部分	参见诉讼请求 1 的事实相关部分	■ 其他情况及法律依据 ● 原告因交通事故遭受精神损害
证据	参见诉讼请求 1 的证据相关部分	参见诉讼请求 1 的证据相关部分	参见诉讼请求 1 的证据相关部分	伤残等级鉴定意见 被侵权人及其近亲属痛苦程度的证明材料
理由	××××年××月××日，被侵权人因交通事故受重伤，该交通事故由侵权人承担全部责任，被告作为保险公司应承担赔偿责任。原告因交通事故遭受精神损害，被告应予赔偿			

答辩部分
（机动车交通事故责任纠纷）

答辩事项 1　对交通事故事实的异议

答辩依据	《民法典》第 1165 条
依据分解	对交通事故具体事实的异议
事实	■ 对交通事故事实的异议
证据	现场监控录像 行车记录仪录像 目击者证言 交通事故责任认定书
理由	原告所述交通事故事实错误，被告在事故发生时不在案发现场／原告没有遭受损失

答辩事项 2　对交通事故责任认定的异议

答辩依据	《民法典》第 1165、1179 条 《道路交通安全法》第 76 条
依据分解	对具体交通事故责任认定的异议
事实	■ 对交通事故责任认定的异议
证据	交通事故责任认定书 侵权人对于交通事故责任认定书的复议申请 现场监控录像 行车记录仪录像 目击者证言
理由	交通事故责任认定存在错误，侵权人已经在法定期限内提出证据或向上级交警部门申请复议

答辩事项3　对各项费用的异议

答辩依据	《民法典》第1165、1179、1213条 《道路交通安全法》第76条 《最高人民法院关于审理人身损害赔偿案件适用法律若干问题的解释》第6~18条 《最高人民法院关于确定民事侵权精神损害赔偿责任若干问题的解释》第1、5条 《保险法》第64、65条			
依据分解	对各项费用真实性的异议	对各项费用必要性、合理性的异议	对各项费用计算的异议
事实	■对各项费用的异议 ●各项费用不具有真实性	■对各项费用的异议 ●各项费用超过必要费用标准，缺乏合理性	■对各项费用的异议 ●各项费用计算标准有误 ●各项费用计算基数有误
证据	各项费用票据	各项费用票据 医院诊断证明 各项费用一般标准	各项费用的计算标准文件 各项费用计算基数的证据
理由	被告对于××费用的真实性有异议，该笔费用不应计入赔偿范围	被告对于××费用的必要性、合理性有异议，该笔费用不应计入赔偿范围	被告对于××费用的计算有异议，正确的金额应当为×元

答辩事项 4　对鉴定意见的异议

答辩依据	《民事诉讼法》第 81 条 《最高人民法院关于民事诉讼证据的若干规定》第 37、40、81 条
依据分解	鉴定意见不能作为证据使用的情形： （1）鉴定人不具备相应资格的； （2）鉴定程序严重违法的； （3）鉴定意见明显依据不足的； （4）鉴定人拒不出庭作证的
事实	■ 对鉴定意见的异议 　● 鉴定意见存在错误，不能作为证据使用
证据	鉴定书 鉴定人资格的证据 鉴定程序违法的证据 鉴定意见的依据有误或遗漏的证据
理由	鉴定人出具鉴定书时不具备相应资格/程序严重违法……鉴定意见不能作为证据

"**实例**"

民事起诉状
（机动车交通事故责任纠纷）

说明：

为了方便您更好地参加诉讼，保护您的合法权利，请填写本表。

1. 起诉时需向人民法院提交证明您身份的材料，如身份证复印件、营业执照复印件等。

2. 本表所列内容是您提起诉讼以及人民法院查明案件事实所需，请务必如实填写。

3. 本表有些内容可能与您的案件无关，您认为与案件无关的项目可以填"无"或不填；对于本表中勾选项可以在对应项打"√"；您认为另有重要内容需要列明的，可以在本表尾部或者另附页填写。

★特别提示★

《中华人民共和国民事诉讼法》第十三条第一款规定："民事诉讼应当遵循诚信原则。"

如果诉讼参加人违反上述规定，进行虚假诉讼、恶意诉讼，人民法院将视违法情形依法追究责任。

当事人信息

被侵权人 原告（自然人）	姓名：张三（以下据实填写） 性别：男□ 女□ 出生日期： 年 月 日 民族： 工作单位： 职务： 联系电话： 住所地（户籍所在地）： 经常居住地：
被侵权人 原告（法人、非法人组织）	名称： 住所地（主要办事机构所在地）： 注册地/登记地： 法定代表人/主要负责人： 职务： 联系电话： 统一社会信用代码： 类型：有限责任公司□ 股份有限公司□ 上市公司□ 其他企业法人□ 事业单位□ 社会团体□

7.机动车交通事故责任纠纷

续表

	基金会□ 社会服务机构□ 机关法人□ 农村集体经济组织法人□ 城镇农村的合作经济组织法人□ 基层群众性自治组织法人□ 个人独资企业□ 合伙企业□ 不具有法人资格的专业服务机构□ 国有□（控股□ 参股□） 民营□
委托诉讼代理人	有☑ 　　姓名： 　　单位：　　　职务：　　　联系电话： 　　代理权限：一般授权□　特别授权□ 无□ （代理人仅享有出庭、收集证据、辩论、起草法律文书等程序性诉讼权利） （代理人除享有一般授权的诉讼权利外，还可行使代为和解、上诉等涉及当事人实体利益的诉讼权利）
送达地址（所填信息除书面特别声明更改外，适用于案件一审、二审、再审所有后续程序）及收件人、电话	地址： 收件人： 电话：
是否接受电子送达 （此处可填写一项或多项）	是□　方式：短信_____ 微信_____ 传真_____ 　　　　邮箱_____ 其他_____ 否□
被告（保险公司或其他法人、非法人组织）	名称：某保险公司（以下据实填写） 住所地（主要办事机构所在地）： 注册地/登记地： 法定代表人/主要负责人：　　职务：　　联系电话： 统一社会信用代码： 类型：有限责任公司□　股份有限公司□　上市公司□ 　　　其他企业法人□　事业单位□　社会团体□ 　　　基金会□　社会服务机构□　机关法人□　农村集体经济组织法人□　城镇农村的合作经济组织法人□　基层群众性自治组织法人□　个人独资企业□　合伙企业□　不具有法人资格的专业服务机构□　国有□（控股□　参股□）　民营□

续表

被告（自然人）	姓名： 性别：男□ 女□ 出生日期： 年 月 日 民族： 工作单位： 职务： 联系电话： 住所地（户籍所在地）： 经常居住地：
第三人（法人、非法人组织）	名称： 住所地（主要办事机构所在地）： 注册地/登记地： 法定代表人/主要负责人： 职务： 联系电话： 统一社会信用代码： 类型：有限责任公司□ 股份有限公司□ 上市公司□ 其他企业法人□ 事业单位□ 社会团体□ 基金会□ 社会服务机构□ 机关法人□ 农村集体经济组织法人□ 城镇农村的合作经济组织法人□ 基层群众性自治组织法人□ 个人独资企业□ 合伙企业□ 不具有法人资格的专业服务机构□ 国有□（控股□ 参股□） 民营□
第三人（自然人）	姓名： 性别：男□ 女□ 出生日期： 年 月 日 民族： 工作单位： 职务： 联系电话： 住所地（户籍所在地）： 经常居住地：
诉讼请求和依据	
1.医疗费5万元（以下据实填写）	年 月 日至 年 月 日在医院住院（门诊）治疗，累计发生医疗费 元 医疗费发票、医疗费清单、病历资料：有□ 无□

续表

2.护理费	住院护理　　天支付护理费　　元（或护理人员发生误工费　　元），或遵医嘱短期护理发生护理费　　元 住院证明、医嘱等：有□　无□
3.营养费	营养费　　元 病历资料：有□　无□
4.住院伙食补助费	住院伙食补助费　　元 病历资料：有□　无□
5.误工费	年　　月　　日至　　年　　月　　日误工费　　元
6.交通费	交通费　　元 交通费凭证：有□　无□
7.残疾赔偿金	残疾赔偿金　　元
8.残疾辅助器具费	残疾辅助器具费　　元
9.死亡赔偿金、丧葬费	死亡赔偿金　　元，丧葬费　　元
10.精神损害赔偿金	精神损害赔偿金　　元
11.其他费用	主张　　费用　　元
事实和理由	
1.交通事故发生情况	××年××月××日××时××分在××（事故发生地点），被告驾驶的车牌号为××的车辆与原告（或驾驶车牌号为××车辆）发生交通事故，导致原告受伤（或车辆、财物受损）
2.交通事故责任认定	本次事故经××警察大队出具××号道路交通事故认定书，认定在本次事故中原告负××责任、被告负××责任

续表

3.机动车投保情况	被告驾驶车牌号为××的车辆在被告××保险公司投保保险，其中，交强险××元，期限自××年××月××日起至××年××月××日止；第三者责任险××元，期限自××年××月××日起至××年××月××日止
4.其他情况及法律依据	原告经济损失如上，被告是否涉嫌刑事犯罪，是否被采取强制措施或羁押地点，是否采取保全措施等
5.证据清单（可另附页）	

具状人（签字、盖章）：

日期：

（原告）

（自然人签字，法人、非法人组织盖章）

7. 机动车交通事故责任纠纷

民事答辩状
（机动车交通事故责任纠纷）

说明：
为了方便您更好地参加诉讼，保护您的合法权利，请填写本表。 1. 应诉时需向人民法院提交证明您身份的材料，如身份证复印件、营业执照复印件等。 2. 本表所列内容是您参加诉讼以及人民法院查明案件事实所需，请务必如实填写。 3. 本表有些内容可能与您的案件无关，您认为与案件无关的项目可以填"无"或不填；对于本表中勾选项可以在对应项打"√"；您认为另有重要内容需要列明的，可以在本表尾部或者另附页填写。 ★特别提示★ 《中华人民共和国民事诉讼法》第十三条第一款规定："民事诉讼应当遵循诚信原则。" 如果诉讼参加人违反上述规定，进行虚假诉讼、恶意诉讼，人民法院将视违法情形依法追究责任。

案号		案由	机动车交通事故责任纠纷
当事人信息			
答辩人（自然人）	姓名：李四 性别：男□　女□ 出生日期：　　年　　月　　日 民族： 工作单位：　　　　职务：　　　　联系电话： 住所地（户籍所在地）： 经常居住地：		

·295·

续表

答辩人（保险公司或其他法人、非法人组织）	名称： 住所地（主要办事机构所在地）： 注册地/登记地： 法定代表人/主要负责人： 职务： 联系电话： 统一社会信用代码： 类型：有限责任公司□ 股份有限公司□ 上市公司□ 　　　其他企业法人□ 事业单位□ 社会团体□ 　　　基金会□ 社会服务机构□ 机关法人□ 农村集体经济组织法人□ 城镇农村的合作经济组织法人□ 基层群众性自治组织法人□ 个人独资企业□ 合伙企业□ 不具有法人资格的专业服务机构□ 国有（控股□ 参股□） 民营□
委托诉讼代理人	有□ 　　姓名： 　　单位： 职务： 联系电话： 　　代理权限：一般授权□ 特别授权□ 无□
送达地址（所填信息除书面特别声明更改外，适用于案件一审、二审、再审所有后续程序）及收件人、联系电话	地址： 收件人： 联系电话：
是否接受电子送达	是□ 方式：短信＿＿＿＿＿ 微信＿＿＿＿＿ 　　　　邮箱＿＿＿＿＿ 其他＿＿＿＿＿ 否□
答辩事项和依据 **（对原告诉讼请求的确认或者异议）**	
1. 对交通事故事实有无异议	无□ 有□ 事实和理由：
2. 对交通事故责任认定有无异议	无□ 有□ 事实和理由：

代理人仅享有出庭、收集证据、辩论、起草法律文书等程序性诉讼权利

代理人除享有一般授权的诉讼权利外，还可行使代为和解、上诉等涉及当事人实体利益的诉讼权利

此处可填写一项或多项

续表

3. 对各项费用有无异议	无☑ 有☐ 事实和理由：	
4. 对鉴定意见有无异议	无☐ 有☐ 事实和理由：	
5. 对原告诉讼请求有无异议	无☑ 有☐ 事实和理由：	
6. 证据清单（可另附页）		

答辩人（签字、盖章）:〔被告〕

日期：

自然人签字，法人、非法人组织盖章

相关法条

《民法典》

第一千一百六十五条　行为人因过错侵害他人民事权益造成损害的，应当承担侵权责任。

依照法律规定推定行为人有过错，其不能证明自己没有过错的，应当承担侵权责任。

第一千一百七十九条　侵害他人造成人身损害的，应当赔偿医疗费、护理费、交通费、营养费、住院伙食补助费等为治疗和康复支出的合理费用，以及因误工减少的收入。造成残疾的，还应当赔偿辅助器具费和残疾赔偿金；造成死亡的，还应当赔偿丧葬费和死亡赔偿金。

第一千一百八十三条　侵害自然人人身权益造成严重精神损害的，被侵权人有权请求精神损害赔偿。

因故意或者重大过失侵害自然人具有人身意义的特定物造成严重精神损害的，被侵权人有权请求精神损害赔偿。

第一千二百一十三条　机动车发生交通事故造成损害，属于该机动车一方责任的，先由承保机动车强制保险的保险人在强制保险责任限额范围内予以赔偿；不足部分，由承保机动车商业保险的保险人按照保险合同的约定予以赔偿；仍然不足或者没有投保机动车商业保险的，由侵权人赔偿。

《道路交通安全法》

第七十六条　机动车发生交通事故造成人身伤亡、财产损失的，由保险公司在机动车第三者责任强制保险责任限额范围内予以赔偿；不足的部分，按照下列规定承担赔偿责任：

（一）机动车之间发生交通事故的，由有过错的一方承担赔偿责任；双方都有过错的，按照各自过错的比例分担责任。

（二）机动车与非机动车驾驶人、行人之间发生交通事故，非机动车驾驶人、行人没有过错的，由机动车一方承担赔偿责任；有证据证明非机动车驾驶人、行人有过错的，根据过错程度适当减轻机动车一方的赔偿责任；机动车一方没有过错的，承担不超过百分之十的赔偿责任。

交通事故的损失是由非机动车驾驶人、行人故意碰撞机动车造成的，机动车一方不承担赔偿责任。

《最高人民法院关于审理人身损害赔偿案件适用法律若干问题的解释》

第六条 医疗费根据医疗机构出具的医药费、住院费等收款凭证，结合病历和诊断证明等相关证据确定。赔偿义务人对治疗的必要性和合理性有异议的，应当承担相应的举证责任。

医疗费的赔偿数额，按照一审法庭辩论终结前实际发生的数额确定。器官功能恢复训练所必要的康复费、适当的整容费以及其他后续治疗费，赔偿权利人可以待实际发生后另行起诉。但根据医疗证明或者鉴定结论确定必然发生的费用，可以与已经发生的医疗费一并予以赔偿。

第七条 误工费根据受害人的误工时间和收入状况确定。

误工时间根据受害人接受治疗的医疗机构出具的证明确定。受害人因伤致残持续误工的，误工时间可以计算至定残日前一天。

受害人有固定收入的，误工费按照实际减少的收入计算。受害人无固定收入的，按照其最近三年的平均收入计算；受害人不能举证证明其最近三年的平均收入状况的，可以参照受诉法院所在地相同或者相近行业上一年度职工的平均工资计算。

第八条 护理费根据护理人员的收入状况和护理人数、护理期限确定。

护理人员有收入的，参照误工费的规定计算；护理人员没有收入或者雇佣护工的，参照当地护工从事同等级别护理的劳务报酬标准计算。护理人员原则上为一人，但医疗机构或者鉴定机构有明确意见的，可以参照确定护理人员人数。

护理期限应计算至受害人恢复生活自理能力时止。受害人因残疾不能恢复生活自理能力的，可以根据其年龄、健康状况等因素确定合理的护理期限，但最长不超过二十年。

受害人定残后的护理，应当根据其护理依赖程度并结合配制残疾辅助器具的情况确定护理级别。

第九条 交通费根据受害人及其必要的陪护人员因就医或者转院治疗实际发生的费用计算。交通费应当以正式票据为凭；有关凭据应当与就医地点、时间、人数、次数相符合。

第十条 住院伙食补助费可以参照当地国家机关一般工作人员的出差伙食补助标准予以确定。

受害人确有必要到外地治疗，因客观原因不能住院，受害人本人及其陪护人员实际发生的住宿费和伙食费，其合理部分应予赔偿。

第十一条 营养费根据受害人伤残情况参照医疗机构的意见确定。

第十二条 残疾赔偿金根据受害人丧失劳动能力程度或者伤残等级，按照受诉法院所在地上一年度城镇居民人均可支配收入标准，自定残之日起按二十年计算。但六十周岁以上的，年龄每增加一岁减少一年；七十五周岁以上的，按五年计算。

受害人因伤致残但实际收入没有减少，或者伤残等级较轻但造成职业妨害严重影响其劳动就业的，可以对残疾赔偿金作相应调整。

第十三条 残疾辅助器具费按照普通适用器具的合理费用标准计算。伤情有特殊需要的，可以参照辅助器具配制机构的意见确定相应的合理费用标准。

辅助器具的更换周期和赔偿期限参照配制机构的意见确定。

第十四条 丧葬费按照受诉法院所在地上一年度职工月平均工资标准，以六个月总额计算。

第十五条 死亡赔偿金按照受诉法院所在地上一年度城镇居民人均可支配收入标准，按二十年计算。但六十周岁以上的，年龄每增加一岁减少一年；七十五周岁以上的，按五年计算。

第十六条 被扶养人生活费计入残疾赔偿金或者死亡赔偿金。

第十七条 被扶养人生活费根据扶养人丧失劳动能力程度，按照受诉法院所在地上一年度城镇居民人均消费支出标准计算。被扶养人为未成年人的，计算至十八周岁；被扶养人无劳动能力又无其他生活来源的，计算二十年。但六十周岁以上的，年龄每增加一岁减少一年；七十五周岁以上的，按五年计算。

被扶养人是指受害人依法应当承担扶养义务的未成年人或者丧失劳动能力又无其他生活来源的成年近亲属。被扶养人还有其他扶养人的，赔偿义务人只赔偿受害人依法应当负担的部分。被扶养人有数人的，年赔偿总额累计不超过上一年度城镇居民人均消费支出额。

第十八条 赔偿权利人举证证明其住所地或者经常居住地城镇居民人均可支配收入高于受诉法院所在地标准的，残疾赔偿金或者死亡赔偿金可以按照其住所地或者经常居住地的相关标准计算。

被扶养人生活费的相关计算标准，依照前款原则确定。

《最高人民法院关于确定民事侵权精神损害赔偿责任若干问题的解释》

第一条 因人身权益或者具有人身意义的特定物受到侵害，自然人或者其近亲属向人民法院提起诉讼请求精神损害赔偿的，人民法院应当依法予以受理。

第五条 精神损害的赔偿数额根据以下因素确定：

（一）侵权人的过错程度，但是法律另有规定的除外；

（二）侵权行为的目的、方式、场合等具体情节；

（三）侵权行为所造成的后果；

（四）侵权人的获利情况；

（五）侵权人承担责任的经济能力；

（六）受理诉讼法院所在地的平均生活水平。

《保险法》

第六十四条 保险人、被保险人为查明和确定保险事故的性质、原因和保险标的的损失程度所支付的必要的、合理的费用，由保险人承担。

第六十五条 保险人对责任保险的被保险人给第三者造成的损害，可以依照法律的规定或者合同的约定，直接向该第三者赔偿保险金。

责任保险的被保险人给第三者造成损害，被保险人对第三者应负的赔偿责任确定的，根据被保险人的请求，保险人应当直接向该第三者赔偿保险金。被保险人怠于请求的，第三者有权就其应获赔偿部分直接向保险人请求赔偿保险金。

责任保险的被保险人给第三者造成损害，被保险人未向该第三者赔偿的，保险人不得向被保险人赔偿保险金。

责任保险是指以被保险人对第三者依法应负的赔偿责任为保险标的的保险。

《民事诉讼法》

第八十一条 当事人对鉴定意见有异议或者人民法院认为鉴定人有必要出庭的,鉴定人应当出庭作证。经人民法院通知,鉴定人拒不出庭作证的,鉴定意见不得作为认定事实的根据;支付鉴定费用的当事人可以要求返还鉴定费用。

《最高人民法院关于民事诉讼证据的若干规定》

第三十七条 人民法院收到鉴定书后,应当及时将副本送交当事人。

当事人对鉴定书的内容有异议的,应当在人民法院指定期间内以书面方式提出。

对于当事人的异议,人民法院应当要求鉴定人作出解释、说明或者补充。人民法院认为有必要的,可以要求鉴定人对当事人未提出异议的内容进行解释、说明或者补充。

第四十条 当事人申请重新鉴定,存在下列情形之一的,人民法院应当准许:

(一)鉴定人不具备相应资格的;

(二)鉴定程序严重违法的;

(三)鉴定意见明显依据不足的;

(四)鉴定意见不能作为证据使用的其他情形。

存在前款第一项至第三项情形的,鉴定人已经收取的鉴定费用应当退还。拒不退还的,依照本规定第八十一条第二款的规定处理。

对鉴定意见的瑕疵,可以通过补正、补充鉴定或者补充质证、重新质证等方法解决的,人民法院不予准许重新鉴定的申请。

重新鉴定的,原鉴定意见不得作为认定案件事实的根据。

第八十一条 鉴定人拒不出庭作证的,鉴定意见不得作为认定案件事实的根据。人民法院应当建议有关主管部门或者组织对拒不出庭作证的鉴定人予以处罚。

当事人要求退还鉴定费用的,人民法院应当在三日内作出裁定,责令鉴定人退还;拒不退还的,由人民法院依法执行。

当事人因鉴定人拒不出庭作证申请重新鉴定的,人民法院应当准许。

8. 劳动争议纠纷

【案由地图】

　　劳动争议属于劳动争议、人事争议项下2级案由，其下还有两个3级案由劳动合同纠纷、社会保险纠纷。

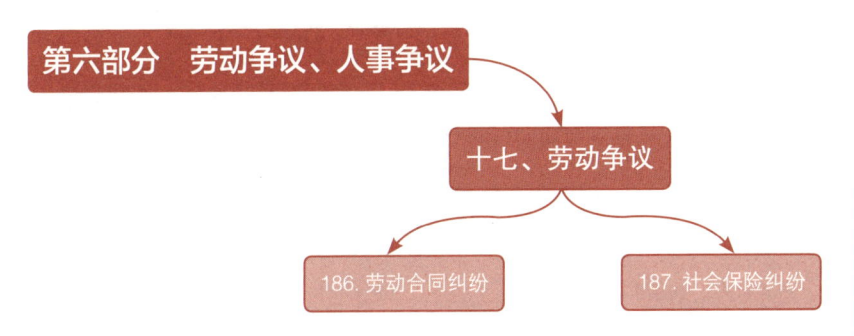

```
第六部分　劳动争议、人事争议
                    │
                    ▼
              十七、劳动争议
              ┌─────┴─────┐
              ▼           ▼
     186. 劳动合同纠纷   187. 社会保险纠纷
```

【法律关系】

　　劳动争议纠纷通常的法律关系如下图所示。

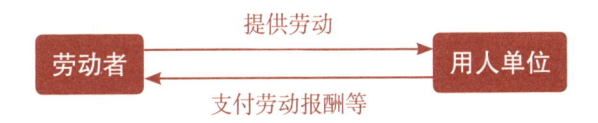

```
            提供劳动
劳动者 ─────────────────▶ 用人单位
       ◀─────────────────
          支付劳动报酬等
```

【常见诉请】

示范文本起诉状所列诉讼请求中，均为劳动者为原告的情况。

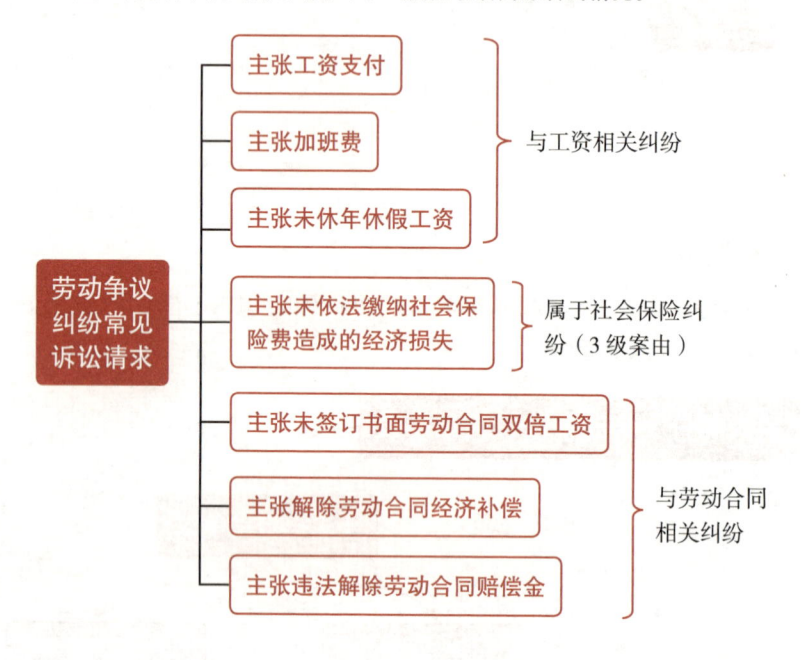

```
                    ┌─ 主张工资支付      ┐
                    │                    │
                    ├─ 主张加班费        ├─ 与工资相关纠纷
                    │                    │
                    ├─ 主张未休年休假工资 ┘
                    │
劳动争议            │                                    属于社会保险纠
纠纷常见 ───────────┼─ 主张未依法缴纳社会保险费造成的经济损失 ── 纷（3级案由）
诉讼请求            │
                    ├─ 主张未签订书面劳动合同双倍工资  ┐
                    │                                  │
                    ├─ 主张解除劳动合同经济补偿        ├─ 与劳动合同相关纠纷
                    │                                  │
                    └─ 主张违法解除劳动合同赔偿金      ┘
```

劳动争议纠纷

"**示范文本**"

民事起诉状
（劳动争议纠纷）

扫描下载

说明：

为了方便您更好地参加诉讼，保护您的合法权利，请填写本表。

1. 应诉时需向人民法院提交证明您身份的材料，如身份证复印件、营业执照复印件等。

2. 本表所列内容是您提起诉讼以及人民法院查明案件事实所需，请务必如实填写。

3. 本表所涉内容系针对一般劳动争议纠纷案件，有些内容可能与您的案件无关，您认为与案件无关的项目可以填"无"或不填；对于本表中勾选项可以在对应项打"√"；您认为另有重要内容需要列明的，可以在本表尾部或者另附页填写。

★特别提示★

《中华人民共和国民事诉讼法》第十三条第一款规定："民事诉讼应当遵循诚信原则。"

如果诉讼参加人违反上述规定，进行虚假诉讼、恶意诉讼，人民法院将视违法情形依法追究责任。

当事人信息	
原告	姓名： 性别：男□ 女□ 出生日期： 年 月 日 民族： 工作单位： 职务： 联系电话： 住所地（户籍所在地）： 经常居住地：
委托诉讼代理人	有□ 　　姓名： 　　单位： 职务： 联系电话： 　　代理权限：一般授权□ 特别授权□ 无□

劳动争议纠纷

· 305 ·

续表

送达地址（所填信息除书面特别声明更改外，适用于案件一审、二审、再审所有后续程序）及收件人、电话	地址： 收件人： 电话：
是否接受电子送达	是□　方式：短信＿＿＿＿　微信＿＿＿＿　传真＿＿＿＿ 　　　　　　邮箱＿＿＿＿　其他＿＿＿＿ 否□
被告	名称： 住所地（主要办事机构所在地）： 注册地/登记地： 法定代表人/主要负责人：　　职务：　　联系电话： 统一社会信用代码： 类型：有限责任公司□　股份有限公司□　上市公司□ 　　　其他企业法人□　事业单位□　社会团体□ 　　　基金会□　社会服务机构□　机关法人□　农村集体经济组织法人□　城镇农村的合作经济组织法人□　基层群众性自治组织法人□　个人独资企业□　合伙企业□　不具有法人资格的专业服务机构□　国有（控股□　参股□）　民营□

<div align="center">诉讼请求和依据</div>		
1. 是否主张工资支付	是□　否□ 明细：
2. 是否主张未签订书面劳动合同双倍工资	是□　否□ 明细：
3. 是否主张加班费	是□　否□ 明细：
4. 是否主张未休年休假工资	是□　否□ 明细：

劳动争议纠纷

续表

5.是否主张未依法缴纳社会保险费造成的经济损失	是□ 否□ 明细：
6.是否主张解除劳动合同经济补偿	是□ 否□ 明细：
7.是否主张违法解除劳动合同赔偿金	是□ 否□ 明细：
8.本表未列明的其他请求	
9.诉讼费用承担	（金额及具体主张）
10.是否已经申请诉前保全	是□ 保全法院： 保全文书： 否□
<td colspan="2" align="center">**事实和理由**</td>
1.劳动合同签订情况	（合同主体、签订时间、地点、合同名称等）
2.劳动合同履行情况	（入职时间、用人单位、工作岗位、工作地点、合同约定的每月工资数额及工资构成、办理社会保险的时间及险种、劳动者实际领取的每月工资数额及工资构成、加班工资计算基数及计算方法、原告加班时间及加班费、年休假等）
3.解除或终止劳动关系情况	（解除或终止劳动关系的原因、经济补偿/赔偿金数额等）
4.工伤情况	（发生工伤时间、工伤认定情况、工伤伤残等级、工伤费用等）
5.劳动仲裁相关情况	（申请劳动仲裁时间、仲裁请求、仲裁文书、仲裁结果等）

续表

6.其他相关情况	（如是否农民工）
7.诉请依据	法律及司法解释的规定，要写明具体条文
8.证据清单（可另附页）	附页

具状人（签字、盖章）:

日期:

民事答辩状
（劳动争议纠纷）

说明：

为了方便您更好地参加诉讼，保护您的合法权利，请填写本表。

1. 应诉时需向人民法院提交证明您身份的材料，如身份证复印件、营业执照复印件等。

2. 本表所列内容是您参加诉讼以及人民法院查明案件事实所需，请务必如实填写。

3. 本表所涉内容系针对一般劳动争议纠纷案件，有些内容可能与您的案件无关，您认为与案件无关的项目可以填"无"或不填；对于本表中勾选项可以在对应项打"√"；您认为另有重要内容需要列明的，可以在本表尾部或者另附页填写。

★特别提示★

《中华人民共和国民事诉讼法》第十三条第一款规定："民事诉讼应当遵循诚信原则。"

如果诉讼参加人违反上述规定，进行虚假诉讼、恶意诉讼，人民法院将视违法情形依法追究责任。

案号		案由	
\multicolumn{4}{c}{**当事人信息**}
答辩人	名称： 住所地（主要办事机构所在地）： 注册地/登记地： 法定代表人/主要负责人：　　职务：　　联系电话： 统一社会信用代码 类型：有限责任公司□　股份有限公司□　上市公司□　其他企业法人□　事业单位□　社会团体□　基金会□　社会服务机构□　机关法人□　农村集体经济组织法人□　城镇农村的合作经济组织法人□　基层群众性自治组织法人□　个人独资企业□　合伙企业□　不具有法人资格的专业服务机构□　国有□（控股□　参股□）　民营□

·309·

续表

委托诉讼代理人	有□ 　　姓名： 　　单位：　　　职务：　　　联系电话： 　　代理权限：一般授权□　特别授权□ 无□
送达地址（所填信息除书面特别声明更改外，适用于案件一审、二审、再审所有后续程序）及收件人、联系电话	地址： 收件人： 电话：
是否接受电子送达	是□　方式：短信_____　微信_____　传真_____ 　　　　　　邮箱_____　其他_____ 否□

答辩事项和依据
（对原告诉讼请求的确认或者异议）

1. 对工资支付诉请的确认和异议	确认□　异议□ 事由：
2. 对未签订书面劳动合同双倍工资诉请的确认和异议	确认□　异议□ 事由：
3. 对加班费诉请的确认和异议	确认□　异议□ 事由：
4. 对未休年休假工资诉请的确认和异议	确认□　异议□ 事由：
5. 对未依法缴纳社会保险费造成的经济损失诉请的确认和异议	确认□　异议□ 事由：

续表

6.对解除劳动合同经济补偿诉请的确认和异议	确认□　异议□ 事由：
7.对违法解除劳动合同赔偿金诉请的确认和异议	确认□　异议□ 事由：
8.对劳动仲裁相关情况的确认和异议	确认□　异议□ 事由：
9.其他事由	
10.答辩的依据	法律及司法解释的规定，要写明具体条文
11.证据清单（可另附页）	附页

答辩人（签字、盖章）:

日期：

"适用指南"

起诉部分
（劳动争议纠纷）

诉讼请求1　主张工资支付

请求依据	《劳动合同法》第30条 劳动合同第 × 条			
依据分解	存在劳动关系	劳动者提供了劳动	用人单位未按合同约定支付工资的时间 M	工资标准 N
事实	■劳动合同签订情况 ● 合同主体	■劳动合同履行情况 ● 入职时间 ● 工作岗位 ● 工作地点	■劳动合同履行情况 ● 合同约定的每月工资数额及工资构成 ● 劳动者实际领取的每月工资数额及工资构成 ● 实际领取时间	■劳动合同履行情况 ● 合同约定的每月工资数额及工资构成
证据	劳动合同原件	考勤记录	银行流水等	劳动合同原件
理由	原告与被告存在劳动关系，自××××年××月××日~××××年××月××日一直在被告公司工作，提供了劳动，被告未支付原告××××年××月××日~××××年××月××日工资。用人单位应当按照劳动合同约定向劳动者足额支付劳动报酬，因此，被告应支付拖欠的原告工资 MN 元			

劳动争议纠纷

诉讼请求 2　主张未签订书面劳动合同双倍工资

请求依据	《劳动合同法》第 10、82 条 《劳动合同法实施条例》第 6 条				
依据分解	存在劳动关系	未签订劳动合同	双倍工资的计算时间 M	工资标准 N	用人单位未支付双倍工资
事实	■ 其他相关情况 • 劳动关系存续的情况 ■ 劳动仲裁相关情况	■ 劳动合同签订情况	■ 劳动合同履行情况 • 劳动者实际领取的每月工资数额及工资构成 • 办理社会保险的时间及险种 ■ 其他相关情况 • 劳动仲裁相关情况	■ 劳动合同履行情况 • 劳动者实际领取的每月工资数额及工资构成	■ 劳动合同履行情况 • 用人单位拒绝支付双倍工资
证据	员工名册 工牌 考勤表 工资支付凭证 工资表 工资明细 仲裁文书	考勤记录 用人单位与劳动者的沟通记录	考勤记录 银行流水 仲裁文书	银行流水 与用人单位就工资沟通的记录 集体合同 同工种、岗位的工资表	用人单位与员工的沟通记录 银行流水
理由	原告自 ×××× 年 ×× 月 ×× 日~×××× 年 ×× 月 ×× 日一直在被告公司工作，在此期间被告未与原告订立书面劳动合同，共计 × 个月。用人单位自用工之日起超过 1 个月不满 1 年未与劳动者订立书面劳动合同的，应当向劳动者每月支付 2 倍的工资。因此，被告应向原告支付未签订书面劳动合同期间双倍工资				

诉讼请求 3　主张加班费

请求依据	《劳动合同法》第 31 条 《劳动法》第 44 条 劳动合同第 × 条 公司相关管理规范			
依据分解	劳动者存在加班的事实	用人单位安排加班	用人单位未支付加班费	加班费的支付金额
事实	■劳动合同签订情况 ●工作时间 ●加班费 ■劳动合同履行情况 ●原告加班时间	■劳动合同履行情况 ●被告的加班要求	■劳动合同履行情况 ●用人单位拒绝支付加班费	■劳动合同签订情况 ●加班费及计算标准 ●工资标准 ■劳动合同履行情况 ●劳动者实际领取的每月工资数额及工资构成 ●加班工资计算基数及计算方法 ●加班的具体日期（是否涉及节假日）
证据	劳动合同原件 考勤记录 工作日志 邮件 短信 微信等	用人单位要求劳动者加班的通知 加班审批记录 关于加班事项的邮件、信息	用人单位与员工的沟通记录 用人单位关于加班的通知 银行流水	劳动合同原件 考勤记录 工作日志 工资条 银行流水 邮件 短信 微信 公司相关管理规范
理由	××××年××月××日~××××年××月××日，被告安排员工加班。其中，××××年××月××日属于法定休假日，应当支付工资的 300% 的报酬；××××年××月××日属于休息日，应当支付工资的 200% 的报酬。但是被告一直未予支付。因此，诉请被告向原告支付加班工资 ×× 元			

劳动争议纠纷

诉讼请求 4　主张未休年休假工资

请求依据	《劳动法》第 45 条 《职工带薪年休假条例》第 2、3 条			
依据分解	劳动者符合休年休假的条件	劳动者未休年休假	劳动者未休假是因为单位确因工作需要不能安排职工休年休假	用人单位未支付年休假工资
事实	■劳动合同签订情况 ●签订时间 ■劳动合同履行情况 ●工作时间 ●入职时间	■劳动合同履行情况 ●年休假情况（未休假或者休假时间不足）	■劳动合同履行情况 ●单位因工作需要不安排职工休年休假的通知 ●单位与劳动者沟通记录	■劳动合同履行情况 ●用人单位拒绝支付加班费
证据	劳动合同原件 员工登记表 考勤记录 工资表 银行转账记录	考勤表 用人单位人力管理系统记录	用人单位与员工的沟通记录 劳动者年休假申请被驳回的记录 银行流水	用人单位与员工的沟通记录 银行流水
理由	原告自 ×××× 年 ×× 月 ×× 日参加工作，连续工作已满 13 年，应当享受 10 天年休假，原告多次向被告申请休年休假，被告均以工作紧张、人手不足，无法安排原告休年休假为由拒绝。导致原告未休 ×××× 年度年休假 10 天，原告多次要求被告支付未休年休假工资，被告均拒绝。因此，原告请求判令被告支付未休年休假工资 ×× 元			

诉讼请求 5　主张未依法缴纳社会保险费造成的经济损失

请求依据	《社会保险法》第 4、58、63 条 劳动合同第 × 条			
依据分解	用人单位与劳动者之间存在劳动关系	用人单位未依法缴纳社会保险费	劳动者因此遭受损失	
事实	■ 劳动合同签订情况 ● 合同主体 ● 未签订劳动合同的，经劳动仲裁等确认劳动关系	■ 劳动合同履行情况 ● 办理社会保险的时间及险种	■ 其他相关情况 ● 劳动者享受保险情况 ● 养老金领取情况 ● 待遇情况 ● 工伤情况 ● 医疗情况 ● 生育情况 ■ 劳动仲裁相关情况	
证据	劳动合同原件 仲裁文书	社会保险查询记录	养老保险申请记录 工伤认定决定书 司法鉴定意见书 医院诊断证明 医疗保险申请记录 住院证明 病历单 生育及相关医疗费用证明文件 失业登记材料 仲裁文书	
理由	原告与被告于 ×××× 年 ×× 月 ×× 日~×××× 年 ×× 月 ×× 日建立劳动关系，被告未依法为原告缴纳社会保险，导致原告生育却无法享受生育保险待遇，对于原告遭受的损失，被告应当承担赔偿责任			

诉讼请求6 主张解除劳动合同经济补偿

请求依据	《劳动合同法》第46、47、85条		
依据分解	存在用人单位应当向劳动者支付经济补偿的情况[1]	用人单位未支付经济补偿	经济补偿数额的计算
事实	■劳动合同签订情况 ●合同主体 ■劳动合同履行情况 ●劳动者实际领取的每月工资数额及工资构成 ■解除或终止劳动关系情况 ●解除或终止劳动关系的原因 ■劳动仲裁相关情况	■解除或终止劳动关系情况 ●经济补偿数额	■劳动合同签订情况 ●签订时间 ■劳动合同履行情况 ●入职时间 ●合同约定的每月工资数额及工资构成 ■解除或终止劳动关系情况 ●解除时间 ●经济补偿金数额 ■劳动仲裁相关情况
证据	劳动合同原件 仲裁裁决书 解除劳动合同通知书 劳动者诊疗记录、考核记录、无法继续履行劳动合同的其他证明材料 用人单位符合经济性裁员条件的证明材料	银行流水等劳动者与用人单位的沟通记录	劳动合同原件 仲裁裁决书 员工名册 工资条 补充协议 解除劳动合同通知书
理由	原告与被告于××××年××月××日签订劳动合同,于××××年××月××日因××原因解除劳动合同,根据法律规定,被告应当向原告支付解除劳动合同经济补偿,但被告一直未予支付,故诉请被告支付解除劳动合同经济补偿××元		

[1] 具体包括:(1)用人单位存在过错,劳动者单方解除劳动合同;(2)用人单位提出解除劳动合同,并与劳动者协商一致解除劳动合同;(3)用人单位无过失性辞退;(4)经济性裁员;(5)劳动合同期满劳动合同终止;(6)用人单位被依法宣告破产,被吊销营业执照、责令关闭、撤销或者用人单位决定提前解散的。

诉讼请求 7　主张违法解除劳动合同赔偿金

请求依据	《劳动合同法》第 47、48、87 条 劳动合同第 × 条			
依据分解	用人单位违反法律规定解除或者终止劳动合同	劳动者不要求继续履行劳动合同或者劳动合同已经不能继续履行的	用人单位未支付赔偿金	赔偿金的计算
事实	■劳动合同签订情况 ●合同主体 ■劳动合同履行情况 ●工作岗位 ●工作情况 ■解除或终止劳动关系情况 ●解除或终止劳动关系的原因	■解除或终止劳动关系情况 ●解除或终止劳动关系的原因 ●劳动者不要求继续履行劳动合同 ●劳动合同已经不能履行	■解除或终止劳动关系情况 ●赔偿金数额 ●赔偿金支付	■劳动合同签订情况 ●签订时间 ■劳动合同履行情况 ●入职时间 ●合同约定的每月工资数额及工资构成 ■解除或终止劳动关系情况 ●解除时间 ●经济补偿金数额 ■劳动仲裁相关情况
证据	劳动合同原件 考勤表 用人单位相关通知 解除劳动合同通知书	劳动合同原件 解除劳动合同协议 用人单位相关通知、管理规定	解除劳动合同通知书 银行流水	劳动合同原件 仲裁文书 员工名册 工资条 补充协议 解除劳动合同通知书
理由	原告与被告于××××年××月××日签订劳动合同，被告于××××年××月××日因××事违法解除劳动合同，原告不再与其继续履行劳动合同，根据《劳动合同法》第 48、87 条的规定，被告应当向原告支付违法解除劳动合同赔偿金，被告一直未予支付，故诉请被告向原告支付违法解除劳动合同赔偿金××元			

劳动争议纠纷

答辩部分
（劳动争议纠纷）

答辩事项 1　对工资支付诉请的异议

答辩依据	《劳动合同法》第 30、36~41、44 条 劳动合同第 × 条 公司员工管理规范第 × 条		
依据分解	不存在劳动关系： （1）劳动合同无效[1]； （2）不是劳动合同当事人； （3）劳动合同已解除[2]； （4）劳动合同已终止[3]	存在影响工资支付的情况	用人单位已按合同约定支付工资
事实	■ 对劳动合同签订情况的异议 ● 合同主体 ● 合同期限 ■ 对解除或终止劳动关系情况的异议	■ 对劳动合同履行情况的异议 ● 入职时间 ● 工作岗位 ● 工作地点 ● 工作表现	■ 对劳动合同履行情况的异议 ● 合同约定的每月工资数额及工资构成 ● 劳动者实际领取的每月工资数额及工资构成
证据	劳动合同原件 解除劳动关系通知 员工名册	考勤记录 用人单位对于员工进行处罚的通知 微信、短信等沟通记录 工资条	工资条 银行转账记录

劳动争议纠纷

· 319 ·

续表

理由	被告与原告不存在劳动关系，不应支付原告主张的工资	原告与被告签订劳动合同后，多次违反公司规章制度，连续旷工×天，未提供正常劳动，应当减少工资支付	原告为被告公司员工，自××××年××月××日原告入职以来，被告一直按照合同约定支付原告工资，不存在未支付工资的情况

[1] 具体包括：(1) 以欺诈、胁迫的手段或者乘人之危，使对方在违背真实意思的情况下订立或者变更劳动合同的；(2) 用人单位免除自己的法定责任、排除劳动者权利的；(3) 违反法律、行政法规强制性规定的。

[2] 具体包括：(1) 用人单位与劳动者协商一致解除劳动合同。(2) 劳动者提前通知解除劳动合同。(3) 劳动者单方解除劳动合同：①未按照劳动合同约定提供劳动保护或者劳动条件的；②未及时足额支付劳动报酬的；③未依法为劳动者缴纳社会保险费的；④用人单位的规章制度违反法律、法规的规定，损害劳动者权益的；⑤因《劳动合同法》第26条第1款规定的情形致使劳动合同无效的；⑥法律、行政法规规定劳动者可以解除劳动合同的其他情形。(4) 用人单位单方解除劳动合同（过失性辞退）：①在试用期间被证明不符合录用条件的；②严重违反用人单位的规章制度的；③严重失职，营私舞弊，给用人单位造成重大损害的；④劳动者同时与其他用人单位建立劳动关系，对完成本单位的工作任务造成严重影响，或者经用人单位提出，拒不改正的；⑤因《劳动合同法》第26条第1款第1项规定的情形致使劳动合同无效的；⑥被依法追究刑事责任的。(5) 用人单位无过失性辞退：①劳动者患病或者非因工负伤，在规定的医疗期满后不能从事原工作，也不能从事由用人单位另行安排的工作的；②劳动者不能胜任工作，经过培训或者调整工作岗位，仍不能胜任工作的；③劳动合同订立时所依据的客观情况发生重大变化，致使劳动合同无法履行，经用人单位与劳动者协商，未能就变更劳动合同内容达成协议的。(6) 经济性裁员。

[3] 具体包括：(1) 劳动合同期满的；(2) 劳动者开始依法享受基本养老保险待遇的；(3) 劳动者死亡，或者被人民法院宣告死亡或者宣告失踪的；(4) 用人单位被依法宣告破产的；(5) 用人单位被吊销营业执照、责令关闭、撤销或者用人单位决定提前解散的；(6) 法律、行政法规规定的其他情形。

答辩事项 2　对未签订书面劳动合同双倍工资的异议

答辩依据	《劳动合同法》第 7、10、82 条 《劳动合同法实施条例》第 6 条					
依据分解	不存在用工的事实	已签订劳动合同	未签订劳动合同是劳动者的原因	对双倍工资计算的异议	用人单位已支付双倍工资
事实	■其他相关情况 •劳动关系存续的情况 •对劳动关系不存在的情况的异议 ■劳动仲裁相关情况	■对劳动合同签订情况的异议 •对合同主体的异议 •对签订时间的异议 •对合同名称的异议	■其他相关情况 •劳动合同未签订是因为劳动者的原因	■其他相关情况 •对劳动关系存续情况的异议 ■其他相关情况 •劳动者实际领取的每月工资数额及工资构成	■其他相关情况 •工资支付情况
证据	员工名册、考勤表等仲裁文书	劳动合同原件	用人单位与劳动者的沟通记录 用人单位相关通知	工资单 考勤记录 用人单位的通知等 用人单位与劳动者的沟通记录 用人单位相关通知 单位工资发放记录	工资单 转账记录
理由	被告不存在用工情况，不应与原告订立劳动合同，故被告不应支付未签订书面劳动合同双倍工资	被告自用工之日 1 个月内已与原告签订劳动合同，故被告不应支付未签订书面劳动合同双倍工资	被告自用工之日起已多次通知原告签订劳动合同，原告拒绝签订劳动合同导致劳动合同未能签订，故被告不应支付未签订书面劳动合同双倍工资	被告用工之日为 ×××× 年 ×× 月 ×× 日，订立劳动合同/原告离职之日为 ×××× 年 ×× 月 ×× 日，故未订立书面劳动合同的时间为 T，应以此为标准支付双倍工资	被告已向原告支付未签订书面劳动合同双倍工资，不应再支付双倍工资

答辩事项 3　对加班费的异议

答辩依据	《劳动合同法》第 31 条 《劳动法》第 44 条 劳动合同第 × 条 公司相关管理规范			
依据分解	劳动者不存在加班事实	加班不是用人单位安排的	用人单位已按合同约定支付加班费	对加班费支付数额的异议
事实	■ 劳动合同签订情况 　● 工作时间 　● 加班费 ■ 对劳动合同履行情况的异议 　● 原告加班时间	■ 对劳动合同履行情况的异议 　● 原告加班时间	■ 对劳动合同履行情况的异议 　● 用人单位已支付加班费	■ 劳动合同签订情况的异议 　● 加班费及计算标准 　● 工资标准 ■ 对劳动合同履行情况的异议 　● 劳动者实际领取的每月工资数额及工资构成 　● 加班工资计算基数及计算方法 　● 加班的具体日期（是否涉及节假日）
证据	劳动合同原件 考勤记录、工作日志 邮件、短信、微信等	加班审批记录单 工作日志、任务分配表 邮件、短信、微信等	用人单位与员工的沟通记录 用人单位关于加班的通知 工资条 银行转账记录	劳动合同原件 考勤记录、工作日志 工资条、银行流水 邮件、短信、微信等 公司相关管理规范
理由	劳动者主张加班的，应当就加班事实的存在承担举证责任。原告未能证明存在加班的事实，故应当承担举证不能的责任，被告不应支付加班费	原告加班并不是因为被告的安排，而是其自愿加班／未完成其合理的工作任务，故被告不应支付加班费	被告已于××××年××月××日在月工资中／单独足额支付加班费，故被告不应再额外支付加班费	被告认可原告加班的事实，但是对金额有异议，根据加班时间、加班日期及工资标准，被告应支付原告加班费×× 元

劳动争议纠纷

答辩事项 4　对未休年休假工资的异议

答辩依据

《劳动法》第 45 条
《职工带薪年休假条例》第 4、5 条
《企业职工带薪年休假实施办法》第 6、7、10 条

依据分解	劳动者不符合休年休假的条件	劳动者已休年休假	职工因本人原因且书面提出不休年休假	用人单位已支付未休年休假工资
事实	■劳动合同签订情况 ●签订时间 ■对劳动合同履行情况的异议 ●工作时间 ●入职时间	■对劳动合同履行情况的异议 ●年休假情况	■对劳动合同履行情况的异议 ●不休年休假申请	■对劳动合同履行情况的异议 ●用人单位已支付未休年休假工资
证据	劳动合同原件 员工登记表 考勤记录 工资表 银行转账记录	考勤表 用人单位人力管理系统记录 请假条及审批单	人力资源相关通知 不休年休假申请	用人单位与员工的沟通记录 工资条 银行转账记录
理由	原告自××××年××月××日参加工作，累计工作时间不足1年，不符合休年休假的条件，故被告不应当向其支付未休年休假工资	原告××××年度年休假已经于××××年××月××日休完，故被告不应当向其支付未休年休假工资	原告因为其本人原因，提出不休年休假，故被告不应当向其支付未休年休假工资	被告已经按照原告日工资收入的300%支付未休年休假工资，故被告不应再向其支付未休年休假工资

答辩事项 5　对未依法缴纳社会保险费造成的经济损失的异议

答辩依据	《社会保险法》第 4、58、63 条 劳动合同第 × 条		
依据分解	用人单位与劳动者之间不存在劳动关系	已依法缴纳社会保险	劳动者未遭受损失
事实	参见答辩事项 1 的相关部分	■对劳动合同履行情况的异议 ●办理社会保险的时间及险种	■其他相关情况 ●劳动者未申请保险支付，或者虽申请保险但未遭受损失
证据	参见答辩事项 1 的相关部分	社会保险查询记录	养老保险申请记录 工伤认定决定书、司法鉴定意见书、医院诊断证明等 医疗保险申请记录、住院证明、病历 生育及相关医疗费用证明文件 失业登记材料 仲裁文书
理由	被告与原告不存在劳动关系，被告不承担为原告办理社会保险的义务，故不应承担任何赔偿责任	被告已为原告依法缴纳社会保险，故不应承担任何赔偿责任	原告未申请保险支付/申请保险支付但未遭受损失，故被告不应承担赔偿责任

答辩事项 6　对解除劳动合同经济补偿的异议

答辩依据	《劳动合同法》第 37、39 条 用人单位规章制度		
依据分解	用人单位解除劳动合同，属于不需要支付经济补偿的情况[1]	用人单位已支付经济补偿	对经济补偿数额的异议
事实	■ 劳动合同签订情况 　● 解除合同条件 ■ 对解除或终止劳动关系情况的异议 　● 解除或终止劳动关系的原因 ■ 对劳动合同履行情况的异议 　● 劳动者的受处罚或违规记录 　● 劳动者实际领取的每月工资数额及工资构成	■ 对解除或终止劳动关系情况的异议 　● 经济补偿数额 　● 解除条件 　● 经济补偿支付情况	■ 劳动合同签订情况 　● 签订时间 ■ 对劳动合同履行情况的异议 　● 劳动者实际领取的每月工资数额及工资构成 ■ 对解除或终止劳动关系情况的异议 　● 解除或终止劳动关系的原因
证据	劳动合同原件 解除劳动关系通知 补充协议 用人单位相关管理制度 劳动者处罚或违规记录 工资单	用人单位与员工的沟通记录 解除劳动合同的通知 工资条 银行转账记录	劳动合同原件 解除劳动关系通知 工资条、银行流水 邮件、短信、微信等 公司相关管理规范
理由	原告与被告于××××年××月××日签订劳动合同，于××××年××月××日因××原因解除劳动合同，根据法律规定，被告不应当向原告支付解除劳动合同经济补偿	被告已于××××年××月××日将经济补偿以转账的方式支付给原告，故不应当再向原告支付解除劳动合同经济补偿	原告在本单位的工作年限为 N 年，月工资标准为 M，故应当按照 N×M 计算经济补偿金

[1] 具体包括：(1) 劳动者提出解除合同，与用人单位协商一致的；(2) 劳动者提前通知解除劳动合同的；(3) 用人单位单方解除劳动合同（过失性辞退）。

答辩事项 7　对违法解除劳动合同赔偿金的异议

答辩依据	《劳动合同法》第 47、48、87 条 劳动合同第 × 条			
依据分解	用人单位依法解除或者终止劳动合同	已继续履行劳动合同	用人单位已支付赔偿金	对赔偿金数额的异议
事实	■ 劳动合同签订情况 　● 合同主体 ■ 对劳动合同履行情况的异议 　● 工作岗位 　● 工作情况 ■ 对解除或终止劳动关系情况的异议 　● 解除或终止劳动关系的原因	■ 劳动合同签订情况 　● 合同主体 ■ 对劳动合同履行情况的异议 　● 工作岗位 　● 工作地点 　● 工作时间	■ 对解除或终止劳动关系情况的异议 　● 赔偿金数额 　● 解除条件 　● 赔偿金支付情况	■ 劳动合同签订情况 　● 签订时间 　● 工资标准 ■ 对劳动合同履行情况的异议 　● 劳动者实际领取的每月工资数额及工资构成 ■ 对解除或终止劳动关系情况的异议 　● 解除时间 　● 经济补偿金数额
证据	劳动合同原件 考勤表 用人单位相关通知 解除劳动合同通知书	劳动合同原件 用人单位相关通知 双方沟通交流记录	用人单位与员工的沟通记录 解除劳动合同的通知 工资条 银行转账记录	劳动合同原件 解除劳动关系通知 工资条 银行流水 邮件、短信、微信等
理由	因存在 ×× 事由，被告与原告解除劳动合同，该事由不属于违法解除劳动合同的情况，故被告不应向原告支付违法解除劳动合同赔偿金	被告于 ×××× 年 ×× 月 ×× 日提出与原告解除劳动合同，原告要求继续履行劳动合同，被告同意。因此，双方劳动合同并未解除，被告不应向原告支付违法解除劳动合同赔偿金	被告已于 ×××× 年 ×× 月 ×× 日以银行转账方式向原告支付违法解除劳动合同赔偿金 ×× 元，不应再支付赔偿金	原告在本单位的工作年限为 N 年，月工资标准为 M，故应当按照 N×M×2 计算赔偿金

"实例"

民事起诉状
（劳动争议纠纷）

说明：
　　为了方便您更好地参加诉讼，保护您的合法权利，请填写本表。
　　1. 起诉时需向人民法院提交证明您身份的材料，如身份证复印件、营业执照复印件等。
　　2. 本表所列内容是您提起诉讼以及人民法院查明案件事实所需，请务必如实填写。
　　3. 本表所涉内容系针对一般劳动争议纠纷案件，有些内容可能与您的案件无关，您认为与案件无关的项目可以填"无"或不填；对于本表中勾选项可以在对应项打"√"；您认为另有重要内容需要列明的，可以在本表尾部或者另附页填写。
★特别提示★
　　《中华人民共和国民事诉讼法》第十三条第一款规定："民事诉讼应当遵循诚信原则。"
　　如果诉讼参加人违反上述规定，进行虚假诉讼、恶意诉讼，人民法院将视违法情形依法追究责任。

当事人信息

原告（示范文本中均为劳动者提起诉讼的情况）	姓名：刘某某 性别：男□ 女☑ 出生日期：1973 年 ×× 月 ×× 日 民族：汉族 工作单位：北京 ×× 公司　　职务：职员 联系电话：××××××× 住所地（户籍所在地）：北京市门头沟区 ×× 路 ×× 号 经常居住地：同住所地
委托诉讼代理人	有☑ 　　姓名：汪某某 　　单位：×× 律师事务所　　职务：律师 　　联系电话：××××××× 　　代理权限：一般授权☑（代理人仅享有出庭、收集证据、辩论、起草法律文书等程序性诉讼权利）　特别授权□（代理人除享有一般授权的诉讼权利外，还可行使代为和解、上诉等涉及当事人实体利益的诉讼权利） 无□

· 327 ·

续表

送达地址（所填信息除书面特别声明更改外，适用于案件一审、二审、再审所有后续程序）及收件人、电话	地址：北京市大兴区××路××号 收件人：汪某某 电话：××××××××
是否接受电子送达	是☑　方式：短信×××××　微信＿＿＿＿　传真＿＿＿＿ 　　　　　　　　邮箱＿＿＿＿　其他＿＿＿＿ 否□
被告	名称：北京××公司 住所地（主要办事机构所在地）：北京市平谷区××路××号 注册地/登记地：北京市平谷区××路××号 法定代表人/主要负责人：张某某　职务：董事长 联系电话：×××××××× 统一社会信用代码： 类型：有限责任公司☑　股份有限公司□　上市公司□ 　　　其他企业法人□　事业单位□　社会团体□ 　　　基金会□　社会服务机构□　机关法人□　农村集体经济组织法人□　城镇农村的合作经济组织法人□　基层群众性自治组织法人□　个人独资企业□　合伙企业□　不具有法人资格的专业服务机构□　国有□（控股□　参股□）民营□
诉讼请求和依据	
1. 是否主张工资支付	是□　否☑ 明细：
2. 是否主张未签订书面劳动合同双倍工资	是☑　否□ 明细：11个月第二倍工资共计33000元
3. 是否主张加班费	是□　否☑ 明细：

旁注：
- 此处可填写一项或多项
- 示范文本中均为用人单位

续表

4.是否主张未休年休假工资	是□ 否☑ 明细：
5.是否主张未依法缴纳社会保险费造成的经济损失	是□ 否☑ 明细：
6.是否主张解除劳动合同经济补偿	是□ 否☑ 明细：3000元
7.是否主张违法解除劳动合同赔偿金	是□ 否☑ 明细：
8.本表未列明的其他请求	无
9.诉讼费用承担	全部诉讼费用由被告承担
10.是否已经申请诉前保全	是□ 保全法院： 保全文书： 否☑
事实和理由	
1.劳动合同签订情况	未签订书面劳动合同，经劳动仲裁确认存在劳动关系
2.劳动合同履行情况	刘某某于2019年××月××日入职北京××公司，从事清洁工作，约定每月工资3000元，劳动合同期限1年，但未签订书面劳动合同。1年期满后，刘某某提出续签合同，但北京××公司不同意
3.解除或终止劳动关系情况	合同期满后，因北京××公司不同意续签合同，2020年××月××日，劳动关系终止
4.工伤情况	无

续表

5.劳动仲裁相关情况	刘某某2020年××月××日申请劳动仲裁,请求确认其自2019年××月××日至2020年××月××日与北京××公司存在劳动关系;北京××公司向其支付未签书面劳动合同而应支付的第二倍工资33000元;北京××公司向其支付解除劳动关系经济补偿3000元 北京市××区劳动人事争议仲裁委员会于2020年××月××日作出×××号裁决书,确认北京××公司与刘某某在2019年××月××日至2020年××月××日存在劳动关系,并驳回了刘某某其他仲裁请求
6.其他相关情况	无
7.诉请依据 (应尽量穷尽列举,可参考本书"适用指南""相关法条"提及的规定)	《中华人民共和国劳动合同法》第7条、第10条、第44条、第46条、第47条、第82条
8.证据清单(可另附页)	附页

具状人(签字、盖章):刘某某（原告）

日期:2021年××月××日

（自然人签字,法人、非法人组织盖章）

民事答辩状
（劳动争议纠纷）

说明：
　　为了方便您更好地参加诉讼，保护您的合法权利，请填写本表。
　　1. 应诉时需向人民法院提交证明您身份的材料，如身份证复印件、营业执照复印件等。
　　2. 本表所列内容是您参加诉讼以及人民法院查明案件事实所需，请务必如实填写。
　　3. 本表所涉内容系针对一般劳动争议纠纷案件，有些内容可能与您的案件无关，您认为与案件无关的项目可以填"无"或不填；对于本表中勾选项可以在对应项打"√"；您认为另有重要内容需要列明的，可以在本表尾部或者另附页填写。
★特别提示★
　　《中华人民共和国民事诉讼法》第十三条第一款规定："民事诉讼应当遵循诚信原则。"
　　如果诉讼参加人违反上述规定，进行虚假诉讼、恶意诉讼，人民法院将视违法情形依法追究责任。

案号	（2021）京××民初××号	案由	
当事人信息			
答辩人	名称：北京××公司 住所地（主要办事机构所在地）：北京市平谷区××路××号 注册地/登记地： 法定代表人/主要负责人：张某某　职务：董事长 联系电话：××××××××××× 统一社会信用代码：×××××××××××××××× 类型：有限责任公司☑　股份有限公司☐　上市公司☐ 　　　其他企业法人☐　事业单位☐　社会团体☐ 　　　基金会☐　社会服务机构☐　机关法人☐　农村集体经济组织法人☐　城镇农村的合作经济组织法人☐　基层群众性自治组织法人☐　个人独资企业☐　合伙企业☐　不具有法人资格的专业服务机构☐　国有（控股☐　参股☐）　民营☑		

8. 劳动争议纠纷

劳动争议纠纷

·331·

续表

委托诉讼代理人	有☑ 　　姓名：肖某某 　　单位：北京××公司　　职务：职员 　　联系电话：××××××× 　　代理权限：一般授权□　特别授权☑ 无□
送达地址（所填信息除书面特别声明更改外，适用于案件一审、二审、再审所有后续程序）及收件人、电话	地址：北京市平谷区××路××号 收件人：肖某某 电话：×××××××
是否接受电子送达	是□　方式：短信_____　微信_____　传真_____ 　　　　邮箱_____　其他_____ 否☑

（代理人除享有一般授权的诉讼权利外，还可行使代为和解、上诉等涉及当事人实体利益的诉讼权利）

（代理人仅享有出庭、收集证据、辩论、起草法律文书等程序性诉讼权利）

（此处可填写一项或多项）

答辩事项和依据
（对原告诉讼请求的确认或者异议）

1. 对工资支付诉请的确认和异议	确认□　异议□ 事由：
2. 对未签订书面劳动合同双倍工资诉请的确认和异议	确认□　异议☑ 事由：已通知刘某某签订书面劳动合同，刘某某因个人原因没有签订
3. 对加班费诉请的确认和异议	确认□　异议□ 事由：
4. 对未休年休假工资诉请的确认和异议	确认□　异议□ 事由：
5. 对未依法缴纳社会保险费造成的经济损失诉请的确认和异议	确认□　异议□ 事由：

劳动争议纠纷

· 332 ·

续表

6. 对解除劳动合同经济补偿诉请的确认和异议	确认☐ 异议☑ 事由：刘某某严重违反用人单位规章制度，故不予续签劳动合同
7. 对违法解除劳动合同赔偿金诉请的确认和异议	确认☐ 异议☐ 事由：
8. 对劳动仲裁相关情况的确认和异议	确认☑ 异议☐ 事由：
9. 其他事由	无
10. 答辩的依据	《中华人民共和国劳动合同法》第7条、第10条、第44条、第46条、第47条、第82条
11. 证据清单（可另附页）	附页

> 10. 答辩的依据
> 应尽量穷尽列举，可参考本书"适用指南""相关法条"提及的规定

答辩人（签字、盖章）：北京 ×× 公司

日期：2021 年 ×× 月 ×× 日

（被告）

（自然人签字，法人、非法人组织盖章）

相关法条

《劳动法》

第四十四条 有下列情形之一的,用人单位应当按照下列标准支付高于劳动者正常工作时间工资的工资报酬:

(一)安排劳动者延长工作时间的,支付不低于工资的百分之一百五十的工资报酬;

(二)休息日安排劳动者工作又不能安排补休的,支付不低于工资的百分之二百的工资报酬;

(三)法定休假日安排劳动者工作的,支付不低于工资的百分之三百的工资报酬。

第四十五条 国家实行带薪年休假制度。

劳动者连续工作一年以上的,享受带薪年休假。具体办法由国务院规定。

《劳动合同法》

第七条 用人单位自用工之日起即与劳动者建立劳动关系。用人单位应当建立职工名册备查。

第十条 建立劳动关系,应当订立书面劳动合同。

已建立劳动关系,未同时订立书面劳动合同的,应当自用工之日起一个月内订立书面劳动合同。

用人单位与劳动者在用工前订立劳动合同的,劳动关系自用工之日起建立。

第十四条 无固定期限劳动合同,是指用人单位与劳动者约定无确定终止时间的劳动合同。

用人单位与劳动者协商一致,可以订立无固定期限劳动合同。有下列情形之一,劳动者提出或者同意续订、订立劳动合同的,除劳动者提出订立固定期限劳动合同外,应当订立无固定期限劳动合同:

(一)劳动者在该用人单位连续工作满十年的;

(二)用人单位初次实行劳动合同制度或者国有企业改制重新订立劳动合同

时,劳动者在该用人单位连续工作满十年且距法定退休年龄不足十年的;

(三)连续订立二次固定期限劳动合同,且劳动者没有本法第三十九条和第四十条第一项、第二项规定的情形,续订劳动合同的。

用人单位自用工之日起满一年不与劳动者订立书面劳动合同的,视为用人单位与劳动者已订立无固定期限劳动合同。

第二十六条 下列劳动合同无效或者部分无效:

(一)以欺诈、胁迫的手段或者乘人之危,使对方在违背真实意思的情况下订立或者变更劳动合同的;

(二)用人单位免除自己的法定责任、排除劳动者权利的;

(三)违反法律、行政法规强制性规定的。

对劳动合同的无效或者部分无效有争议的,由劳动争议仲裁机构或者人民法院确认。

第二十七条 劳动合同部分无效,不影响其他部分效力的,其他部分仍然有效。

第三十条 用人单位应当按照劳动合同约定和国家规定,向劳动者及时足额支付劳动报酬。

用人单位拖欠或者未足额支付劳动报酬的,劳动者可以依法向当地人民法院申请支付令,人民法院应当依法发出支付令。

第三十一条 用人单位应当严格执行劳动定额标准,不得强迫或者变相强迫劳动者加班。用人单位安排加班的,应当按照国家有关规定向劳动者支付加班费。

第三十六条 用人单位与劳动者协商一致,可以解除劳动合同。

第三十七条 劳动者提前三十日以书面形式通知用人单位,可以解除劳动合同。劳动者在试用期内提前三日通知用人单位,可以解除劳动合同。

第三十八条 用人单位有下列情形之一的,劳动者可以解除劳动合同:

(一)未按照劳动合同约定提供劳动保护或者劳动条件的;

(二)未及时足额支付劳动报酬的;

(三)未依法为劳动者缴纳社会保险费的;

(四)用人单位的规章制度违反法律、法规的规定,损害劳动者权益的;

(五)因本法第二十六条第一款规定的情形致使劳动合同无效的;

(六)法律、行政法规规定劳动者可以解除劳动合同的其他情形。

用人单位以暴力、威胁或者非法限制人身自由的手段强迫劳动者劳动的，或者用人单位违章指挥、强令冒险作业危及劳动者人身安全的，劳动者可以立即解除劳动合同，不需事先告知用人单位。

第三十九条 劳动者有下列情形之一的，用人单位可以解除劳动合同：

（一）在试用期间被证明不符合录用条件的；

（二）严重违反用人单位的规章制度的；

（三）严重失职，营私舞弊，给用人单位造成重大损害的；

（四）劳动者同时与其他用人单位建立劳动关系，对完成本单位的工作任务造成严重影响，或者经用人单位提出，拒不改正的；

（五）因本法第二十六条第一款第一项规定的情形致使劳动合同无效的；

（六）被依法追究刑事责任的。

第四十条 有下列情形之一的，用人单位提前三十日以书面形式通知劳动者本人或者额外支付劳动者一个月工资后，可以解除劳动合同：

（一）劳动者患病或者非因工负伤，在规定的医疗期满后不能从事原工作，也不能从事由用人单位另行安排的工作的；

（二）劳动者不能胜任工作，经过培训或者调整工作岗位，仍不能胜任工作的；

（三）劳动合同订立时所依据的客观情况发生重大变化，致使劳动合同无法履行，经用人单位与劳动者协商，未能就变更劳动合同内容达成协议的。

第四十一条 有下列情形之一，需要裁减人员二十人以上或者裁减不足二十人但占企业职工总数百分之十以上的，用人单位提前三十日向工会或者全体职工说明情况，听取工会或者职工的意见后，裁减人员方案经向劳动行政部门报告，可以裁减人员：

（一）依照企业破产法规定进行重整的；

（二）生产经营发生严重困难的；

（三）企业转产、重大技术革新或者经营方式调整，经变更劳动合同后，仍需裁减人员的；

（四）其他因劳动合同订立时所依据的客观经济情况发生重大变化，致使劳动合同无法履行的。

裁减人员时，应当优先留用下列人员：

（一）与本单位订立较长期限的固定期限劳动合同的；

（二）与本单位订立无固定期限劳动合同的；

（三）家庭无其他就业人员，有需要扶养的老人或者未成年人的。

用人单位依照本条第一款规定裁减人员，在六个月内重新招用人员的，应当通知被裁减的人员，并在同等条件下优先招用被裁减的人员。

第四十四条 有下列情形之一的，劳动合同终止：

（一）劳动合同期满的；

（二）劳动者开始依法享受基本养老保险待遇的；

（三）劳动者死亡，或者被人民法院宣告死亡或者宣告失踪的；

（四）用人单位被依法宣告破产的；

（五）用人单位被吊销营业执照、责令关闭、撤销或者用人单位决定提前解散的；

（六）法律、行政法规规定的其他情形。

第四十六条 有下列情形之一的，用人单位应当向劳动者支付经济补偿：

（一）劳动者依照本法第三十八条规定解除劳动合同的；

（二）用人单位依照本法第三十六条规定向劳动者提出解除劳动合同并与劳动者协商一致解除劳动合同的；

（三）用人单位依照本法第四十条规定解除劳动合同的；

（四）用人单位依照本法第四十一条第一款规定解除劳动合同的；

（五）除用人单位维持或者提高劳动合同约定条件续订劳动合同，劳动者不同意续订的情形外，依照本法第四十四条第一项规定终止固定期限劳动合同的；

（六）依照本法第四十四条第四项、第五项规定终止劳动合同的；

（七）法律、行政法规规定的其他情形。

第四十七条 经济补偿按劳动者在本单位工作的年限，每满一年支付一个月工资的标准向劳动者支付。六个月以上不满一年的，按一年计算；不满六个月的，向劳动者支付半个月工资的经济补偿。

劳动者月工资高于用人单位所在直辖市、设区的市级人民政府公布的本地区上年度职工月平均工资三倍的，向其支付经济补偿的标准按职工月平均工资三倍的数额支付，向其支付经济补偿的年限最高不超过十二年。

本条所称月工资是指劳动者在劳动合同解除或者终止前十二个月的平均工资。

第四十八条 用人单位违反本法规定解除或者终止劳动合同,劳动者要求继续履行劳动合同的,用人单位应当继续履行;劳动者不要求继续履行劳动合同或者劳动合同已经不能继续履行的,用人单位应当依照本法第八十七条规定支付赔偿金。

第八十二条 用人单位自用工之日起超过一个月不满一年未与劳动者订立书面劳动合同的,应当向劳动者每月支付二倍的工资。

用人单位违反本法规定不与劳动者订立无固定期限劳动合同的,自应当订立无固定期限劳动合同之日起向劳动者每月支付二倍的工资。

第八十五条 用人单位有下列情形之一的,由劳动行政部门责令限期支付劳动报酬、加班费或者经济补偿;劳动报酬低于当地最低工资标准的,应当支付其差额部分;逾期不支付的,责令用人单位按应付金额百分之五十以上百分之一百以下的标准向劳动者加付赔偿金:

(一)未按照劳动合同的约定或者国家规定及时足额支付劳动者劳动报酬的;

(二)低于当地最低工资标准支付劳动者工资的;

(三)安排加班不支付加班费的;

(四)解除或者终止劳动合同,未依照本法规定向劳动者支付经济补偿的。

第八十七条 用人单位违反本法规定解除或者终止劳动合同的,应当依照本法第四十七条规定的经济补偿标准的二倍向劳动者支付赔偿金。

《社会保险法》

第四条 中华人民共和国境内的用人单位和个人依法缴纳社会保险费,有权查询缴费记录、个人权益记录,要求社会保险经办机构提供社会保险咨询等相关服务。

个人依法享受社会保险待遇,有权监督本单位为其缴费情况。

第五十八条 用人单位应当自用工之日起三十日内为其职工向社会保险经办机构申请办理社会保险登记。未办理社会保险登记的,由社会保险经办机构核定其应当缴纳的社会保险费。

自愿参加社会保险的无雇工的个体工商户、未在用人单位参加社会保险的非全日制从业人员以及其他灵活就业人员,应当向社会保险经办机构申请办理社会保险登记。

国家建立全国统一的个人社会保障号码。个人社会保障号码为公民身份号码。

第六十三条 用人单位未按时足额缴纳社会保险费的,由社会保险费征收机构责令其限期缴纳或者补足。

用人单位逾期仍未缴纳或者补足社会保险费的,社会保险费征收机构可以向银行和其他金融机构查询其存款账户;并可以申请县级以上有关行政部门作出划拨社会保险费的决定,书面通知其开户银行或者其他金融机构划拨社会保险费。用人单位账户余额少于应当缴纳的社会保险费的,社会保险费征收机构可以要求该用人单位提供担保,签订延期缴费协议。

用人单位未足额缴纳社会保险费且未提供担保的,社会保险费征收机构可以申请人民法院扣押、查封、拍卖其价值相当于应当缴纳社会保险费的财产,以拍卖所得抵缴社会保险费。

《劳动合同法实施条例》

第五条 自用工之日起一个月内,经用人单位书面通知后,劳动者不与用人单位订立书面劳动合同的,用人单位应当书面通知劳动者终止劳动关系,无需向劳动者支付经济补偿,但是应当依法向劳动者支付其实际工作时间的劳动报酬。

第六条 用人单位自用工之日起超过一个月不满一年未与劳动者订立书面劳动合同的,应当依照劳动合同法第八十二条的规定向劳动者每月支付两倍的工资,并与劳动者补订书面劳动合同;劳动者不与用人单位订立书面劳动合同的,用人单位应当书面通知劳动者终止劳动关系,并依照劳动合同法第四十七条的规定支付经济补偿。

前款规定的用人单位向劳动者每月支付两倍工资的起算时间为用工之日起满一个月的次日,截止时间为补订书面劳动合同的前一日。

第七条 用人单位自用工之日起满一年未与劳动者订立书面劳动合同的,自用工之日起满一个月的次日至满一年的前一日应当依照劳动合同法第八十二条的规定向劳动者每月支付两倍的工资,并视为自用工之日起满一年的当日已经与劳动者订立无固定期限劳动合同,应当立即与劳动者补订书面劳动合同。

《职工带薪年休假条例》

第二条 机关、团体、企业、事业单位、民办非企业单位、有雇工的个体工商户等单位的职工连续工作1年以上的,享受带薪年休假(以下简称年休假)。单位应当保证职工享受年休假。职工在年休假期间享受与正常工作期间相同的工资收入。

第三条 职工累计工作已满1年不满10年的,年休假5天;已满10年不满20年的,年休假10天;已满20年的,年休假15天。

国家法定休假日、休息日不计入年休假的假期。

第四条 职工有下列情形之一的,不享受当年的年休假:

(一)职工依法享受寒暑假,其休假天数多于年休假天数的;

(二)职工请事假累计20天以上且单位按照规定不扣工资的;

(三)累计工作满1年不满10年的职工,请病假累计2个月以上的;

(四)累计工作满10年不满20年的职工,请病假累计3个月以上的;

(五)累计工作满20年以上的职工,请病假累计4个月以上的。

第五条 单位根据生产、工作的具体情况,并考虑职工本人意愿,统筹安排职工年休假。

年休假在1个年度内可以集中安排,也可以分段安排,一般不跨年度安排。单位因生产、工作特点确有必要跨年度安排职工年休假的,可以跨1个年度安排。

单位确因工作需要不能安排职工休年休假的,经职工本人同意,可以不安排职工休年休假。对职工应休未休的年休假天数,单位应当按照该职工日工资收入的300%支付年休假工资报酬。

第七条 单位不安排职工休年休假又不依照本条例规定给予年休假工资报酬的,由县级以上地方人民政府人事部门或者劳动保障部门依据职权责令限期改正;对逾期不改正的,除责令该单位支付年休假工资报酬外,单位还应当按照年休假工资报酬的数额向职工加付赔偿金;对拒不支付年休假工资报酬、赔偿金的,属于公务员和参照公务员法管理的人员所在单位的,对直接负责的主管人员以及其他直接责任人员依法给予处分;属于其他单位的,由劳动保障部门、人事部门或者职工申请人民法院强制执行。

《企业职工带薪年休假实施办法》

第三条 职工连续工作满12个月以上的，享受带薪年休假（以下简称年休假）。

第四条 年休假天数根据职工累计工作时间确定。职工在同一或者不同用人单位工作期间，以及依照法律、行政法规或者国务院规定视同工作期间，应当计为累计工作时间。

第五条 职工新进用人单位且符合本办法第三条规定的，当年度年休假天数，按照在本单位剩余日历天数折算确定，折算后不足1整天的部分不享受年休假。

前款规定的折算方法为：（当年度在本单位剩余日历天数÷365天）×职工本人全年应当享受的年休假天数。

第六条 职工依法享受的探亲假、婚丧假、产假等国家规定的假期以及因工伤停工留薪期间不计入年休假假期。

第七条 职工享受寒暑假天数多于其年休假天数的，不享受当年的年休假。确因工作需要，职工享受的寒暑假天数少于其年休假天数的，用人单位应当安排补足年休假天数。

第九条 用人单位根据生产、工作的具体情况，并考虑职工本人意愿，统筹安排年休假。用人单位确因工作需要不能安排职工年休假或者跨1个年度安排年休假的，应征得职工本人同意。

第十条 用人单位经职工同意不安排年休假或者安排职工年休假天数少于应休年休假天数，应当在本年度内对职工应休未休年休假天数，按照其日工资收入的300%支付未休年休假工资报酬，其中包含用人单位支付职工正常工作期间的工资收入。

用人单位安排职工休年休假，但是职工因本人原因且书面提出不休年休假的，用人单位可以只支付其正常工作期间的工资收入。

《最高人民法院关于审理劳动争议案件适用法律问题的解释（一）》

第一条 劳动者与用人单位之间发生的下列纠纷，属于劳动争议，当事人不服劳动争议仲裁机构作出的裁决，依法提起诉讼的，人民法院应予受理：

（一）劳动者与用人单位在履行劳动合同过程中发生的纠纷；

（二）劳动者与用人单位之间没有订立书面劳动合同，但已形成劳动关系后发生的纠纷；

（三）劳动者与用人单位因劳动关系是否已经解除或者终止，以及应否支付解除或者终止劳动关系经济补偿金发生的纠纷；

（四）劳动者与用人单位解除或者终止劳动关系后，请求用人单位返还其收取的劳动合同定金、保证金、抵押金、抵押物发生的纠纷，或者办理劳动者的人事档案、社会保险关系等移转手续发生的纠纷；

（五）劳动者以用人单位未为其办理社会保险手续，且社会保险经办机构不能补办导致其无法享受社会保险待遇为由，要求用人单位赔偿损失发生的纠纷；

（六）劳动者退休后，与尚未参加社会保险统筹的原用人单位因追索养老金、医疗费、工伤保险待遇和其他社会保险待遇而发生的纠纷；

（七）劳动者因为工伤、职业病，请求用人单位依法给予工伤保险待遇发生的纠纷；

（八）劳动者依据劳动合同法第八十五条规定，要求用人单位支付加付赔偿金发生的纠纷；

（九）因企业自主进行改制发生的纠纷。

第四十二条 劳动者主张加班费的，应当就加班事实的存在承担举证责任。但劳动者有证据证明用人单位掌握加班事实存在的证据，用人单位不提供的，由用人单位承担不利后果。

9. 融资租赁合同纠纷

【案由地图】

融资租赁合同纠纷属于合同、准合同纠纷项下 3 级案由。

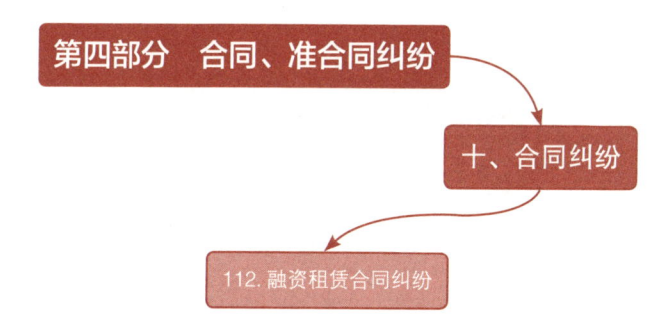

```
第四部分　合同、准合同纠纷
        ↓
    十、合同纠纷
        ↓
112. 融资租赁合同纠纷
```

【法律关系】

融资租赁合同纠纷通常的法律关系如下图所示。

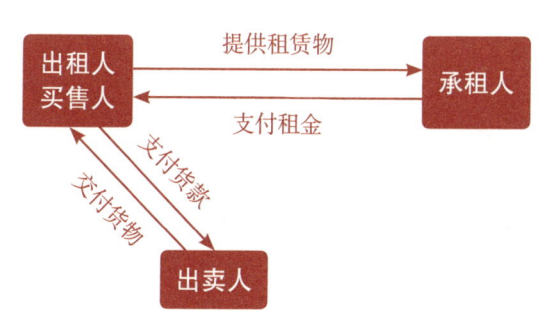

```
出租人          提供租赁物          承租人
买售人   ←——————————————→
        ←——————————————
                支付租金
  ↑  ↓
支付│ │支付
货物│ │货款
  │ ↓
   出卖人
```

【常见诉请】

示范文本起诉状所列诉讼请求均为原告为出租人的情况。

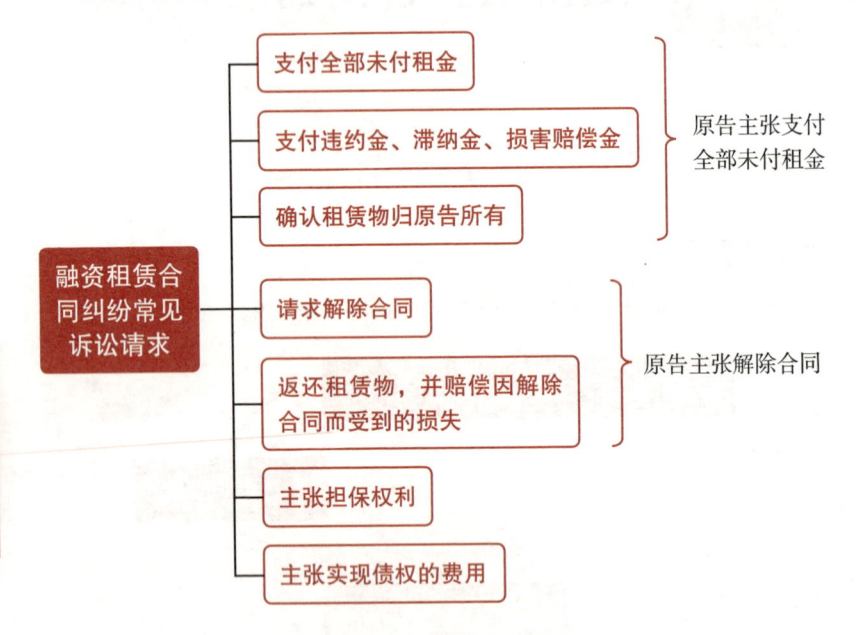

```
                    ┌─ 支付全部未付租金 ────────┐
                    │                          │ 原告主张支付
                    ├─ 支付违约金、滞纳金、损害赔偿金 ┤ 全部未付租金
                    │                          │
                    ├─ 确认租赁物归原告所有 ────┘
融资租赁合同         │
纠纷常见     ───────┤
诉讼请求            ├─ 请求解除合同 ───────────┐
                    │                          │
                    ├─ 返还租赁物,并赔偿因解除  │ 原告主张解除合同
                    │  合同而受到的损失        │
                    │                          ┘
                    ├─ 主张担保权利
                    │
                    └─ 主张实现债权的费用
```

民事起诉状
（融资租赁合同纠纷）

"示范文本"

扫描下载

说明：

为了方便您更好地参加诉讼，保护您的合法权利，请填写本表。

1. 起诉时需向人民法院提交证明您身份的材料，如身份证复印件、营业执照复印件等。

2. 本表所列内容是您提起诉讼以及人民法院查明案件事实所需，请务必如实填写。

3. 本表所涉内容系针对一般融资租赁合同纠纷案件，有些内容可能与您的案件无关，您认为与案件无关的项目可以填"无"或不填；对于本表中勾选项可以在对应项打"√"；您认为另有重要内容需要列明的，可以在本表尾部或者另附页填写。

★**特别提示**★

《中华人民共和国民事诉讼法》第十三条第一款规定："民事诉讼应当遵循诚信原则。"

如果诉讼参加人违反上述规定，进行虚假诉讼、恶意诉讼，人民法院将视违法情形依法追究责任。

当事人信息

原告（法人、非法人组织）	名称： 住所地（主要办事机构所在地）： 注册地/登记地： 法定代表人/主要负责人：　职务：　联系电话： 统一社会信用代码： 类型：有限责任公司□　股份有限公司□　上市公司□ 其他企业法人□　事业单位□　社会团体□ 基金会□　社会服务机构□　机关法人□　农村集体经济组织法人□　城镇农村的合作经济组织法人□　基层群众性自治组织法人□　个人独资企业□　合伙企业□　不具有法人资格的专业服务机构□　国有□（控股□　参股□）　民营□

· 345 ·

续表

原告（自然人）	姓名： 性别：男□ 女□ 出生日期： 年 月 日 民族： 工作单位： 职务： 联系电话： 住所地（户籍所在地）： 经常居住地：
委托诉讼代理人	有□ 　　姓名： 单位： 职务： 联系电话： 　　代理权限：一般授权□ 特别授权□ 无□
送达地址（所填信息除书面特别声明更改外，适用于案件一审、二审、再审所有后续程序）及收件人、联系电话	地址： 收件人： 电话：
是否接受电子送达	是□ 方式：短信＿＿＿ 微信＿＿＿ 传真＿＿＿ 　　　　邮箱＿＿＿ 其他＿＿＿ 否□
被告（法人、非法人组织）	名称： 住所地（主要办事机构所在地）： 注册地/登记地： 法定代表人/主要负责人： 职务： 联系电话： 统一社会信用代码： 类型：有限责任公司□ 股份有限公司□ 上市公司□ 其他企业法人□ 事业单位□ 社会团体□ 基金会□ 社会服务机构□ 机关法人□ 农村集体经济组织法人□ 城镇农村的合作经济组织法人□ 基层群众性自治组织法人□ 个人独资企业□ 合伙企业□ 不具有法人资格的专业服务机构□ 国有□（控股□ 参股□） 民营□

续表

被告（自然人）	姓名： 性别：男□　女□ 出生日期：　　　年　　月　　日 民族： 工作单位：　　　　　职务：　　　联系电话： 住所地（户籍所在地）： 经常居住地：
第三人（法人、非法人组织）	名称： 住所地（主要办事机构所在地）： 注册地/登记地： 法定代表人/主要负责人：　　职务：　　联系电话： 统一社会信用代码： 类型：有限责任公司□　股份有限公司□　上市公司□ 　　　其他企业法人□　事业单位□　社会团体□ 　　　基金会□　社会服务机构□　机关法人□　农村集体经济组织法人□　城镇农村的合作经济组织法人□　基层群众性自治组织法人□　个人独资企业□　合伙企业□　不具有法人资格的专业服务机构□　国有□（控股□　参股□）　民营□
第三人（自然人）	姓名： 性别：男□　女□ 出生日期：　　　年　　月　　日　　民族： 工作单位：　　　　　职务：　　　联系电话： 住所地（户籍所在地）： 经常居住地：
诉讼请求和依据 （原告主张支付全部未付租金时，填写第1项至第3项；原告主张解除合同时，填写第4项、第5项；第6项至第10项为共同项）	
1. 支付全部未付租金	到期未付租金　　元、未到期租金　　元、留购价款　元（人民币，下同；如外币需特别注明） 明细：

· 347 ·

续表

2.违约金、滞纳金、损害赔偿金	截至　　年　　月　　日止,违约金　　元,滞纳金　　元,损害赔偿金　　元;自　　之后的违约金、滞纳金、损害赔偿金,以　　元为基数按照标准计算至全部款项实际付清之日 明细:
3.是否确认租赁物归原告所有	是□ 否□
4.请求解除合同	判令解除融资租赁合同□ 确认融资租赁合同已于　　年　　月　　日解除□
5.返还租赁物,并赔偿因解除合同而受到的损失	支付全部未付租金　　元,到期未付租金　　元、未到期租金　　元、留购价款　　元(如约定) 截至　　年　　月　　日止,违约金　　元,滞纳金　　元,损害赔偿金　　元 自　　之后的违约金、滞纳金、损害赔偿金,以　　元为基数按照标准计算至全部款项实际付清之日 明细:
6.是否主张担保权利	是□　内容: 否□
7.是否主张实现债权的费用	是□　费用明细: 否□
8.其他请求	
9.标的总额	
10.请求依据	合同约定: 法律规定:
约定管辖和诉讼保全	
1.有无仲裁、法院管辖约定	有□　合同条款及内容: 无□
2.是否申请财产保全措施	已经诉前保全:是□　保全法院:　　保全时间: 　　　　　　　否□ 申请诉讼保全:是□ 　　　　　　　否□

续表

事实和理由	
1.合同的签订情况（名称、编号、签订时间、地点）	
2.签订主体	出租人（买方）： 承租人（卖方）：
3.租赁物情况（租赁物的选择、名称、规格、质量、数量等）	
4.合同约定的租金及支付方式	租金　　元； 以现金□　转账□　票据□＿＿＿＿（写明票据类型） 其他□＿＿＿＿方式　一次性□　分期□　支付 分期方式：
5.合同约定的租赁期限、费用	租赁期间自　年　月　日起至　年　月　日止 除租金外产生的　　费用，由　　承担
6.到期后租赁物归属	归承租人所有□ 归出租人所有□ 留购价款　　元
7.合同约定的违约责任	
8.是否约定加速到期条款	是□　具体内容： 否□
9.是否约定回收租赁物条件	是□　具体内容： 否□
10.是否约定解除合同条件	是□　具体内容： 否□

续表

11. 租赁物交付时间	于　　年　　月　　日交付租赁物
12. 租赁物情况	质量符合约定或者承租人的使用目的□ 存在瑕疵□　具体情况：
13. 租金支付情况	自　　年　　月　　日至　　年　　月　　日，按约定缴纳租金，已付租金　　元，逾期但已支付租金　　元 明细：
14. 逾期未付租金情况	自　　年　　月　　日起，开始欠付租金，截至　　年　　月　　日，欠付租金　　元、违约金　　元、滞纳金　　元、损害赔偿金　　元，共计　　元 明细：
15. 是否签订物的担保（抵押、质押）合同	是□　签订时间： 否□
16. 担保人、担保物	担保人： 担保物：
17. 是否最高额担保（抵押、质押）	是□　担保债权的确定时间： 　　　担保额度： 否□
18. 是否办理抵押、质押登记	是□　正式登记□ 　　　预告登记□ 否□
19. 是否签订保证合同	是□　签订时间：　　　保证人： 　　　主要内容： 否□
20. 保证方式	一般保证　　□ 连带责任保证□
21. 其他担保方式	是□　形式：　　　签订时间： 否□

续表

22.其他需要说明的内容（可另附页）	
23.证据清单（可另附页）	

具状人（签字、盖章）：

日期：

民事答辩状
（融资租赁合同纠纷）

说明：

　　为了方便您更好地参加诉讼，保护您的合法权利，请填写本表。

　　1. 应诉时需向人民法院提交证明您身份的材料，如身份证复印件、营业执照复印件等。

　　2. 本表所列内容是您参加诉讼以及人民法院查明案件事实所需，请务必如实填写。

　　3. 本表所涉内容系针对一般融资租赁合同纠纷案件，有些内容可能与您的案件无关，您认为与案件无关的项目可以填"无"或不填；对于本表中勾选项可以在对应项打"√"；您认为另有重要内容需要列明的，可以在本表尾部或者另附页填写。

★特别提示★

　　《中华人民共和国民事诉讼法》第十三条第一款规定："民事诉讼应当遵循诚信原则。"

　　如果诉讼参加人违反上述规定，进行虚假诉讼、恶意诉讼，人民法院将视违法情形依法追究责任。

案号		案由	
当事人信息			
答辩人（法人、非法人组织）	名称： 住所地（主要办事机构所在地）： 注册地/登记地： 法定代表人/主要负责人：　　职务：　　联系电话： 统一社会信用代码： 类型：有限责任公司□　股份有限公司□　上市公司□ 　　　其他企业法人□　事业单位□　社会团体□ 　　　基金会□　社会服务机构□　机关法人□　农村集体经济组织法人□　城镇农村的合作经济组织法人□　基层群众性自治组织法人□　个人独资企业□　合伙企业□　不具有法人资格的专业服务机构□　国有□（控股□　参股□）民营□		

· 352 ·

续表

答辩人（自然人）	姓名： 性别：男□　女□ 出生日期：　　年　　月　　日　　民族： 工作单位：　　　　职务：　　　联系电话： 住所地（户籍所在地）： 经常居住地：
委托诉讼代理人	有□ 　　姓名： 　　单位：　　　　职务：　　　联系电话： 　　代理权限：一般授权□　特别授权□ 无□
送达地址（所填信息除书面特别声明更改外，适用于案件一审、二审、再审所有后续程序）及收件人、联系电话	地址： 收件人： 联系电话：
是否接受电子送达	是□　方式：短信＿＿＿　微信＿＿＿　传真＿＿＿ 　　　　邮箱＿＿＿　其他＿＿＿ 否□
答辩事项 **（对原告诉讼请求的确认或者异议）**	
1. 对支付全部未付租金的诉请有无异议	无□ 有☑　事实和理由：
2. 对违约金、滞纳金、损害赔偿金有无异议	无□ 有□　事实和理由：
3. 对确认租赁物归原告所有有无异议	无□ 有□　事实和理由：

· 353 ·

续表

4. 对解除合同有无异议	无☐ 有☐　事实和理由：
5. 对返还租赁物，并赔偿因解除合同而受到的损失有无异议	无☐ 有☐　事实和理由：
6. 对担保权利的诉请有无异议	无☐ 有☐　事实和理由：
7. 对实现债权的费用有无异议	无☐ 有☐　事实和理由：
8. 对其他请求有无异议	无☐ 有☐　事实和理由：
9. 对标的总额有无异议	无☐ 有☐　事实和理由：
10. 答辩依据	合同约定： 法律规定：
事实与理由 **（对起诉状事实与理由的确认或者异议）**	
1. 对合同签订情况（名称、编号、签订时间、地点）有无异议	无☐ 有☐　事实和理由：
2. 对签订主体有无异议	无☐ 有☐　事实和理由：
3. 对租赁物情况有无异议	无☐ 有☐　事实和理由：
4. 对合同约定的租金及支付方式有无异议	无☐ 有☐　事实和理由：

续表

5. 对合同约定的租赁期限、费用有无异议	无□ 有□	事实和理由：
6. 对到期后租赁物归属有无异议	无□ 有□	事实和理由：
7. 对合同约定的违约责任有无异议	无□ 有□	事实和理由：
8. 对是否约定加速到期条款有无异议	无□ 有□	事实和理由：
9. 对是否约定回收租赁物条件有无异议	无□ 有□	事实和理由：
10. 对是否约定解除合同条件有无异议	无□ 有□	事实和理由：
11. 对租赁物交付时间有无异议	无□ 有□	事实和理由：
12. 对租赁物情况有无异议	无□ 有□	事实和理由：
13. 对租金支付情况有无异议	无□ 有□	事实和理由：
14. 对逾期未付租金情况有无异议	无□ 有□	事实和理由：
15. 对是否签订物的担保合同有无异议	无□ 有□	事实和理由：
16. 对担保人、担保物有无异议	无□ 有□	事实和理由：

续表

17. 对最高额抵押担保有无异议	无 □ 有 □ 事实和理由：
18. 对是否办理抵押/质押登记有无异议	无 □ 有 □ 事实和理由：
19. 对是否签订保证合同有无异议	无 □ 有 □ 事实和理由：
20. 对保证方式有无异议	无 □ 有 □ 事实和理由：
21. 对其他担保方式有无异议	无 □ 有 □ 事实和理由：
22. 有无其他免责/减责事由	无 □ 有 □ 事实和理由：
23. 其他需要说明的内容（可另附页）	
24. 证据清单（可另附页）	

答辩人（签字、盖章）：

日期：

9. 融资租赁合同纠纷

> "适用指南"

起诉部分
（融资租赁合同纠纷）

诉讼请求1　支付全部未付租金

请求依据	《民法典》第735、746、752条 《最高人民法院关于审理融资租赁合同纠纷案件适用法律问题的解释》第1条 《最高人民法院关于适用〈中华人民共和国民法典〉有关担保制度的解释》第65条 融资租赁合同第×条			
依据分解	双方构成融资租赁法律关系	承租人未按照约定支付租金	出租人已催告承租人在合理期限内支付租金	承租人经催告后在合理期限内仍不支付租金
事实	■合同的签订情况 ■签订主体 ■合同约定的租金及支付方式 ■租赁物情况 ■租金支付情况	■合同约定的租金及支付方式 ■租金支付情况 ■逾期未付租金情况	■合同约定的租金及支付方式 ■其他需要说明的内容 　●出租人已催告承租人支付租金	■合同约定的租金及支付方式 ■租金支付情况 ■逾期未付租金情况
证据	合同原件 租赁物交付记录、验收单 银行流水、支票	合同原件 银行流水 双方沟通记录如电子邮件、短信、微信	合同原件 出租人的催告通知、违约通知、邮件、信息等	合同原件 银行流水 双方沟通记录如电子邮件、短信、微信
理由	原被告于××××年××月××日订立融资租赁合同，原告已于××××年××月××日向被告交付租赁物，自××××年××月××日起，被告开始欠付租金，原告于××××年××月××日催告被告于×个月内支付租金，被告于该期限内仍未支付租金，原告请求被告向原告支付全部未付租金××元			

诉讼请求 2　支付违约金、滞纳金、损害赔偿金

请求依据	《民法典》第 752 条 《最高人民法院关于审理融资租赁合同纠纷案件适用法律问题的解释》第 9 条 融资租赁合同第 × 条		
依据分解	被告的行为构成未支付全部租金的情况	融资租赁合同对相应情况的违约金支付有约定	违约金、滞纳金、损害赔偿金的计算
事实	参见诉讼请求 1 的事实各部分	■ 合同约定的租金及支付方式 ■ 合同约定的租赁期限、费用 ■ 合同约定的违约责任 ■ 租金支付情况 ■ 逾期未付租金情况	■ 租金支付情况 ■ 逾期未付租金情况 ■ 其他需要说明的内容 　● 合同约定的违约责任
证据	参见诉讼请求 1 的证据各部分	合同原件 银行流水 双方沟通记录如电子邮件、短信、微信 催款通知 违约通知 损害赔偿证明	合同原件 催款通知 违约通知 违约金、滞纳金计算明细 损害赔偿明细
理由	原被告于 ×××× 年 ×× 月 ×× 日订立融资租赁合同，原告已于 ×××× 年 ×× 月 ×× 日向被告交付租赁物，自 ×××× 年 ×× 月 ×× 日起，被告开始欠付租金，原告于 ×××× 年 ×× 月 ×× 日催告被告于 × 个月内支付租金，被告于该期限内仍未支付租金。被告已构成违约，根据合同约定，截至 ×××× 年 ×× 月 ×× 日，被告应当向原告支付违约金 ×× 元，滞纳金 ×× 元，损害赔偿金 ×× 元，自 ×× 之后的违约金、滞纳金、损害赔偿金，以 ×× 元为基数按照 ×× 标准计算至全部款项实际付清之日		

诉讼请求 3　确认租赁物归原告所有

请求依据	《民法典》第 735、745、752 条 《最高人民法院关于适用〈中华人民共和国民法典〉有关担保制度的解释》第 65 条 融资租赁合同第 × 条	
依据分解	被告的行为构成未支付全部租金的情况	租赁物归原告所有
事实	参见诉讼请求 1 的事实相关部分	▪ 合同的签订情况 ▪ 签订主体 ▪ 租赁物情况 ▪ 租赁物交付时间
证据	参见诉讼请求 1 的证据相关部分	合同原件 交付记录 租赁物签收单 质量检验报告
理由	原被告于 ×××× 年 ×× 月 ×× 日订立融资租赁合同，原告已按照要求购买租赁物，并于 ×××× 年 ×× 月 ×× 日向被告交付租赁物，自 ×××× 年 ×× 月 ×× 日起，被告开始欠付租金，原告于 ×××× 年 ×× 月 ×× 日催告被告于 × 个月内支付租金，被告于该期限内仍未支付租金。目前租赁物由被告占有，请求法院确认租赁物归原告所有	

诉讼请求 4　请求解除合同[1]

请求依据	《民法典》第 735、752 条 《最高人民法院关于审理融资租赁合同纠纷案件适用法律问题的解释》第 5 条 融资租赁合同第 × 条			
依据分解	双方构成融资租赁法律关系	承租人未按照约定支付租金	出租人已催告承租人在合理期限内支付租金	承租人经催告后在合理期限内仍不支付租金
事实	参见诉讼请求 1 的事实相关部分	参见诉讼请求 1 的事实相关部分	参见诉讼请求 1 的事实相关部分	参见诉讼请求 1 的事实相关部分
证据	参见诉讼请求 1 的证据相关部分	参见诉讼请求 1 的证据相关部分	参见诉讼请求 1 的证据相关部分	参见诉讼请求 1 的证据相关部分
理由	原被告于××××年××月××日订立融资租赁合同，原告已于××××年××月××日向被告交付租赁物，自××××年××月××日起，被告开始欠付租金，原告于××××年××月××日催告被告于×个月内支付租金，被告于该期限内仍未支付租金，原告请求解除合同			

[1] 根据示范文本的提示语，此处解除合同专指《民法典》第 752 条规定的出租人解除合同请求权。融资租赁合同的解除情形还包括：（1）《民法典》第 753 条规定，承租人未经出租人同意，将租赁物转让、抵押、质押、投资入股或者以其他方式处分的，出租人可以解除融资租赁合同。（2）《民法典》第 754 条规定，有下列情形之一的，出租人或者承租人可以解除融资租赁合同：①出租人与出卖人订立的买卖合同解除、被确认无效或者被撤销，且未能重新订立买卖合同；②租赁物因不可归责于当事人的原因毁损、灭失，且不能修复或者确定替代物；③因出卖人的原因致使融资租赁合同的目的不能实现。（3）《最高人民法院关于审理融资租赁合同纠纷案件适用法律问题的解释》第 6 条规定，因出租人的原因致使承租人无法占有、使用租赁物，承租人请求解除融资租赁合同的。此外，合同通用的解除条件也适用于融资租赁合同解除的情形。

9. 融资租赁合同纠纷

诉讼请求 5　返还租赁物，并赔偿因解除合同而受到的损失[1]

请求依据	《民法典》第735、752条 《最高人民法院关于审理融资租赁合同纠纷案件适用法律问题的解释》第5、11条 融资租赁合同第 × 条		
依据分解	原告有权解除合同	被告应当返还租赁物	原告因解除合同而受到损失[2]
事实	参见诉讼请求4的事实各部分	■ 合同的签订情况 ■ 签订主体 ■ 租赁物情况 ■ 租赁物交付时间	■ 合同的签订情况 ■ 合同约定的租赁期限、费用 ■ 到期后租赁物归属 ■ 租金支付情况 ■ 逾期未付租金情况
证据	参见诉讼请求4的证据各部分	合同原件 交付记录 租赁物签收单 质量检验报告	合同原件 银行流水 双方沟通记录如电子邮件、短信、微信 其他费用证明材料
理由	原被告于××××年××月××日订立融资租赁合同，原告已于××××年××月××日向被告交付租赁物，自××××年××月××日起，被告开始欠付租金，原告于××××年××月××日催告被告于×个月内支付租金，被告于该期限内仍未支付租金。原告要求解除合同，被告应返还租赁物，并赔偿原告因解除合同而受到的损失		

[1] 根据示范文本的提示语，此处解除合同专指《民法典》第752条规定的出租人解除合同。
[2] 该损失包括承租人全部未付租金及其他费用与收回租赁物价值的差额；合同约定租赁期间届满后租赁物归出租人所有的，还应包括融资租赁合同到期后租赁物的残值。

诉讼请求 6　主张担保权利

请求依据	《民法典》第 386、387、394、735、752 条 《最高人民法院关于适用〈中华人民共和国民法典〉有关担保制度的解释》第 65 条 融资租赁合同第 × 条 担保合同第 × 条		
依据分解	承租人未按照约定支付租金，经催告后在合理期限内仍不支付	原告可主张担保权利： （1）主债权存在且有效； （2）抵押合同或条款有效； （3）担保或保证期间未经过； （4）担保权利成立（满足法定设立要件）	以拍卖、变卖租赁物所得的价款受偿[1]
事实	参见诉讼请求 1、2、5 的事实各部分	■ 签订物的担保（抵押、质押）合同 ■ 担保人、担保物 ■ 最高额担保（抵押、质押） ■ 办理抵押、质押登记 ■ 签订保证合同 ■ 保证方式 ■ 其他担保方式	■ 合同的签订情况 ■ 租赁物情况 ■ 合同约定的租金及支付方式 ■ 合同解除条件 ■ 租赁物情况 ■ 租金支付情况 ■ 逾期未付租金情况 ■ 签订物的担保（抵押、质押）合同
证据	参见诉讼请求 1、2、5 的证据各部分	保证合同 担保合同 办理抵押、质押登记的凭证	合同原件 交付记录 评估报告
理由	原被告于 ×××× 年 ×× 月 ×× 日订立融资租赁合同，原告已于 ×××× 年 ×× 月 ×× 日向被告交付租赁物，自 ×××× 年 ×× 月 ×× 日起，被告开始欠付租金，原告于 ×××× 年 ×× 月 ×× 日催告被告于 × 个月内支付租金，被告于该期限内仍未支付租金。原告请求以拍卖、变卖租赁物所得价款支付租金		

[1]《最高人民法院关于适用〈中华人民共和国民法典〉有关担保制度的解释》第 65 条第 1 款规定，请求被告向原告支付全部租金，并以拍卖、变卖租赁物所得的价款受偿的，当事人请求参照《民事诉讼法》"实现担保物权案件"的有关规定，以拍卖、变卖租赁物所得价款支付租金的，人民法院应予准许。

诉讼请求 7　主张实现债权的费用

请求依据	《民法典》第 561、735、752 条	
依据分解	承租人未按照约定支付租金，经催告后在合理期限内仍不支付	出租人为实现债权，支付了合理费用，主要包括： （1）诉讼费用； （2）拍卖费用； （3）保全费用； （4）评估费用； （5）律师费； （6）差旅费用等
事实	参见诉讼请求 1、2、5、6 的事实各部分	■其他需要说明的内容 ●实现债权合理费用的情况
证据	参见诉讼请求 1、2、5、6 的证据各部分	合同原件 各类费用的收据、发票 评估报告 委托代理合同
理由	原被告于××××年××月××日订立融资租赁合同，原告已于××××年××月××日向被告交付租赁物，自××××年××月××日起，被告开始欠付租金，原告于××××年××月××日催告被告于×个月内支付租金，被告于该期限内仍未支付租金，承租人构成违约，为了实现债权，原告采取××措施，支付××费用××元，应由被告承担	

答辩部分
（融资租赁合同纠纷）

答辩事项1　对支付全部未付租金的异议

答辩依据	《民法典》第735、742、746、752条 《最高人民法院关于审理融资租赁合同纠纷案件适用法律问题的解释》第1条 《最高人民法院关于适用〈中华人民共和国民法典〉有关担保制度的解释》第65条 融资租赁合同第×条						
依据分解	双方不构成融资租赁法律关系[1]	出租人未履行合同中的义务，或者合同约定的支付租金的条件未成就，按照合同约定，承租人可以不支付租金	承租人已按照约定支付租金	出租人未催告	承租人经催告后在合理期限内已支付租金	承租人依赖出租人的技能确定租赁物或者出租人干预选择租赁物的，承租人可以请求减免相应租金
事实	■对合同签订情况的异议 ■对签订主体的异议 ■对租赁物情况的异议	■对租赁物情况的异议 ■对租赁物交付时间的异议	■对租金支付情况的异议	■其他需要说明的内容 ●对催告情况的异议	■对租金支付情况的异议	■对租赁物情况的异议

续表

证据	合同原件 租赁物为虚构等的证明 签订主体的资质证明 仲裁文书	合同原件 交付记录 质量检验报告	转账记录 收据	对出租人催告的证据提出质疑 双方沟通记录	转账记录 收据	合同原件 双方沟通记录
理由	双方订立的融资租赁合同名为融资租赁合同，实为其他合同，不构成融资租赁法律关系，被告不应当支付全部未付租金	原告一直未交付租赁物，根据合同，被告可以不支付租金，故被告不构成未按照约定支付租金	原告已按照合同约定支付租金，不存在未按照约定支付租金的情况	根据合同约定，被告应支付租金，因被告经营困难申请暂缓支付，得到了原告的同意，原告从未催告支付。原告不得主张被告支付全部未付租金	被告已在原告催告支付租金的次日足额支付租金等，原告不得再主张被告支付全部未付租金	出租人干预选择租赁物，导致租赁物与施工需求不匹配，降低了工作效率，申请减免部分租金

[1] 具体包括以下情形：(1) 融资租赁合同无效、可撤销；(2) 融资租赁合同已解除；(3) 名为融资租赁合同，实为其他合同，不构成融资租赁法律关系。

答辩事项2　对支付违约金、滞纳金、损害赔偿金的异议[1]

答辩依据	《民法典》第752条 《最高人民法院关于审理融资租赁合同纠纷案件适用法律问题的解释》第9条 融资租赁合同第 × 条	
依据分解	被告的行为不构成未支付全部租金的情况	融资租赁未对相应情况的违约金等进行约定
事实	参见答辩事项1的事实各部分	▪ 对合同约定的租赁期限、费用的异议 ▪ 对合同约定的违约责任的异议 ▪ 对租赁物交付时间的异议 ▪ 对租赁物情况的异议 ▪ 对租金支付情况的异议 ▪ 对逾期未付租金情况的异议
证据	参见答辩事项1的证据各部分	合同原件 转账记录 收据 双方沟通记录
理由	参见答辩事项1的理由各部分	被告因经营困难无法按期支付租金，原告要求被告支付全部未支付租金，被告对此无异议，但是，融资租赁合同未约定违约金/违约金应为 ×× 元

[1] 此处的违约金、滞纳金、损害赔偿金，根据示范文本的语境，主要限定为主张支付全部未付租金的情况。

答辩事项 3　对确认租赁物归原告所有的异议

答辩依据	《民法典》第 735、745、752 条 《最高人民法院关于适用〈中华人民共和国民法典〉有关担保制度的解释》第 65、67 条 融资租赁合同第 × 条			
依据分解	被告的行为不构成未支付全部租金的情况	融资租赁合同对于租赁物归属有特殊约定	租赁物已损毁、灭失	出租人对租赁物享有的所有权未经登记，不得对抗善意第三人
事实	参见答辩事项 1 的事实相关部分	■ 对到期后租赁物归属的异议 ■ 对约定回收租赁物条件的异议	■ 对租赁物情况的异议	■ 对租赁物情况的异议 ■ 其他需要说明的内容 　● 租赁物转让的情况
证据	参见答辩事项 1 的证据相关部分	融资租赁合同原件	租赁物的照片 租赁物损毁、灭失的鉴定报告等	承租人与第三人的合同 第三人为善意的证据 关于租赁物权属的判决书、仲裁文书等
理由	参见答辩事项 1 的理由相关部分	被告同意支付租金。但是，根据融资租赁合同第 ×× 条的约定，被告支付全部租金后，租赁物应当归被告所有	租赁物在使用过程中因为暴雨已经全部损毁，无法确认租赁物归原告所有	承租人已将租赁物转让给第三人，根据之前的判决，租赁物已归第三人所有

答辩事项 4　对请求解除合同的异议[1]

答辩依据	《民法典》第 735、752 条 《最高人民法院关于审理融资租赁合同纠纷案件适用法律问题的解释》第 5 条 融资租赁合同第 × 条					
依据分解	双方不构成融资租赁法律关系[2]	出租人未履行合同中的义务，或者合同约定的支付租金的条件未成就，按照合同约定，承租人可以不支付租金	承租人已按照约定支付租金	出租人未催告	承租人经催告后在合理期限内已支付租金
事实	参见答辩事项 1 的事实相关部分	参见答辩事项 1 的事实相关部分	参见答辩事项 1 的事实相关部分	参见答辩事项 1 的事实相关部分	参见答辩事项 1 的事实相关部分
证据	参见答辩事项 1 的证据相关部分	参见答辩事项 1 的证据相关部分	参见答辩事项 1 的证据相关部分	参见答辩事项 1 的证据相关部分	参见答辩事项 1 的证据相关部分
理由	参见答辩事项 1 的理由相关部分	参见答辩事项 1 的理由相关部分	参见答辩事项 1 的理由相关部分	参见答辩事项 1 的理由相关部分	参见答辩事项 1 的理由相关部分

[1] 根据示范文本的提示语，此处解除合同专指《民法典》第 752 条规定的出租人解除合同请求权。融资租赁合同的解除情形还包括：（1）《民法典》第 753 条规定，承租人未经出租人同意，将租赁物转让、抵押、质押、投资入股或者以其他方式处分的，出租人可以解除融资租赁合同。（2）《民法典》第 754 条规定，有下列情形之一的，出租人或者承租人可以解除融资租赁合同：①出租人与出卖人订立的买卖合同解除、被确认无效或者被撤销，且未能重新订立买卖合同；②租赁物因不可归责于当事人的原因毁损、灭失，且不能修复或者确定替代物；③因出卖人的原因致使融资租赁合同的目的不能实现。（3）《最高人民法院关于审理融资租赁合同纠纷案件适用法律问题的解释》第 6 条规定，因出租人的原因致使承租人无法占有、使用租赁物，承租人请求解除融资租赁合同的。此外，合同通用的解除条件也适用于融资租赁合同解除的情形。

[2] 具体包括以下情形：（1）融资租赁合同无效、可撤销；（2）融资租赁合同已解除；（3）名为融资租赁合同，实为其他合同，不构成融资租赁法律关系。

答辩事项 5　对返还租赁物并赔偿因解除合同而受到的损失的异议[1]

答辩依据	《民法典》第 735、752、758 条 《最高人民法院关于审理融资租赁合同纠纷案件适用法律问题的解释》第 5、11 条 融资租赁合同第 ×× 条		
依据分解	对原告解除合同的异议	租赁物毁损、灭失或者附合、混合于他物致使承租人不能返还	对损失及金额的异议[2]
事实	参见答辩事项 4 的事实各部分	■ 对租赁物情况的异议	■ 对合同签订情况的异议 ■ 对合同约定的租赁期限、费用的异议 ■ 对到期后租赁物归属的异议 ■ 对解除合同条件的异议 ■ 对租金支付情况的异议 ■ 对逾期未付租金情况的异议
证据	参见答辩事项 4 的证据各部分	评估报告 现场照片	合同原件 银行流水 双方沟通记录如电子邮件、短信、微信 其他费用证明材料
理由	参见答辩事项 4 的理由各部分	租赁物在使用过程中因为暴雨而损毁，无法返还原告	原告主张的损失金额计算有误，应为 ×× 元

[1] 根据示范文本的提示语，此处解除合同专指《民法典》第 752 条规定的出租人解除合同。
[2] 对未付租金及其他费用金额的异议；合同约定租赁期间届满后租赁物归出租人所有的，对融资租赁合同到期后租赁物残值的异议。

答辩事项 6　对担保权利的异议

答辩依据	《民法典》第 386、387、394、735、752 条 《最高人民法院关于适用〈中华人民共和国民法典〉有关担保制度的解释》第 65 条 融资租赁合同第 × 条 担保合同第 × 条				
依据分解	被告不应支付全部未付租金，违约金、滞纳金、损害赔偿金，赔偿因解除合同而受到的损失	不存在有效的保证或担保： （1）担保合同或保证合同无效； （2）主债权不存在或合同无效； （3）原告未取得合法的担保权利	担保权利行使条件未满足	租赁物毁损、灭失或者附合、混合于他物
事实	参见答辩事项 1、2、5 的事实各部分	■ 对签订物的担保合同的异议 ■ 对担保人、担保物的异议 ■ 对最高额担保（抵押、质押）的异议 ■ 对办理抵押/质押登记的异议 ■ 对签订保证合同的异议 ■ 对保证方式的异议 ■ 对其他担保方式的异议	■ 其他需要说明的内容 ● 对可以行使担保权利的异议	■ 对租赁物情况的异议
证据	参见答辩事项 1、2、5 的证据各部分	保证合同 担保合同 办理抵押、质押登记的凭证 相关沟通记录	担保合同原件 担保人与出租人的沟通记录等	评估报告 现场照片
理由	参见答辩事项 1、2、5 的理由各部分	被告存在未履行主合同义务的情况，但是被告与原告签订的担保合同/保证合同因 ×× 无效，原告无权主张担保权利	担保合同约定，应先对租赁物拍卖，不足部分由保证人清偿。目前尚未对租赁物拍卖，故保证人不应履行相关义务	租赁物在使用过程中因为遭遇台风而损毁，无法拍卖、变卖

融资租赁合同纠纷

答辩事项 7　对实现债权的费用的异议

答辩依据	《民法典》第 561 条	
依据分解	不存在"承租人未按照约定支付租金,经催告后在合理期限内仍不支付"的情况	对实现债权的费用的合理性、真实性的异议
事实	参见答辩事项 1、2、5、6 的事实各部分	■对合同签订情况的异议 ■对合同约定的违约责任的异议 ■其他需要说明的内容 　●对实现债权合理费用的情况的异议
证据	参见答辩事项 1、2、5、6 的证据各部分	合同原件 各类费用的收据、发票 评估报告 委托代理合同
理由	参见答辩事项 1、2、5、6 的理由各部分	原告与被告于 ×××× 年 ×× 月 ×× 日订立融资租赁合同,因被告无法按期支付租金,原告要求被告支付未支付的租金,共计 ×× 元。被告对此无异议。原告诉请的 ×× 费用,与本案无关,不是实现债权的合理费用,被告不应支付。原告诉请 ×× 费用 ×× 元,无证据支持,仅认可其中 ×× 元

"**实例**"

民事起诉状
（融资租赁合同纠纷）

说明：
　　为了方便您更好地参加诉讼，保护您的合法权利，请填写本表。
　　1. 起诉时需向人民法院提交证明您身份的材料，如身份证复印件、营业执照复印件等。
　　2. 本表所列内容是您提起诉讼以及人民法院查明案件事实所需，请务必如实填写。
　　3. 本表所涉内容系针对一般融资租赁合同纠纷案件，有些内容可能与您的案件无关，您认为与案件无关的项目可以填"无"或不填；对于本表中勾选项可以在对应项打"√"；您认为另有重要内容需要列明的，可以在本表尾部或者另附页填写。
　　★特别提示★
　　《中华人民共和国民事诉讼法》第十三条第一款规定："民事诉讼应当遵循诚信原则。"
　　如果诉讼参加人违反上述规定，进行虚假诉讼、恶意诉讼，人民法院将视违法情形依法追究责任。

当事人信息

原告（法人、非法人组织）〔出租人〕	名称：××融资租赁有限公司 住所地（主要办事机构所在地）：天津自贸试验区××路××号 注册地／登记地：天津自贸试验区××路××号 法定代表人／主要负责人：徐×× 职务：董事长 联系电话：××××××××××× 统一社会信用代码：911×××××××××××× 类型：有限责任公司☑　股份有限公司☐　上市公司☐ 　　　其他企业法人☐　事业单位☐　社会团体☐ 　　　基金会☐　社会服务机构☐　机关法人☐　农村集体经济组织法人☐　城镇农村的合作经济组织法人☐　基层群众性自治组织法人☐　个人独资企业☐　合伙企业☐　不具有法人资格的专业服务机构☐　国有☐（控股☐　参股☑）　民营☐

· 372 ·

9.融资租赁合同纠纷

续表

原告（自然人）【出租人】	姓名： 性别：男□ 女□ 出生日期： 年 月 日 民族： 工作单位： 职务： 联系电话： 住所地（户籍所在地）： 经常居住地：	
委托诉讼代理人	有☑ 　　姓名：何×× 　　单位：天津××律师事务所 职务：律师 　　联系电话：××××××××××× 　　代理权限：一般授权□ 特别授权☑ 无□	代理人除享有一般授权的诉讼权利外，还可行使代为和解、上诉等涉及当事人实体利益的诉讼权利 代理人仅享有出庭、收集证据、辩论、起草法律文书等程序性诉讼权利
送达地址（所填信息除书面特别声明更改外，适用于案件一审、二审、再审所有后续程序）及收件人、联系电话	地址：天津市××区××路××号天津××律师事务所 收件人：何×× 联系电话：××××××××××	
是否接受电子送达（若同意使用电子送达，请在所选送达方式后填写收信地址）	是☑ 方式：短信 139×××××××× 　　　　　　微信 139×××××××× 传真_____ 　　　　　　邮箱 ×××@QQ.COM 其他_____ 否□	
被告（法人、非法人组织）【承租人】【此处可填写一项或多项】	名称：龙川公司 住所地（主要办事机构所在地）：龙川县××路矿区 注册地/登记地：龙川县××路矿区 法定代表人/主要负责人：宋×× 职务：董事长 联系电话：×××××××××× 统一社会信用代码：911××××××××××××× 类型：有限责任公司☑ 股份有限公司□ 上市公司□ 其他企业法人□ 事业单位□ 社会团体□ 基金会□ 社会服务机构□ 机关法人□ 农村集体经济组织法人□ 城镇农村的合作经济组织法人□ 基层群众性自治组织法人□ 个人独资企业□ 合伙企业□ 不具有法人资格的专业服务机构□ 国有□（控股□ 参股□） 民营☑	

· 373 ·

续表

被告（自然人） 【承租人】	姓名：谢×× 性别：男☑　女☐ 出生日期：1955年1月1日 民族：汉 工作单位：×××公司　职务：总经理 联系电话：××××××××× 住所地（户籍所在地）：上海市浦东新区××路××弄××号 经常居住地：	
第三人（法人、非法人组织）	名称： 住所地（主要办事机构所在地）： 注册地/登记地： 法定代表人/主要负责人：　职务：　联系电话： 统一社会信用代码： 类型：有限责任公司☐　股份有限公司☐　上市公司☐ 　　　其他企业法人☐　事业单位☐　社会团体☐ 　　　基金会☐　社会服务机构☐　机关法人☐　农村集体经济组织法人☐　城镇农村的合作经济组织法人☐　基层群众性自治组织法人☐　个人独资企业☐　合伙企业☐　不具有法人资格的专业服务机构☐　国有☐（控股☐　参股☐）民营☐	
第三人（自然人）	姓名： 性别：男☐　女☐ 出生日期：　　年　　月　　日 民族： 工作单位：　　　职务：　　　联系电话： 住所地（户籍所在地）： 经常居住地：	根据《民法典》第752条，出租人有选择权，可以请求支付全部未付租金，也可以解除合同，收回租赁物
诉讼请求和依据 （原告主张支付全部未付租金时，填写第1项至第3项；原告主张解除合同时，填写第4项、第5项；第6项至第10项为共同项）		
1.支付全部未付租金	到期未付租金11127000元（暂计）、未到期租金245050312.50元、留购价款10000元 明细：	

· 374 ·

续表

2.违约金、滞纳金、损害赔偿金	截至2018年11月15日止,违约金214093.50元,滞纳金　　元,损害赔偿金　　元;计算标准:按照逾期未付款项每日万分之五,即逾期付款违约金=逾期未付款项×0.05%×逾期付款天数 是否计算至全部款项实际付清之日止　是☑　否☐ 明细:
3.是否确认租赁物归原告所有	是☐ 否☐
4.请求解除合同	判令解除融资租赁合同☐ 确认融资租赁合同已于　　年　月　　日解除☐
5.返还租赁物,并赔偿因解除合同而受到的损失	支付全部未付租金　　元,到期未付租金　　元、未到期租金　　元、留购价款　　元(如约定) 截至　　年　月　　日止,违约金　　元,滞纳金　　元,损害赔偿金　　元 自　　之后的违约金、滞纳金、损害赔偿金,以　　元为基数按照标准计算至全部款项实际付清之日 明细:
6.是否主张担保权利	是☑　内容:谢××对龙川公司的上述全部债务承担连带担保责任 否☐
7.是否主张实现债权的费用	是☑　费用明细:律师代理费200000元,交通费、食宿等相关费用暂计20000元,共计220000元 否☐
8.其他请求	本案一切诉讼费、财产保全费、评估费等费用由被告共同承担
9.标的总额	暂为256407312.50元
10.请求依据	合同约定:《融资租赁合同》第一条、第三条、第十一条 法律规定:《中华人民共和国合同法》第四十四条、第六十条、第一百零七条,《中华人民共和国物权法》第一百七十九条,《中华人民共和国担保法》第三十三条

> 应尽量穷尽列举,可参考本书"适用指南""相关法条"提及的规定

续表

约定管辖和诉讼保全	
1.有无仲裁、法院管辖约定	有☑　合同条款及内容：如发生争议向人民法院提起诉讼 无☐
2.是否申请财产保全措施	已经诉前保全：是☐　保全法院：　保全时间： 　　　　　　　　否☑ 申请诉讼保全：是☑ 　　　　　　　　否☐

> 对方当事人可能导致判决难以执行或造成其他损害的，可申请财产保全措施，包括冻结、扣押、查封

事实和理由

1.合同的签订情况（名称、编号、签订时间、地点等）	2018年4月3日，××融资租赁有限公司与龙川公司在××融资租赁有限公司所在地签订《融资租赁合同》
2.签订主体	出租人（卖方）：××融资租赁有限公司 承租人（买方）：龙川公司
3.租赁物情况（租赁物的选择、名称、规格、质量、数量等）	龙川公司所有的位于龙川县金属矿的房屋建筑、井巷工程、机器设备、尾矿库工程
4.合同约定的租金及支付方式	租金2亿元； 以现金☐　转账☑　票据☐＿＿＿（写明票据类型） 其他☐＿＿＿方式　一次性☐　分期☑支付 分期方式：按照不等额还租法向××融资租赁有限公司支付租金，每3个月支付一次，共计20期
5.合同约定的租赁期限、费用	租赁期间自2018年4月11日起至2023年4月15日止 除租金外产生的　　　费用，由　　　承担
6.到期后租赁物归属	归承租人所有☑ 归出租人所有☐ 留购价款10000元

合同纠纷 融资租赁

续表

7. 合同约定的违约责任	根据《××融资租赁合同》第六款 6.3 约定，龙川公司应就逾期未付款项按日万分之五支付违约金，直至全部付清之日止
8. 是否约定加速到期条款	是☐　具体内容： 否☐
9. 是否约定回收租赁物条件	是☐　具体内容： 否☐
10. 是否约定解除合同条件	是☐　具体内容： 否☐
11. 租赁物交付时间	于 2018 年 4 月 11 日交付租赁物
12. 租赁物情况	质量符合约定或者承租人的使用目的☑ 存在瑕疵☐　具体情况：
13. 租金支付情况	自 2018 年 4 月　日至 2018 年 7 月 15 日，按约定缴纳租金，已付第 1 期、第 2 期租金 11993999 元，逾期但已支付租金 666999 元 明细：
14. 逾期未付租金情况	自 2018 年 7 月 15 日起，开始欠付租金，截至 2018 年 11 月 15 日，欠付租金 11127000 元、违约金 214093.50 元、滞纳金　元，损害赔偿金　元，共计 11341093.5 元（暂计） 明细：
15. 是否签订物的担保（抵押、质押）合同	是☑　签订时间：2018 年 4 月 3 日签订《抵押合同》 否☐
16. 担保人、担保物	担保人：谢×× 担保物：商品房一处，不动产权证为粤（2018）广州市不动产权第××号
17. 是否最高额担保（抵押、质押）	是☐　担保债权的确定时间： 　　　　担保额度： 否☑

续表

18. 是否办理抵押、质押登记	是☑ 否☐	正式登记☑ 预告登记☐
19. 是否签订保证合同	是☐ 否☑	签订时间：　　　　保证人： 主要内容：
20. 保证方式	一般保证　　　☐ 连带责任保证☐	
21. 其他担保方式	是☐ 否☑	形式：
22. 其他需要说明的内容（可另附页）		
23. 证据清单（可另附页）	后附证据清单	

具状人（签字、盖章）：（原告）

日期：

（自然人签字，法人、非法人组织盖章）

民事答辩状
（融资租赁合同纠纷）

> **说明：**
> 为了方便您更好地参加诉讼，保护您的合法权利，请填写本表。
> 1. 应诉时需向人民法院提交证明您身份的材料，如身份证复印件、营业执照复印件等。
> 2. 本表所列内容是您参加诉讼以及人民法院查明案件事实所需，请务必如实填写。
> 3. 本表所涉内容系针对一般融资租赁合同纠纷案件，有些内容可能与您的案件无关，您认为与案件无关的项目可以填"无"或不填；对于本表中勾选项可以在对应项打"√"；您认为另有重要内容需要列明的，可以在本表尾部或者另附页填写。
> ★特别提示★
> 《中华人民共和国民事诉讼法》第十三条第一款规定："民事诉讼应当遵循诚信原则。"
> 如果诉讼参加人违反上述规定，进行虚假诉讼、恶意诉讼，人民法院将视违法情形依法追究责任。

案号	（2018）津民初×××号	案由	融资租赁合同纠纷
当事人信息			
答辩人（法人、非法人组织） （承租人）	名称：龙川公司 住所地（主要办事机构所在地）：龙川县××路矿区 注册地/登记地：龙川县××路矿区 法定代表人/主要负责人：宋×× 职务：董事长 联系电话：××××××××××× 统一社会信用代码：911×××××××××××××× 类型：有限责任公司☑ 股份有限公司□ 上市公司□ 其他企业法人□ 事业单位□ 社会团体□ 基金会□ 社会服务机构□ 机关法人□ 农村集体经济组织法人□ 城镇农村的合作经济组织法人□ 基层群众性自治组织法人□ 个人独资企业□ 合伙企业□ 不具有法人资格的专业服务机构□ 国有□（控股□ 参股☑）民营□		

·379·

续表

答辩人（自然人） （承租人）	姓名：谢×× 性别：男☑ 女☐ 出生日期：1955年1月1日 民族：汉 工作单位：×××公司 职务：总经理 联系电话：××××××××××× 住所地（户籍所在地）：上海市浦东新区××路××弄××号 经常居住地：
委托诉讼代理人	有☑ 　　姓名：薛×× 　　单位：天津××律师事务所 职务：律师 　　联系电话：××××××××××× 　　代理权限：一般代理☐ 特别代理☑ 无☐
送达地址（所填信息除书面特别声明更改外，适用于案件一审、二审、再审所有后续程序）及收件人、联系电话	地址：天津市××区××路3号天津××律师事务所 收件人：薛×× 联系电话：×××××××××××
是否接受电子送达（若同意使用电子送达，请在所选送达方式后填写收信地址）	是☑ 方式：短信＿＿＿ 微信＿＿＿ 传真＿＿＿ 　　　　　　邮箱×××@QQ.COM 其他＿＿＿ 否☐
答辩事项 **（对原告诉讼请求的确认或者异议）**	
1.对支付全部未付租金的诉请有无异议	无☐ 有☑ 事实和理由：原告请求支付的到期未付租金数额不正确，未到期租金中包含未到期利息，不同意支付未到期租金以及利息

代理人除享有一般授权的诉讼权利外，还可行使代为和解、上诉等涉及当事人实体利益的诉讼权利

代理人仅享有出庭、收集证据、辩论、起草法律文书等程序性诉讼权利

此处可填写一项或多项

· 380 ·

续表

2.对违约金、滞纳金、损害赔偿金有无异议	无☐ 有☑ 事实和理由：原告主张的逾期付款违约金过高，请求法院依法调整
3.对确认租赁物归原告所有有无异议	无☐ 有☐ 事实和理由：
4.对解除合同有无异议	无☐ 有☐ 事实和理由：
5.对返还租赁物，并赔偿因解除合同而受到的损失有无异议	无☐ 有☐ 事实和理由：
6.对担保权利的诉请有无异议	无☐ 有☑ 事实和理由：不应对未到期租金承担担保责任
7.对实现债权的费用有无异议	无☐ 有☑ 事实和理由：不同意支付律师代理费、交通费等
8.对其他请求有无异议	无☐ 有☐ 事实和理由：
9.对标的总额有无异议	无☐ 有☑ 事实和理由：同第1项异议
10.答辩依据 （应尽量穷尽列举，可参考本书"适用指南""相关法条"提及的规定）	合同约定： 法律规定：《中华人民共和国合同法》第一百一十四条
事实和理由 **（对起诉状事实和理由的确认或者异议）**	
1.对合同签订情况（名称、编号、签订时间、地点等）有无异议	无☑ 有☐ 事实和理由：
2.对签订主体有无异议	无☑ 有☐ 事实和理由：

续表

3.对租赁物情况有无异议	无☑ 有☐	事实和理由：
4.对合同约定的租金及支付方式有无异议	无☑ 有☐	事实和理由：
5.对合同约定的租赁期限、费用有无异议	无☑ 有☐	事实和理由：
6.对到期后租赁物归属有无异议	无☑ 有☐	事实和理由：
7.对合同约定的违约责任有无异议	无☐ 有☑	事实和理由：约定违约金标准过高
8.对是否约定加速到期条款有无异议	无☐ 有☐	事实和理由：
9.对是否约定回收租赁物条件有无异议	无☑ 有☐	事实和理由：
10.对是否约定解除合同条件有无异议	无☐ 有☐	事实和理由：
11.对租赁物交付时间有无异议	无☑ 有☐	事实和理由：
12.对租赁物情况有无异议	无☑ 有☐	事实和理由：
13.对租金支付情况有无异议	无☑ 有☐	事实和理由：
14.对逾期未付租金情况有无异议	无☐ 有☑	事实和理由：数额不正确，且包含了未到期利息，不同意提前支付利息

续表

15. 对是否签订物的担保合同有无异议	无☑ 有□	事实和理由：
16. 对担保人、担保物有无异议	无☑ 有□	事实和理由：
17. 对最高额抵押担保有无异议	无□ 有□	事实和理由：
18. 对是否办理抵押/质押登记有无异议	无☑ 有□	事实和理由：
19. 对是否签订保证合同有无异议	无□ 有□	事实和理由：
20. 对保证方式有无异议	无□ 有□	事实和理由：
21. 对其他担保方式有无异议	无□ 有□	事实和理由：
22. 有无其他免责/减责事由	无□ 有□	事实和理由：
23. 其他需要说明的内容（可另附页）		
24. 证据清单（可另附页）		

答辩人（签字、盖章）: （被告）
龙川公司 宋×× 谢××
日期: ×× 年 ×× 月 ×× 日

（自然人签字，法人、非法人组织盖章）

"相关法条"

《民法典》

第三百八十六条 担保物权人在债务人不履行到期债务或者发生当事人约定的实现担保物权的情形,依法享有就担保财产优先受偿的权利,但是法律另有规定的除外。

第三百八十七条 债权人在借贷、买卖等民事活动中,为保障实现其债权,需要担保的,可以依照本法和其他法律的规定设立担保物权。

第三人为债务人向债权人提供担保的,可以要求债务人提供反担保。反担保适用本法和其他法律的规定。

第五百八十条 当事人一方不履行非金钱债务或者履行非金钱债务不符合约定的,对方可以请求履行,但是有下列情形之一的除外:

(一)法律上或者事实上不能履行;

(二)债务的标的不适于强制履行或者履行费用过高;

(三)债权人在合理期限内未请求履行。

有前款规定的除外情形之一,致使不能实现合同目的的,人民法院或者仲裁机构可以根据当事人的请求终止合同权利义务关系,但是不影响违约责任的承担。

第三百九十四条 为担保债务的履行,债务人或者第三人不转移财产的占有,将该财产抵押给债权人的,债务人不履行到期债务或者发生当事人约定的实现抵押权的情形,债权人有权就该财产优先受偿。

前款规定的债务人或者第三人为抵押人,债权人为抵押权人,提供担保的财产为抵押财产。

第五百六十一条 债务人在履行主债务外还应当支付利息和实现债权的有关费用,其给付不足以清偿全部债务的,除当事人另有约定外,应当按照下列顺序履行:

(一)实现债权的有关费用;

(二)利息;

(三)主债务。

第十五章　融资租赁合同

第七百三十五条　融资租赁合同是出租人根据承租人对出卖人、租赁物的选择，向出卖人购买租赁物，提供给承租人使用，承租人支付租金的合同。

第七百三十六条　融资租赁合同的内容一般包括租赁物的名称、数量、规格、技术性能、检验方法，租赁期限，租金构成及其支付期限和方式、币种，租赁期限届满租赁物的归属等条款。

融资租赁合同应当采用书面形式。

第七百三十七条　当事人以虚构租赁物方式订立的融资租赁合同无效。

第七百三十八条　依照法律、行政法规的规定，对于租赁物的经营使用应当取得行政许可的，出租人未取得行政许可不影响融资租赁合同的效力。

第七百三十九条　出租人根据承租人对出卖人、租赁物的选择订立的买卖合同，出卖人应当按照约定向承租人交付标的物，承租人享有与受领标的物有关的买受人的权利。

第七百四十条　出卖人违反向承租人交付标的物的义务，有下列情形之一的，承租人可以拒绝受领出卖人向其交付的标的物：

（一）标的物严重不符合约定；

（二）未按照约定交付标的物，经承租人或者出租人催告后在合理期限内仍未交付。

承租人拒绝受领标的物的，应当及时通知出租人。

第七百四十一条　出租人、出卖人、承租人可以约定，出卖人不履行买卖合同义务的，由承租人行使索赔的权利。承租人行使索赔权利的，出租人应当协助。

第七百四十二条　承租人对出卖人行使索赔权利，不影响其履行支付租金的义务。但是，承租人依赖出租人的技能确定租赁物或者出租人干预选择租赁物的，承租人可以请求减免相应租金。

第七百四十三条　出租人有下列情形之一，致使承租人对出卖人行使索赔权利失败的，承租人有权请求出租人承担相应的责任：

（一）明知租赁物有质量瑕疵而不告知承租人；

（二）承租人行使索赔权利时，未及时提供必要协助。

出租人怠于行使只能由其对出卖人行使的索赔权利，造成承租人损失的，承租人有权请求出租人承担赔偿责任。

第七百四十四条 出租人根据承租人对出卖人、租赁物的选择订立的买卖合同，未经承租人同意，出租人不得变更与承租人有关的合同内容。

第七百四十五条 出租人对租赁物享有的所有权，未经登记，不得对抗善意第三人。

第七百四十六条 融资租赁合同的租金，除当事人另有约定外，应当根据购买租赁物的大部分或者全部成本以及出租人的合理利润确定。

第七百四十七条 租赁物不符合约定或者不符合使用目的的，出租人不承担责任。但是，承租人依赖出租人的技能确定租赁物或者出租人干预选择租赁物的除外。

第七百四十八条 出租人应当保证承租人对租赁物的占有和使用。

出租人有下列情形之一的，承租人有权请求其赔偿损失：

（一）无正当理由收回租赁物；

（二）无正当理由妨碍、干扰承租人对租赁物的占有和使用；

（三）因出租人的原因致使第三人对租赁物主张权利；

（四）不当影响承租人对租赁物占有和使用的其他情形。

第七百四十九条 承租人占有租赁物期间，租赁物造成第三人人身损害或者财产损失的，出租人不承担责任。

第七百五十条 承租人应当妥善保管、使用租赁物。

承租人应当履行占有租赁物期间的维修义务。

第七百五十一条 承租人占有租赁物期间，租赁物毁损、灭失的，出租人有权请求承租人继续支付租金，但是法律另有规定或者当事人另有约定的除外。

第七百五十二条 承租人应当按照约定支付租金。承租人经催告后在合理期限内仍不支付租金的，出租人可以请求支付全部租金；也可以解除合同，收回租赁物。

第七百五十三条 承租人未经出租人同意，将租赁物转让、抵押、质押、投资入股或者以其他方式处分的，出租人可以解除融资租赁合同。

第七百五十四条 有下列情形之一的，出租人或者承租人可以解除融资租赁合同：

（一）出租人与出卖人订立的买卖合同解除、被确认无效或者被撤销，且未能重新订立买卖合同；

（二）租赁物因不可归责于当事人的原因毁损、灭失，且不能修复或者确定替代物；

（三）因出卖人的原因致使融资租赁合同的目的不能实现。

第七百五十五条 融资租赁合同因买卖合同解除、被确认无效或者被撤销而解除，出卖人、租赁物系由承租人选择的，出租人有权请求承租人赔偿相应损失；但是，因出租人原因致使买卖合同解除、被确认无效或者被撤销的除外。

出租人的损失已经在买卖合同解除、被确认无效或者被撤销时获得赔偿的，承租人不再承担相应的赔偿责任。

第七百五十六条 融资租赁合同因租赁物交付承租人后意外毁损、灭失等不可归责于当事人的原因解除的，出租人可以请求承租人按照租赁物折旧情况给予补偿。

第七百五十七条 出租人和承租人可以约定租赁期限届满租赁物的归属；对租赁物的归属没有约定或者约定不明确，依据本法第五百一十条的规定仍不能确定的，租赁物的所有权归出租人。

第七百五十八条 当事人约定租赁期限届满租赁物归承租人所有，承租人已经支付大部分租金，但是无力支付剩余租金，出租人因此解除合同收回租赁物，收回的租赁物的价值超过承租人欠付的租金以及其他费用的，承租人可以请求相应返还。

当事人约定租赁期限届满租赁物归出租人所有，因租赁物毁损、灭失或者附合、混合于他物致使承租人不能返还的，出租人有权请求承租人给予合理补偿。

第七百五十九条 当事人约定租赁期限届满，承租人仅需向出租人支付象征性价款的，视为约定的租金义务履行完毕后租赁物的所有权归承租人。

第七百六十条 融资租赁合同无效，当事人就该情形下租赁物的归属有约定的，按照其约定；没有约定或者约定不明确的，租赁物应当返还出租人。但是，因承租人原因致使合同无效，出租人不请求返还或者返还后会显著降低租赁物效用的，租赁物的所有权归承租人，由承租人给予出租人合理补偿。

《最高人民法院关于审理融资租赁合同纠纷案件适用法律问题的解释》

一、融资租赁合同的认定

第一条 人民法院应当根据民法典第七百三十五条的规定，结合标的物的性质、价值、租金的构成以及当事人的合同权利和义务,对是否构成融资租赁法律关系作出认定。

对名为融资租赁合同,但实际不构成融资租赁法律关系的,人民法院应按照其实际构成的法律关系处理。

第二条 承租人将其自有物出卖给出租人,再通过融资租赁合同将租赁物从出租人处租回的,人民法院不应仅以承租人和出卖人系同一人为由认定不构成融资租赁法律关系。

二、合同的履行和租赁物的公示

第三条 承租人拒绝受领租赁物,未及时通知出租人,或者无正当理由拒绝受领租赁物,造成出租人损失,出租人向承租人主张损害赔偿的,人民法院应予支持。

第四条 出租人转让其在融资租赁合同项下的部分或者全部权利,受让方以此为由请求解除或者变更融资租赁合同的,人民法院不予支持。

三、合同的解除

第五条 有下列情形之一,出租人请求解除融资租赁合同的,人民法院应予支持:

(一)承租人未按照合同约定的期限和数额支付租金,符合合同约定的解除条件,经出租人催告后在合理期限内仍不支付的;

(二)合同对于欠付租金解除合同的情形没有明确约定,但承租人欠付租金达到两期以上,或者数额达到全部租金百分之十五以上,经出租人催告后在合理期限内仍不支付的;

(三)承租人违反合同约定,致使合同目的不能实现的其他情形。

第六条 因出租人的原因致使承租人无法占有、使用租赁物,承租人请求解除融资租赁合同的,人民法院应予支持。

第七条 当事人在一审诉讼中仅请求解除融资租赁合同,未对租赁物的归属及损失赔偿提出主张的,人民法院可以向当事人进行释明。

四、违约责任

第八条 租赁物不符合融资租赁合同的约定且出租人实施了下列行为之一,承租人依照民法典第七百四十四条、第七百四十七条的规定,要求出租人承担相应责任的,人民法院应予支持:

（一）出租人在承租人选择出卖人、租赁物时，对租赁物的选定起决定作用的；

（二）出租人干预或者要求承租人按照出租人意愿选择出卖人或者租赁物的；

（三）出租人擅自变更承租人已经选定的出卖人或者租赁物的。

承租人主张其系依赖出租人的技能确定租赁物或者出租人干预选择租赁物的，对上述事实承担举证责任。

第九条 承租人逾期履行支付租金义务或者迟延履行其他付款义务，出租人按照融资租赁合同的约定要求承租人支付逾期利息、相应违约金的，人民法院应予支持。

第十条 出租人既请求承租人支付合同约定的全部未付租金又请求解除融资租赁合同的，人民法院应告知其依照民法典第七百五十二条的规定作出选择。

出租人请求承租人支付合同约定的全部未付租金，人民法院判决后承租人未予履行，出租人再行起诉请求解除融资租赁合同、收回租赁物的，人民法院应予受理。

第十一条 出租人依照本解释第五条的规定请求解除融资租赁合同，同时请求收回租赁物并赔偿损失的，人民法院应予支持。

前款规定的损失赔偿范围为承租人全部未付租金及其他费用与收回租赁物价值的差额。合同约定租赁期间届满后租赁物归出租人所有的，损失赔偿范围还应包括融资租赁合同到期后租赁物的残值。

第十二条 诉讼期间承租人与出租人对租赁物的价值有争议的，人民法院可以按照融资租赁合同的约定确定租赁物价值；融资租赁合同未约定或者约定不明的，可以参照融资租赁合同约定的租赁物折旧以及合同到期后租赁物的残值确定租赁物价值。

承租人或者出租人认为依前款确定的价值严重偏离租赁物实际价值的，可以请求人民法院委托有资质的机构评估或者拍卖确定。

五、其他规定

第十三条 出卖人与买受人因买卖合同发生纠纷，或者出租人与承租人因融资租赁合同发生纠纷，当事人仅对其中一个合同关系提起诉讼，人民法院经审查后认为另一合同关系的当事人与案件处理结果有法律上的利害关系的，可以通知其作为第三人参加诉讼。

承租人与租赁物的实际使用人不一致，融资租赁合同当事人未对租赁物的实际使用人提起诉讼，人民法院经审查后认为租赁物的实际使用人与案件处理结果有法律上的利害关系的，可以通知其作为第三人参加诉讼。

承租人基于买卖合同和融资租赁合同直接向出卖人主张受领租赁物、索赔等买卖合同权利的，人民法院应通知出租人作为第三人参加诉讼。

第十四条 当事人因融资租赁合同租金欠付争议向人民法院请求保护其权利的诉讼时效期间为三年，自租赁期限届满之日起计算。

第十五条 本解释自2014年3月1日起施行。《最高人民法院关于审理融资租赁合同纠纷案件若干问题的规定》（法发〔1996〕19号）同时废止。

本解释施行后尚未终审的融资租赁合同纠纷案件，适用本解释；本解释施行前已经终审，当事人申请再审或者按照审判监督程序决定再审的，不适用本解释。

《最高人民法院关于适用〈中华人民共和国民法典〉有关担保制度的解释》

第六十五条 在融资租赁合同中，承租人未按照约定支付租金，经催告后在合理期限内仍不支付，出租人请求承租人支付全部剩余租金，并以拍卖、变卖租赁物所得的价款受偿的，人民法院应予支持；当事人请求参照民事诉讼法"实现担保物权案件"的有关规定，以拍卖、变卖租赁物所得价款支付租金的，人民法院应予准许。

出租人请求解除融资租赁合同并收回租赁物，承租人以抗辩或者反诉的方式主张返还租赁物价值超过欠付租金以及其他费用的，人民法院应当一并处理。当事人对租赁物的价值有争议的，应当按照下列规则确定租赁物的价值：

（一）融资租赁合同有约定的，按照其约定；

（二）融资租赁合同未约定或者约定不明的，根据约定的租赁物折旧以及合同到期后租赁物的残值来确定；

（三）根据前两项规定的方法仍然难以确定，或者当事人认为根据前两项规定的方法确定的价值严重偏离租赁物实际价值的，根据当事人的申请委托有资质的机构评估。

第六十七条 在所有权保留买卖、融资租赁等合同中，出卖人、出租人的所有权未经登记不得对抗的"善意第三人"的范围及其效力，参照本解释第五十四条的规定处理。

10. 保证保险合同纠纷

【案由地图】

保证保险合同纠纷属于与公司、证券、保险、票据等有关的民事纠纷项下 4 级案由。

```
第八部分　与公司、证券、保险、票据等有关的民事纠纷
    └─ 二十七、保险纠纷
        └─ 333. 财产保险合同纠纷
            └─ （4）保证保险合同纠纷
```

【法律关系】

保证保险合同纠纷通常的法律关系如下图所示。

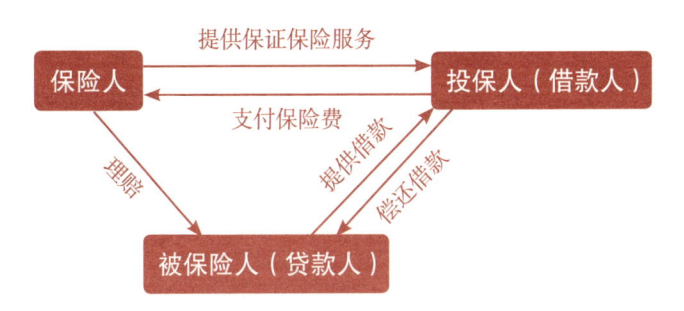

```
保险人 ──提供保证保险服务──> 投保人（借款人）
       <──支付保险费──
   │                          │
 理赔│               提供借款│ │偿还借款
   ↓                          ↓ │
      被保险人（贷款人）
```

【常见诉请】

示范文本起诉状所列诉讼请求中均为原告为保险人的情况。

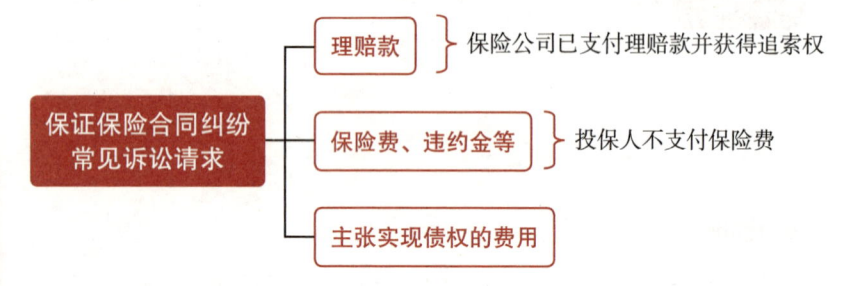

```
                          ┌─ 理赔款 ──────── 保险公司已支付理赔款并获得追索权
保证保险合同纠纷            │
常见诉讼请求     ─────────┼─ 保险费、违约金等 ── 投保人不支付保险费
                          │
                          └─ 主张实现债权的费用
```

10. 保证保险合同纠纷

"示范文本"

民事起诉状
（保证保险合同纠纷）

扫描下载

说明：

为了方便您更好地参加诉讼，保护您的合法权利，请填写本表。

1. 起诉时需向人民法院提交证明您身份的材料，如身份证复印件、营业执照复印件等。

2. 本表所列内容是您提起诉讼以及人民法院查明案件事实所需，请务必如实填写。

3. 本表所涉内容系针对一般保证保险合同纠纷案件，有些内容可能与您的案件无关，您认为与案件无关的项目可以填"无"或不填；对于本表中勾选项可以在对应项打"√"；您认为另有重要内容需要列明的，可以在本表尾部或者另附页填写。

★特别提示★

《中华人民共和国民事诉讼法》第十三条第一款规定："民事诉讼应当遵循诚信原则。"

如果诉讼参加人违反上述规定，进行虚假诉讼、恶意诉讼，人民法院将视违法情形依法追究责任。

当事人信息

原告（法人、非法人组织）	名称： 住所地（主要办事机构所在地）： 注册地/登记地： 法定代表人/主要负责人：　　职务：　　联系电话： 统一社会信用代码： 类型：有限责任公司□　股份有限公司□　上市公司□ 其他企业法人□　事业单位□　社会团体□ 基金会□　社会服务机构□　机关法人□　农村集体经济组织法人□　城镇农村的合作经济组织法人□　基层群众性自治组织法人□　个人独资企业□　合伙企业□　不具有法人资格的专业服务机构□　国有（控股□　参股□）　民营□

· 393 ·

续表

委托诉讼代理人	有□ 　　姓名： 　　单位：　　　　职务：　　　　联系电话： 　　代理权限：一般授权□　特别授权□ 无□
送达地址（所填信息除书面特别声明更改外，适用于案件一审、二审、再审所有后续程序）及收件人、联系电话	地址： 收件人： 电话：
是否接受电子送达	是□　方式：短信_____　微信_____　传真_____ 　　　　邮箱_____　其他_____ 否□
被告（法人、非法人组织）	名称： 住所地（主要办事机构所在地）： 注册地/登记地： 法定代表人/主要负责人：　　职务：　　联系电话： 统一社会信用代码： 类型：有限责任公司□　股份有限公司□　上市公司□ 　　　其他企业法人□　事业单位□　社会团体□ 　　　基金会□　社会服务机构□　机关法人□　农村集体经济组织法人□　城镇农村的合作经济组织法人□　基层群众性自治组织法人□　个人独资企业□　合伙企业□　不具有法人资格的专业服务机构□　国有□（控股□　参股□）民营□
被告（自然人）	姓名： 性别：男□　女□ 出生日期：　　年　　月　　日　　民族： 工作单位：　　　职务：　　　联系电话： 住所地（户籍所在地）： 经常居住地：

续表

第三人（法人、非法人组织）	名称： 住所地（主要办事机构所在地）： 注册地/登记地： 法定代表人/主要负责人：　职务：　联系电话： 统一社会信用代码： 类型：有限责任公司□　股份有限公司□　上市公司□ 　　　其他企业法人□　事业单位□　社会团体□ 　　　基金会□　社会服务机构□　机关法人□　农村集体经济组织法人□　城镇农村的合作经济组织法人□　基层群众性自治组织法人□　个人独资企业□　合伙企业□　不具有法人资格的专业服务机构□　国有□（控股□　参股□）民营□
第三人（自然人）	姓名： 性别：男□　女□ 出生日期：　　年　　月　　日　　民族： 工作单位：　　　　职务：　　　联系电话： 住所地（户籍所在地）： 经常居住地：
诉讼请求和依据	
1. 理赔款	支付理赔款　　元（人民币，下同；如外币需特别注明）
2. 保险费、违约金等	截至　　年　　月　　日止，欠保险费、违约金等共计　　元 自　　年　　月　　日之后的保险费、违约金等各项费用按照保证保险合同约定计算至实际清偿之日止 明细：
3. 是否主张实现债权的费用	是□　费用明细： 否□
4. 其他请求	
5. 标的总额	
6. 请求依据	合同约定： 法律规定：

续表

约定管辖和诉讼保全	
1. 有无仲裁、法院管辖约定	有□ 合同条款及内容： 无□
2. 是否申请财产保全措施	已经诉前保全：是□ 保全法院： 保全时间： 否□ 申请诉讼保全：是□ 否□
事实与理由	
1. 保证保险合同的签订情况（合同名称、主体、签订时间、地点行等）	
2. 保证保险合同的主要约定	保证保险金额： 保费金额： 保险期间： 保险费缴纳方式： 理赔条件： 理赔款项和未付保费的追索： 违约事由及违约责任： 特别约定： 其他：
3. 是否对被告就保证保险合同主要条款进行提示注意、说明	是□ 提示说明的具体方式以及时间地点： 否□
4. 被告借款合同的主要约定（借款金额、期限、用途、利息标准、还款方式、担保、违约责任、解除条件、管辖约定）	

续表

5.被告逾期未还款情况	自　　年　月　　日至　　年　　月　　日，被告按约定还款，已还款　　元，逾期但已还款　　元，共归还本金　　元，利息　　元 自　　年　月　　日起，开始逾期不还，截至　年　月　日，被告　　欠付借款本金　　元、利息　　元、罚息　　元、复利　　元、滞纳金　　元、违约金　　元、手续费　　元 明细：
6.保证保险合同的履行情况	原告于　　年　月　　日进行了理赔，代被告清偿债务，共赔款　　元，于　　年　月　　日取得权益转让确认书
7.追索情况	原告于　　年　月　　日通知被告并向其追索被告已支付保费　　元，归还借款　　元；尚欠保费　　元，欠付借款本金　　元、利息　　元、罚息　　元、复利　　元、滞纳金　　元、违约金　　元、手续费　　元 明细：
8.其他需要说明的内容（可另附页）	
9.证据清单（可另附页）	

具状人（签字、盖章）：

日期：

民事答辩状
（保证保险合同纠纷）

说明：

为了方便您更好地参加诉讼，保护您的合法权利，请填写本表。

1. 应诉时需向人民法院提交证明您身份的材料，如身份证复印件、营业执照复印件等。

2. 本表所列内容是您参加诉讼以及人民法院查明案件事实所需，请务必如实填写。

3. 本表所涉内容系针对一般保证保险合同纠纷案件，有些内容可能与您的案件无关，您认为与案件无关的项目可以填"无"或不填；对于本表中勾选项可以在对应项打"√"；您认为另有重要内容需要列明的，可以在本表尾部或者另附页填写。

★**特别提示**★

《中华人民共和国民事诉讼法》第十三条第一款规定："民事诉讼应当遵循诚信原则。"

如果诉讼参加人违反上述规定，进行虚假诉讼、恶意诉讼，人民法院将视违法情形依法追究责任。

案号		案由	

当事人信息

答辩人（法人、非法人组织）	名称： 住所地（主要办事机构所在地）： 注册地/登记地： 法定代表人/主要负责人：　　职务：　　联系电话： 统一社会信用代码： 类型：有限责任公司□　股份有限公司□　上市公司□ 　　　其他企业法人□　事业单位□　社会团体□ 　　　基金会□　社会服务机构□　机关法人□　农村集体经济组织法人□　城镇农村的合作经济组织法人□　基层群众性自治组织法人□　个人独资企业□　合伙企业□　不具有法人资格的专业服务机构□　国有□（控股□　参股□）民营□

续表

答辩人（自然人）	姓名： 性别：男□　女□ 出生日期：　　年　　月　　日　　民族： 工作单位：　　　　职务：　　　联系电话： 住所地（户籍所在地）： 经常居住地：
委托诉讼代理人	有□ 　　姓名： 　　单位：　　　　职务：　　　联系电话： 　　代理权限：一般授权□　特别授权□ 无□
送达地址（所填信息除书面特别声明更改外，适用于案件一审、二审、再审所有后续程序）及收件人、联系电话	地址： 收件人： 电话：
是否接受电子送达	是□　方式：短信＿＿＿　微信＿＿＿　邮箱＿＿＿ 　　　　　　传真＿＿＿　其他＿＿＿ 否□
答辩事项和依据 **（对原告诉讼请求的确认或者异议）**	
1. 对理赔款有无异议	无□ 有□　事实和理由：
2. 对保险费、违约金等有无异议	无□ 有□　事实和理由：
3. 对实现债权的费用有无异议	无□ 有□　事实和理由：
4. 对其他请求有无异议	无□ 有□　事实和理由：

续表

5.对标的总额有无异议	无□ 有□ 事实和理由：
6.答辩依据	合同约定： 法律规定：

事实和理由
（对起诉状事实与理由的确认或者异议）

1.对保证保险合同的签订情况有无异议	无□ 有□ 事实和理由：
2.对保证保险合同的主要约定有无异议	无□ 有□ 事实和理由：
3.对原告对被告就保证保险合同主要条款进行提示注意、说明的情况有无异议	无□ 有□ 事实和理由：
4.对被告借款合同的主要约定有无异议	无□ 有□ 事实和理由：
5.对被告逾期未还款情况有无异议	无□ 有□ 事实和理由：
6.对保证保险合同的履行情况有无异议	无□ 有□ 事实和理由：
7.对追索情况有无异议	无□ 有□ 事实和理由：
8.有无其他免责/减责事由	无□ 有□ 事实和理由：

续表

9.其他需要说明的内容(可另附页)	
10.证据清单(可另附页)	

答辩人(签字、盖章):

日期:

"适用指南"

起诉部分
（保证保险合同纠纷）

诉讼请求 1　理赔款

请求依据	《民法典》第 392、577 条 《保险法》第 60 条 《最高人民法院关于适用〈中华人民共和国保险法〉若干问题的解释（四）》第 7、8 条 保证保险合同第 × 条 / 保险单第 × 条 借款合同第 × 条		
依据分解	保证保险合同有效	保险事故已发生即投保人对其与被保险人之间的借款合同违约	保险人已履行理赔义务并取得权益转让确认书
事实	■ 保证保险合同的签订情况 ■ 保证保险合同的主要约定 　● 理赔条件 　● 理赔款项和未付保费的追索 　● 违约事由及违约责任 ■ 对被告就保证保险合同主要条款进行提示注意、说明	■ 被告借款合同的主要约定（借款金额、期限、用途、利息标准、还款方式、担保、违约责任） ■ 被告逾期未还款情况	■ 保证保险合同的履行情况
证据	保险合同原件 保险单 签订保险合同过程中的录音录像等资料	投保人与被保险人之间的借款合同 转账记录等 投保人与保险人的沟通记录 投保人拒绝履行借款合同的信息等	理赔申请书 理赔决定书 银行转账记录等支付凭证 权益转让确认书
理由	×××× 年 ×× 月 ×× 日，原告与被告订立保证保险合同，保险人（原告）在投保人（被告）未能履行借款合同下的还款义务时，根据本合同的条款向被保险人支付理赔款。×××× 年 ×× 月 ×× 日，投保人与被保险人的借款合同到期，投保人拒绝履行合同。被保险人向保险人申请理赔。×××× 年 ×× 月 ×× 日，保险人向被保险人理赔并取得权益转让确认书，故原告请求判令被告支付理赔款		

诉讼请求 2 保险费、违约金

请求依据	《民法典》第 509、577、579、585 条 《保险法》第 14 条 保证保险合同第 × 条/保险单第 × 条			
依据分解	保证保险合同有效	被告未按照合同约定支付保险费	未支付保险费的计算	违约金的计算
事实	参见诉讼请求 1 的事实相关部分	■ 保证保险合同的主要约定 ● 保费金额 ● 保险费缴纳方式 ● 理赔款项和未付保费的追索 ● 违约事由及违约责任 ■ 追索情况 ■ 其他需要说明的内容 ● 保险费支付情况	■ 保证保险合同的主要约定 ● 保费金额 ■ 追索情况 ■ 其他需要说明的内容 ● 保险费支付情况	■ 保证保险合同的主要约定 ● 违约事由及违约责任
证据	参见诉讼请求 1 的证据相关部分	保险合同原件 保险单 保险费缴纳记录 银行流水 追索通知 双方沟通记录	保险合同原件 保险单 保险费缴纳记录 银行流水 追索通知 双方沟通记录	保险合同原件 保险单 保险费缴纳记录 银行流水
理由	××××年××月××日，原告与被告订立保证保险合同，被告为投保人，原告为保险人。××××年××月××日起，被告停止支付保险费，被告共拖欠保险费××元，故原告起诉请求判令被告支付拖欠的保险费××元，违约金××元			

诉讼请求 3　主张实现债权的费用

请求依据	《民法典》第 561 条	
依据分解	被告未履行借款合同义务导致出险，或者被告未支付保险费等，构成违约	原告为实现债权，支付了合理费用，主要包括： （1）诉讼费用； （2）保全费用； （3）律师费； （4）差旅费用等
事实	参见诉讼请求 1、2 的事实各部分	■ 其他需要说明的内容 ● 实现债权合理费用的情况
证据	参见诉讼请求 1、2 的证据各部分	各类费用的收据、发票 委托代理合同
理由	［诉讼请求 1、2 理由部分］为了实现债权，原告采取 ×× 措施，支付 ×× 费用 ×× 元，共计 ×× 元，应由被告承担	

答辩部分
（保证保险合同纠纷）

答辩事项 1　对理赔款的异议

答辩依据	《民法典》第 392、577 条 《保险法》第 17、19、60 条 《最高人民法院关于适用〈中华人民共和国保险法〉若干问题的解释（四）》第 7、8 条 保证保险合同第 × 条 / 保险单第 × 条 借款合同第 × 条		
依据分解	对保证保险合同条款效力的异议	对保险事故的异议： （1）投保人与被保险人之间合同无效； （2）投保人不存在逾期未还款情况	对保险人已履行理赔义务并取得权益转让确认书的异议
事实	■ 对保证保险合同的签订情况的异议 ■ 对保证保险合同的主要约定的异议 　● 理赔条件 　● 理赔款项和未付保费的追索 　● 违约事由及违约责任 ■ 对原告对被告就保证保险合同主要条款进行提示注意、说明的情况的异议	■ 对被告借款合同的主要约定的异议 ■ 对被告逾期未还款情况的异议	■ 对保证保险合同履行情况的异议
证据	保险合同原件 保险单 签订保险合同过程中的录音录像等资料	投保人与被保险人之间的借款合同 转账记录 投保人与保险人的沟通记录	证明保险人未履行理赔义务的证据 对保险人取得权益转让确认书的异议
理由	原告（保险人）未对保险合同中免除保险人责任的条款作出明确说明，该条款无效，被告（投保人）不应支付理赔款	被保险人与投保人之间订立的借款合同因 ×× 无效 / 投保人已按期履行还款义务，故保险事故未发生，被保险人不应向被保险人理赔，被告也不应支付理赔款	被保险人未向保险人理赔 / 保险人尚未支付理赔款 / 保险人未取得权益转让确认书，故被告不应支付理赔款

答辩事项 2 对保险费、违约金的异议

答辩依据	《民法典》第 509、577、579、585 条 《保险法》第 14、17、19 条 保证保险合同第 × 条 / 保险单第 × 条			
依据分解	对保证保险合同条款效力的异议	对被告未按照合同约定支付保险费的异议	对未支付保险费的计算的异议	对违约金计算的异议
事实	参见答辩事项 1 的事实相关部分	■ 对保证保险合同的主要约定的异议 ● 保险费金额 ● 保险费缴纳方式 ● 理赔款项和未付保费的追索 ● 违约事由及违约责任 ■ 对追索情况的异议 ■ 其他需要说明的内容 ● 保险费支付情况	■ 对保证保险合同的主要约定的异议 ● 保费金额 ● 对追索情况的异议 ■ 其他需要说明的内容 ● 保险费支付情况	■ 对保证保险合同的主要约定的异议 ● 违约事由及违约责任
证据	参见答辩事项 1 的证据相关部分	保险合同原件 保险单 保险费缴纳记录 银行流水 双方沟通记录	保险合同原件 保险单 保险费缴纳记录 银行流水 追索通知 双方沟通记录	保险合同原件 保险单 保险费缴纳记录 银行流水
理由	参见答辩事项 1 的理由相关部分	保险合同订立后，被告一直按约定支付保险费，故不存在未支付保险费的情况，不应再支付保险费	原告对保险费的计算有误，被告实际应当支付的保险费为 ×× 元	不存在未支付保险费的情况，故投保人不存在违约行为，不应承担违约责任

答辩事项 3　对实现债权的费用的异议

答辩依据	《民法典》第 561 条	
依据分解	被告不存在未履行借款合同及未支付保险费的情况	对原告支付费用的合理性、真实性的异议
事实	参见答辩事项 1、2 的事实各部分	■其他需要说明的内容 ● 对委托代理合同的签订情况的异议 ● 对实现债权合理费用的情况的异议
证据	参见答辩事项 1、2 的证据各部分	各类费用的收据、发票 委托代理合同
理由	参见答辩事项 1、2 的理由各部分	原告诉请 ×× 费用，与本案无关，不是实现债权的合理费用，被告不应支付。原告诉请 ×× 费用 ×× 元，无证据支持，仅认可其中 ×× 元

"实例"

民事起诉状
（保证保险合同纠纷）

说明：
　　为了方便您更好地参加诉讼，保护您的合法权利，请填写本表。
　　1. 起诉时需向人民法院提交证明您身份的材料，如身份证复印件、营业执照复印件等。
　　2. 本表所列内容是您提起诉讼以及人民法院查明案件事实所需，请务必如实填写。
　　3. 本表所涉内容系针对一般保证保险合同纠纷案件，有些内容可能与您的案件无关，您认为与案件无关的项目可以填"无"或不填；对于本表中勾选项可以在对应项打"√"；您认为另有重要内容需要列明的，可以在本表尾部或者另附页填写。
　　★特别提示★
　　《中华人民共和国民事诉讼法》第十三条第一款规定："民事诉讼应当遵循诚信原则。"
　　如果诉讼参加人违反上述规定，进行虚假诉讼、恶意诉讼，人民法院将视违法情形依法追究责任。

当事人信息	
原告 保证保险合同纠纷中的原告为保险人	名称：××财产保险股份有限公司 住所地（主要办事机构所在地）：广东省深圳市××区××路 注册地/登记地：广东省深圳市××区××路 法定代表人/主要负责人：孙×× 职务：执行董事 联系电话：××××××××××× 统一社会信用代码： 类型：有限责任公司□ 股份有限公司□ 上市公司□ 　　　其他企业法人□ 事业单位□ 社会团体□ 　　　基金会□ 社会服务机构□ 机关法人□ 农村集体经济组织法人□ 城镇农村的合作经济组织法人□ 基层群众性自治组织法人□ 个人独资企业□ 合伙企业□ 不具有法人资格的专业服务机构□ 国有□（控股☑ 参股□） 民营□

· 408 ·

10.保证保险合同纠纷

续表

委托诉讼代理人	有☑ 　　姓名：张×× 　　单位：北京××律师事务所　职务：律师 　　联系电话：××××××××× 　　代理权限：一般授权☐　特别授权☑ 无☐
送达地址（所填信息除书面特别声明更改外，适用于案件一审、二审、再审所有后续程序）及收件人、联系电话	地址：北京市××区××街道北京××律师事务所 收件人：张×× 联系电话：×××××××××
是否接受电子送达	是☑　方式：短信＿＿＿　微信＿＿＿　传真＿＿＿ 　　　　邮箱×××@QQ.COM　其他＿＿＿ 否☐
被告（法人、非法人组织）	名称： 住所地（主要办事机构所在地）： 注册地/登记地： 法定代表人/主要负责人：　职务：　联系电话： 统一社会信用代码： 类型：有限责任公司☐　股份有限公司☐　上市公司☐ 　　　其他企业法人☐　事业单位☐　社会团体☐ 　　　基金会☐　社会服务机构☐　机关法人☐　农村集体经济组织法人☐　城镇农村的合作经济组织法人☐　基层群众性自治组织法人☐　个人独资企业☐　合伙企业☐　不具有法人资格的专业服务机构☐　国有☐（控股☐　参股☐）民营☐
被告（自然人）	姓名：杜×× 性别：男☑　女☐ 出生日期：19××年××月××日 民族：×族 工作单位：××公司　职务：职员 联系电话：××××××××× 住所地（户籍所在地）：北京市××区××街××号 经常居住地：北京市××区××街××号

批注：
- 代理人除享有一般授权的诉讼权利外，还可行使代为和解、上诉等涉及当事人实体利益的诉讼权利
- 代理人仅享有出庭、收集证据、辩论、起草法律文书等程序性诉讼权利
- 此处可填写一项或多项
- 保证保险合同纠纷中的被告为投保人
- 保证保险合同纠纷中的被告为投保人

· 409 ·

续表

第三人（法人、非法人组织）	名称： 住所地（主要办事机构所在地）： 注册地/登记地： 法定代表人/主要负责人：　　职务：　　联系电话： 统一社会信用代码： 类型：有限责任公司☐　股份有限公司☐　上市公司☐ 　　　其他企业法人☐　事业单位☐　社会团体☐ 　　　基金会☐　社会服务机构☐　机关法人☐　农村集体经济组织法人☐　城镇农村的合作经济组织法人☐　基层群众性自治组织法人☐　个人独资企业☐　合伙企业☐　不具有法人资格的专业服务机构☐　国有☐（控股☐　参股☐）　民营☐
诉讼请求和依据	
1. 理赔款	643035.61元（人民币，下同）
2. 保险费、违约金等	截至20××年××月××日止，欠保险费共计3559.84元、滞纳金　　元； 自20××年××月××日之后的保险费、滞纳金等各项费用按照保证保险合同约定计算至实际清偿之日止 明细：每笔滞纳金以相应代偿款为基数，自2022年4月15日起按全国银行间同业拆借中心发布的一年期贷款市场报价利率（LPR）4倍计算至实际清偿之日止　理赔金额（元）×0.12%/30日×逾期日+理赔金额（元）×0.063%=3559.84元
3. 是否主张实现债权的费用	是☑　费用明细：律师费7000元 否☐
4. 其他请求	判令原告就位于北京市通州区房产（房屋产权证号：×京房权证通字第×号）的拍卖、变卖所得款在上述诉讼请求范围内享有优先受偿权；诉讼费由被告承担
5. 标的总额	653595.45元（计至起诉时）

续表

6.请求依据 应尽量穷尽列举，可参考本书"适用指南""相关法条"提及的规定	合同约定：《关于保证保险业务及债务清偿安排之协议书》第3条、第10条 法律规定：《中华人民共和国民法典》第四百一十条、第四百一十三条、第四百二十条、第五百七十七条、第六百七十四条、第六百七十五条、第六百七十六条，《中华人民共和国保险法》第六十条，《最高人民法院关于适用〈中华人民共和国保险法〉若干问题的解释（四）》第八条等

约定管辖和诉讼保全

1.有无仲裁、法院管辖约定	有☑ 合同条款及内容：第12条，发生纠纷诉至人民法院解决 无☐
2.是否申请财产保全措施 对方当事人可能导致判决难以执行或造成其他损害的，可申请财产保全措施，包括冻结、扣押、查封	已经诉前保全：是☐ 否☐ 保全法院： 保全时间： 申请诉讼保全：是☑ 否☐

事实和理由

1.保证保险合同的签订情况（合同名称、主体、签订时间、地点行等）	2019年3月22日××财险公司与杜××在公司营业地签署《关于保证保险业务及债务清偿安排之协议书》
2.保证保险合同的主要约定	保证保险金额：累计最高不超过132万元 保费金额：保险费月缴，每月费率0.12% 保险期间：自个人借款合同项下借款发放之日起，至个人借款合同约定的清偿全部借款本息之日止，最长不超过3年 保险费缴纳方式：现金支付 理赔条件：超过90日未向债权人偿还借款，由保险人进行理赔 理赔款项和未付保费的追索：被保险借款的本金、利息、罚息、费用等 违约事由及违约责任：杜某某超过90日未偿还借款，保险人代为理赔 特别约定： 其他：

续表

3.是否对被告就保证保险合同主要条款进行提示注意、说明	是☑ 提示说明的具体方式以及时间地点:《协议》第八条黑体加粗部分特别提示:投保人拖欠任何一期借款达到80天,保险人依据保险合同约定向被保险人进行理赔 否□
4.被告借款合同的主要约定(借款金额、期限、用途、利息标准、还款方式、担保、违约责任、解除条件、管辖约定等)	2019年3月,出借人××信托公司与借款人杜××签订《个人贷款授信额度合同》,约定××信托公司为杜××在授信额度内提供循环借款。双方签订了2份《借款合同》,借款金额分别为499000元、426000元,借款年利率均为9.2%
5.被告逾期未还款情况	就499000元借款合同,杜××正常还款至第17期(2022年1月3日),第18期开始逾期还款,数额为387162.77元。就426000元借款合同,杜××正常还款至第16期(2022年2月22日),第17期开始逾期还款明细:
6.保证保险合同的履行情况	2022年4月15日,××财险公司向××信托公司转账387162.77元。2022年4月15日,××财险公司向××信托公司转账255872.84元。共赔款643035.61元
7.追索情况	2022年4月16日、17日,××财险公司系统先后向杜××发送通知,告知杜××前述代偿事实明细:
8.其他需要说明的内容(可另附页)	
9.证据清单(可另附页)	后附证据清单

具状人(签字、盖章):<原告

××财产保险股份有限公司 孙×× 〔自然人签字,法人、非法人组织盖章〕

日期: ××年××月××日

民事答辩状
（保证保险合同纠纷）

说明：

为了方便您更好地参加诉讼，保护您的合法权利，请填写本表。

1. 应诉时需向人民法院提交证明您身份的材料，如身份证复印件、营业执照复印件等。

2. 本表所列内容是您参加诉讼以及人民法院查明案件事实所需，请务必如实填写。

3. 本表所涉内容系针对一般保证保险合同纠纷案件，有些内容可能与您的案件无关，您认为与案件无关的项目可以填"无"或不填；对于本表中勾选项可以在对应项打"√"；您认为另有重要内容需要列明的，可以在本表尾部或者另附页填写。

★ 特别提示 ★

《中华人民共和国民事诉讼法》第十三条第一款规定："民事诉讼应当遵循诚信原则。"

如果诉讼参加人违反上述规定，进行虚假诉讼、恶意诉讼，人民法院将视违法情形依法追究责任。

案号	（2022）京 ×× 民初 ×× 号	案由	保证保险合同纠纷

当事人信息

答辩人（法人、非法人组织）〔投保人〕	名称： 住所地（主要办事机构所在地）： 注册地/登记地： 法定代表人/主要负责人：　　职务：　　联系电话： 统一社会信用代码： 类型：有限责任公司□　股份有限公司□　上市公司□　其他企业法人□　事业单位□　社会团体□　基金会□　社会服务机构□　机关法人□　农村集体经济组织法人□　城镇农村的合作经济组织法人□　基层群众性自治组织法人□　个人独资企业□　合伙企业□　不具有法人资格的专业服务机构□　国有□（控股□　参股□）　民营□

· 413 ·

续表

答辩人（自然人） 〔投保人〕	姓名：杜×× 性别：男☑ 女☐ 出生日期：19×× 年 ×× 月 ×× 日 民族：× 族 工作单位：×× 公司　职务：职员 联系电话：××××××××× 住所地（户籍所在地）：北京市 ×× 区 ×× 街 ×× 号 经常居住地：北京市 ×× 区 ×× 街 ×× 号
委托诉讼代理人	有☐ 　　姓名： 　　单位：　　职务：　　联系电话： 　　代理权限：一般授权☐　特别授权☐ 无☑ 〔代理人仅享有出庭、收集证据、辩论、起草法律文书等程序性诉讼权利〕 〔代理人除享有一般授权的诉讼权利外，还可行使代为和解、上诉等涉及当事人实体利益的诉讼权利〕
送达地址（所填信息除书面特别声明更改外，适用于案件一审、二审、再审所有后续程序）及收件人、联系电话	地址：北京市 ×× 区 ×× 街 ×× 号 收件人：杜×× 联系电话：×××××××××
是否接受电子送达 〔此处可填写一项或多项〕	是☑　方式：短信_____　微信 139××××××× 　　　　　传真_____　邮箱_____　其他_____ 否☐
答辩事项和依据 **（对原告诉讼请求的确认或者异议）**	
1. 对理赔款有无异议	无☐ 有☑　事实和理由：不能确认原告已经支付的理赔款数额；从 2019 年 4 月 25 日开始被告已经还款 196 万元，本金基本已还清
2. 对保险费、违约金等有无异议	无☐ 有☑　事实和理由：原告各项费率约定过高

续表

3.对实现债权的费用有无异议	无□ 有☑	事实和理由：原告聘请律师享受法律服务，应自负律师费
4.对其他请求有无异议	无□ 有□	事实和理由：
5.对标的总额有无异议	无□ 有☑	事实和理由：答辩人已将本金基本还清，部分款项被原告截留，应当予以扣减
6.答辩依据	合同约定：《关于保证保险业务及债务清偿安排之协议书》 法律规定：《中华人民共和国保险法》	

（应尽量穷尽列举，可参考本书"适用指南""相关法条"提及的规定）

事实和理由
（对起诉状事实与理由的确认或者异议）

1.对保证保险合同的签订情况有无异议	无☑ 有□	事实和理由：
2.对保证保险合同的主要约定有无异议	无□ 有☑	事实和理由：合同约定的滞纳金标准过高
3.对原告对被告就保证保险合同主要条款进行提示注意、说明的情况有无异议	无□ 有☑	事实和理由：签订协议时相关费率约定并未明确提示
4.对被告借款合同的主要约定有无异议	无□ 有☑	事实和理由：合同约定的各项费率标准过高；答辩人除了和××信托公司线下签了一个借款合同，其余全是线上签订，原告提交的5个合同中，其中有2个合同上的签字不是答辩人本人所签，借款合同是否有效不能确定

续表

5. 对被告逾期未还款情况有无异议	无□ 有☑ 事实和理由：答辩人已将本金基本还清
6. 对保证保险合同的履行情况有无异议	无□ 有☑ 事实和理由：原告是否已支付理赔款不能确定
7. 对追索情况有无异议	无□ 有☑ 事实和理由：答辩人未收到原告追索相关信息
8. 有无其他免责/减责事由	无□ 有□ 事实和理由：
9. 其他需要说明的内容（可另附页）	债权人××信托公司是否具备向社会不特定对象发放贷款的资质不能确认，答辩人与债权人之间的借款合同无效
10. 证据清单（可另附页）	

答辩人（签字、盖章）：杜××（被告）

日期：×× 年 ×× 月 ×× 日

（自然人签字，法人、非法人组织盖章）

"相关法条"

《民法典》

第三百九十二条 被担保的债权既有物的担保又有人的担保的,债务人不履行到期债务或者发生当事人约定的实现担保物权的情形,债权人应当按照约定实现债权;没有约定或者约定不明确,债务人自己提供物的担保的,债权人应当先就该物的担保实现债权;第三人提供物的担保的,债权人可以就物的担保实现债权,也可以请求保证人承担保证责任。提供担保的第三人承担担保责任后,有权向债务人追偿。

第五百零九条 当事人应当按照约定全面履行自己的义务。

当事人应当遵循诚信原则,根据合同的性质、目的和交易习惯履行通知、协助、保密等义务。

当事人在履行合同过程中,应当避免浪费资源、污染环境和破坏生态。

第五百六十一条 债务人在履行主债务外还应当支付利息和实现债权的有关费用,其给付不足以清偿全部债务的,除当事人另有约定外,应当按照下列顺序履行:

(一)实现债权的有关费用;

(二)利息;

(三)主债务。

第五百七十七条 当事人一方不履行合同义务或者履行合同义务不符合约定的,应当承担继续履行、采取补救措施或者赔偿损失等违约责任。

第五百七十九条 当事人一方未支付价款、报酬、租金、利息,或者不履行其他金钱债务的,对方可以请求其支付。

第五百八十五条 当事人可以约定一方违约时应当根据违约情况向对方支付一定数额的违约金,也可以约定因违约产生的损失赔偿额的计算方法。

约定的违约金低于造成的损失的,人民法院或者仲裁机构可以根据当事人的请求予以增加;约定的违约金过分高于造成的损失的,人民法院或者仲裁机构可以根据当事人的请求予以适当减少。

当事人就迟延履行约定违约金的，违约方支付违约金后，还应当履行债务。

《保险法》

第十四条 保险合同成立后，投保人按照约定交付保险费，保险人按照约定的时间开始承担保险责任。

第十七条 订立保险合同，采用保险人提供的格式条款的，保险人向投保人提供的投保单应当附格式条款，保险人应当向投保人说明合同的内容。

对保险合同中免除保险人责任的条款，保险人在订立合同时应当在投保单、保险单或者其他保险凭证上作出足以引起投保人注意的提示，并对该条款的内容以书面或者口头形式向投保人作出明确说明；未作提示或者明确说明的，该条款不产生效力。

第十九条 采用保险人提供的格式条款订立的保险合同中的下列条款无效：

（一）免除保险人依法应承担的义务或者加重投保人、被保险人责任的；

（二）排除投保人、被保险人或者受益人依法享有的权利的。

第六十条 因第三者对保险标的的损害而造成保险事故的，保险人自向被保险人赔偿保险金之日起，在赔偿金额范围内代位行使被保险人对第三者请求赔偿的权利。

前款规定的保险事故发生后，被保险人已经从第三者取得损害赔偿的，保险人赔偿保险金时，可以相应扣减被保险人从第三者已取得的赔偿金额。

保险人依照本条第一款规定行使代位请求赔偿的权利，不影响被保险人就未取得赔偿的部分向第三者请求赔偿的权利。

《最高人民法院关于适用〈中华人民共和国保险法〉若干问题的解释（四）》

第七条 保险人依照保险法第六十条的规定，主张代位行使被保险人因第三者侵权或者违约等享有的请求赔偿的权利的，人民法院应予支持。

第八条 投保人和被保险人为不同主体，因投保人对保险标的的损害而造成保险事故，保险人依法主张代位行使被保险人对投保人请求赔偿的权利的，人民法院应予支持，但法律另有规定或者保险合同另有约定的除外。

11. 证券虚假陈述责任纠纷

【案由地图】

证券虚假陈述责任纠纷属于与公司、证券、保险、票据等有关的民事纠纷项下 4 级案由。

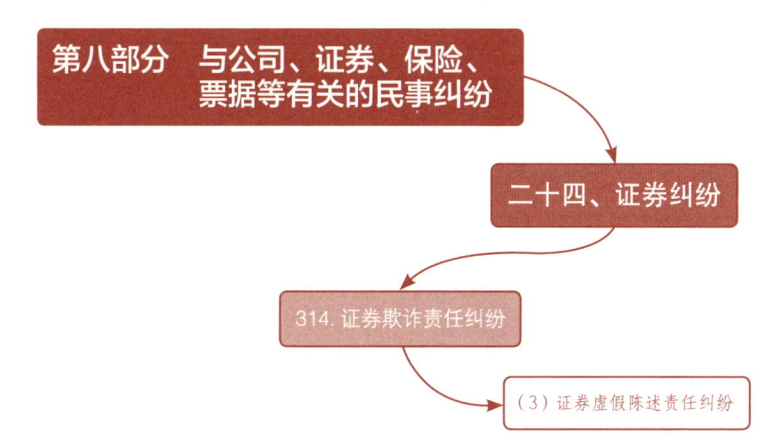

```
第八部分  与公司、证券、保险、
         票据等有关的民事纠纷
                    ↓
              二十四、证券纠纷
                    ↓
           314. 证券欺诈责任纠纷
                    ↓
          （3）证券虚假陈述责任纠纷
```

【法律关系】

证券虚假陈述责任纠纷通常的法律关系如下图所示。

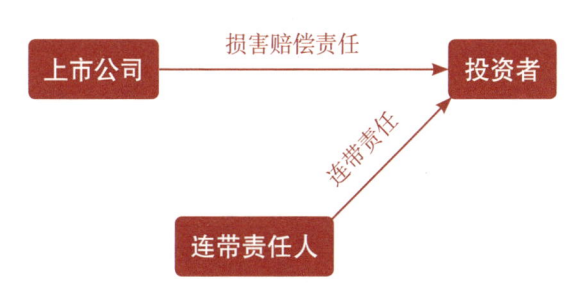

```
上市公司 ——损害赔偿责任——> 投资者
                              ↑
                         连带责任
                              |
         连带责任人 ——————————
```

【常见诉请】

示范文本起诉状所列诉讼请求中，原告为投资者，被告为上市公司或连带责任人。

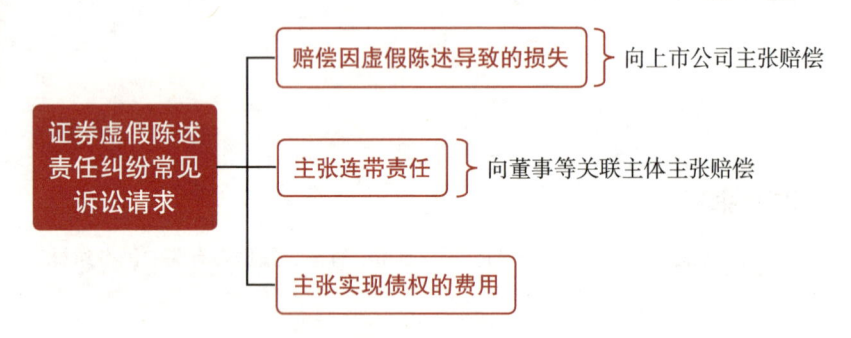

```
证券虚假陈述              ┌─ 赔偿因虚假陈述导致的损失 ┐ 向上市公司主张赔偿
责任纠纷常见   ────────┼─ 主张连带责任            ┐ 向董事等关联主体主张赔偿
诉讼请求                 └─ 主张实现债权的费用
```

11. 证券虚假陈述责任纠纷

"示范文本"

民事起诉状
（证券虚假陈述责任纠纷）

扫描下载

说明：

为了方便您更好地参加诉讼，保护您的合法权利，请填写本表。

1. 起诉时需向人民法院提交证明您身份的材料，如身份证复印件、营业执照复印件等。

2. 本表所列内容是您提起诉讼以及人民法院查明案件事实所需，请务必如实填写。

3. 本表所涉内容系针对一般证券虚假陈述责任纠纷案件，有些内容可能与您的案件无关，您认为与案件无关的项目可以填"无"或不填；对于本表中勾选项可以在对应项打"√"；您认为另有重要内容需要列明的，可以在本表尾部或者另附页填写。

★ **特别提示** ★

《中华人民共和国民事诉讼法》第十三条第一款规定："民事诉讼应当遵循诚信原则。"

如果诉讼参加人违反上述规定，进行虚假诉讼、恶意诉讼，人民法院将视违法情形依法追究责任。

当事人信息	
原告（自然人）	姓名： 性别：男□　女□ 出生日期：　　年　　月　　日 民族： 工作单位：　　　　职务：　　　联系电话： 住所地（户籍所在地）： 经常居住地：
原告（法人、非法人组织）	名称： 住所地（主要办事机构所在地）： 注册地/登记地： 法定代表人/主要负责人：　　职务：　　联系电话： 统一社会信用代码： 类型：有限责任公司□　股份有限公司□　上市公司□ 　　　其他企业法人□　事业单位□　社会团体□

· 421 ·

续表

	基金会□ 社会服务机构□ 机关法人□ 农村集体经济组织法人□ 城镇农村的合作经济组织法人□ 基层群众性自治组织法人□ 个人独资企业□ 合伙企业□ 不具有法人资格的专业服务机构□ 国有□（控股□ 参股□）民营□
委托诉讼代理人	有□ 　　姓名： 　　单位：　　职务：　　联系电话： 　　代理权限：一般授权□ 特别授权□ 无□
送达地址（所填信息除书面特别声明更改外，适用于案件一审、二审、再审所有后续程序）及收件人、联系电话	地址： 收件人： 电话：
是否接受电子送达	是□ 方式：短信＿＿＿ 微信＿＿＿ 传真＿＿＿ 　　　邮箱＿＿＿ 其他＿＿＿ 否□
被告（法人、非法人组织）	名称： 住所地（主要办事机构所在地）： 注册地/登记地： 法定代表人/主要负责人：　职务：　联系电话： 统一社会信用代码： 类型：有限责任公司□ 股份有限公司□ 上市公司□ 　　　其他企业法人□ 事业单位□ 社会团体□ 　　　基金会□ 社会服务机构□ 机关法人□ 农村集体经济组织法人□ 城镇农村的合作经济组织法人□ 基层群众性自治组织法人□ 个人独资企业□ 合伙企业□ 不具有法人资格的专业服务机构□ 国有□（控股□ 参股□）民营□

续表

被告（自然人）	姓名： 性别：男□　女□ 出生日期：　　年　　月　　日　　民族： 工作单位：　　　　职务：　　　联系电话： 住所地（户籍所在地）： 经常居住地：
第三人（法人、非法人组织）	名称： 住所地（主要办事机构所在地）： 注册地/登记地： 法定代表人/主要负责人：　　职务：　　联系电话： 统一社会信用代码： 类型：有限责任公司□　股份有限公司□　上市公司□　其他企业法人□　事业单位□　社会团体□　基金会□　社会服务机构□　机关法人□　农村集体经济组织法人□　城镇农村的合作经济组织法人□　基层群众性自治组织法人□　个人独资企业□　合伙企业□　不具有法人资格的专业服务机构□　国有□（控股□　参股□）　民营□
第三人（自然人）	姓名： 性别：男□　女□ 出生日期：　　年　　月　　日 民族： 工作单位：　　　　职务：　　　联系电话： 住所地（户籍所在地）： 经常居住地：
诉讼请求和依据	
1.赔偿因虚假陈述导致的损失	投资差额损失　　元、佣金损失　　元、印花税损失　　元（人民币，下同；如外币需特别注明）
2.是否主张连带责任	是□　责任主体及责任范围： 否□

续表

3. 是否主张实现债权的费用	是□ 费用明细： 否□
4. 其他请求	
5. 标的总额	
6. 请求依据	合同约定： 法律规定：

约定管辖和诉讼保全

1. 有无仲裁、法院管辖约定	有□ 合同条款及内容： 无□
2. 是否申请财产保全措施	已经诉前保全：是□ 保全法院： 保全时间： 否□ 申请诉讼保全：是□ 否□

事实和理由

1. 被告存在虚假陈述行为的情况	具体虚假陈述行为： 虚假陈述行为实施日： 虚假陈述行为揭露日： 虚假陈述行为更正日： 虚假陈述基准日：
2. 有无监管部门的认定、处罚	有□ 具体情况： 无□
3. 原告交易情况	买入情况（日期、数量、单价）： 卖出情况（日期、数量、单价）：
4. 虚假陈述的重大性	
5. 虚假陈述与原告交易行为之间的因果关系	

续表

6.虚假陈述与原告损失之间的因果关系	
7.原告损失情况	因虚假陈述所造成的投资差额损失： 佣金和印花税损失： 其他： 明细：
8.请求发行人的控股股东、实际控制人、董监高、相关责任人员承担连带责任的情况	
9.请求保荐机构、承销机构、律师事务所、会计师事务所等其他机构及其相关责任人员承担连带责任的情况	
10.其他需要说明的内容（可另附页）	
11.证据清单（可另附页）	

具状人（签字、盖章）：
日期：

民事答辩状
（证券虚假陈述责任纠纷）

说明：

为了方便您更好地参加诉讼，保护您的合法权利，请填写本表。

1. 应诉时需向人民法院提交证明您身份的材料，如身份证复印件、营业执照复印件等。

2. 本表所列内容是您参加诉讼以及人民法院查明案件事实所需，请务必如实填写。

3. 本表所涉内容系针对一般证券虚假陈述责任纠纷案件，有些内容可能与您的案件无关，您认为与案件无关的项目可以填"无"或不填；对于本表中勾选项可以在对应项打"√"；您认为另有重要内容需要列明的，可以在本表尾部或者另附页填写。

★特别提示★

《中华人民共和国民事诉讼法》第十三条第一款规定："民事诉讼应当遵循诚信原则。"

如果诉讼参加人违反上述规定，进行虚假诉讼、恶意诉讼，人民法院将视违法情形依法追究责任。

案号		案由	
当事人信息			
答辩人（法人、非法人组织）	名称： 住所地（主要办事机构所在地）： 注册地/登记地： 法定代表人/主要负责人：　　职务：　　联系电话： 统一社会信用代码： 类型：有限责任公司□　股份有限公司□　上市公司□ 其他企业法人□　事业单位□　社会团体□ 基金会□　社会服务机构□　机关法人□　农村集体经济组织法人□　城镇农村的合作经济组织法人□　基层群众性自治组织法人□　个人独资企业□　合伙企业□　不具有法人资格的专业服务机构□　国有□（控股□　参股□）　民营□		

续表

答辩人（自然人）	姓名： 性别：男□　女□ 出生日期：　　年　　月　　日　　民族： 工作单位：　　　　职务：　　　联系电话： 住所地（户籍所在地）： 经常居住地：
委托诉讼代理人	有□ 　　姓名： 　　单位：　　　　职务：　　　联系电话： 　　代理权限：一般授权□　特别授权□ 无□
送达地址（所填信息除书面特别声明更改外，适用于案件一审、二审、再审所有后续程序）及收件人、电话	地址： 收件人： 电话：
是否接受电子送达	是□　方式：短信_____　微信_____　传真_____ 　　　　　邮箱_____　其他_____ 否□
答辩事项和依据 **（对原告诉讼请求的确认或者异议）**	
1. 对赔偿因虚假陈述导致的损失有无异议	无□ 有□　事实和理由：
2. 对主张连带责任有无异议	无□ 有□　事实和理由：
3. 对实现债权的费用有无异议	无□ 有□　事实和理由：
4. 对其他请求有无异议	无□ 有□　事实和理由：

续表

5. 对标的总额有无异议	无□ 有□ 事实和理由：	
6. 答辩依据	合同约定： 法律规定：	
事实和理由 （对起诉状事实与理由的确认或者异议）		
1. 对存在虚假陈述行为的情况有无异议	无□ 有□ 事实和理由：	
2. 对有无监管部门的认定、处罚有无异议	无□ 有□ 事实和理由：	
3. 对原告交易情况有无异议	无□ 有□ 事实和理由：	
4. 对虚假陈述的重大性有无异议	无□ 有□ 事实和理由：	
5. 对虚假陈述与原告交易行为之间的因果关系有无异议	无□ 有□ 事实和理由：	
6. 对虚假陈述与原告损失之间的因果关系有无异议	无□ 有□ 事实和理由：	
7. 对原告损失情况有无异议	无□ 有□ 事实和理由：	
8. 对原告请求发行人的控股股东、实际控制人、董监高、相关责任人员承担连带责任的情况有无异议	无□ 有□ 事实和理由：	

续表

9.对原告请求保荐机构、承销机构、律师事务所、会计师事务所等其他机构及其相关责任人员承担连带责任的情况有无异议	无□ 有□　事实和理由：
10.有无其他免责/减责事由	无□ 有□　事实和理由：
11.其他需要说明的内容（可另附页）	
12.证据清单（可另附页）	

答辩人（签字、盖章）：

日期：

"适用指南"

起诉部分
（证券虚假陈述责任纠纷）

诉讼请求 1　赔偿因虚假陈述导致的损失

请求依据	《证券法》第 80、85 条 《最高人民法院关于审理证券市场虚假陈述侵权民事赔偿案件的若干规定》第 4、10、11、13、25 条			
依据分解	信息披露义务人实施了虚假陈述	原告的投资决定与虚假陈述之间的因果关系成立[1]	信息披露义务人存在过错	虚假陈述给原告造成损失
事实	■ 被告存在虚假陈述行为的情况 ■ 监管部门的认定、处罚 ■ 虚假陈述的重大性	■ 原告交易情况 ■ 虚假陈述与原告交易行为之间的因果关系	■ 被告存在虚假陈述行为的情况 ■ 监管部门的认定、处罚	■ 虚假陈述与原告损失之间的因果关系 ■ 原告损失情况
证据	被告相关公告 相关新闻报道 监管部门的处罚决定书	原告的证券交易记录 被告相关公告 相关新闻报道	相关新闻报道 监管部门的处罚决定书	原告的交易记录 证券市场公开的证券价格信息
理由	××××年××月××日，发行人发布公告实施信息披露，原告于××××年××月××日对相关证券进行了交易，后发行人于××××年××月××日更正了该信息，发行人的行为构成虚假陈述，原告因该虚假陈述受到损失，包括投资差额损失、佣金和印花税损失，共计××元，发行人应对原告的损失予以赔偿			

[1] 须同时满足以下两个条件：（1）原告交易的是与虚假陈述直接关联的证券；（2）原告在虚假陈述实施日之后、揭露日或更正日之前实施了相应的交易行为。

诉讼请求2　主张连带责任

请求依据	《证券法》第85条 《最高人民法院关于审理证券市场虚假陈述侵权民事赔偿案件的若干规定》第4、14、18条	
依据分解	信息披露义务人实施了虚假陈述,给原告造成了损失,应当承担赔偿责任	其他相关主体对虚假陈述有过错,应当承担连带责任[1]
事实	参见诉讼请求1的事实各部分	■ 请求发行人的控股股东、实际控制人、董监高、相关责任人员承担连带责任的情况 ■ 请求保荐机构、承销机构、律师事务所、会计师事务所等其他机构及其相关责任人员承担连带责任的情况
证据	参见诉讼请求1的证据各部分	被告人岗位说明书、业务分工情况 被告人相关会议记录 相关新闻报道 相关文件签署情况 保荐机构、承销机构尽职调查工作底稿、尽职调查报告、内部审核意见 会计师事务所、律师事务所、资信评级机构、资产评估机构、财务顾问等证券服务机构的核查、验证工作底稿 其他机构出具的意见
理由	×××× 年 ×× 月 ×× 日,发行人发布公告实施信息披露,原告于 ×××× 年 ×× 月 ×× 日对相关证券进行了交易,后发行人于 ×××× 年 ×× 月 ×× 日更正了该信息,发行人的行为构成虚假陈述,原告因该虚假陈述受到损失,包括投资差额损失、佣金和印花税损失,共计 ×× 元,×× 作为发行人的控股股东/实际控制人等,对于发行人的虚假陈述存在过错,根据法律规定,应当承担连带责任	

---

[1] 这些主体具体包括:(1)发行人的控股股东、实际控制人、董监高、相关责任人员;(2)保荐机构、承销机构、律师事务所、会计师事务所等其他机构及其相关责任人员。

诉讼请求3　主张实现债权的费用

请求依据	《民法典》第561条	
依据分解	信息披露义务人及连带责任人的行为构成证券虚假陈述，造成原告损失，发行人及连带责任人应当承担赔偿责任	原告为实现债权，支付了合理费用，主要包括： （1）诉讼费用； （2）保全费用； （3）律师费； （4）差旅费用等
事实	参见诉讼请求1、2的事实各部分	■实现债权合理费用的情况
证据	参见诉讼请求1、2的证据各部分	各类费用的收据、发票 委托代理合同
理由	××××年××月××日，发行人发布公告实施信息披露，原告于××××年××月××日对相关证券进行了交易，后发行人于××××年××月××日更正了该信息，发行人的行为构成虚假陈述，原告因该虚假陈述受到损失，共计××元，为了实现债权，原告采取××措施，支付××费用××元，共计××元，应由被告承担	

答辩部分
（证券虚假陈述责任纠纷）

答辩事项 1　对赔偿因虚假陈述导致的损失的异议

答辩依据	《证券法》第 80、85 条 《最高人民法院关于审理证券市场虚假陈述侵权民事赔偿案件的若干规定》第 4、10、11、13、25 条			
依据分解	信息披露义务人未实施虚假陈述	原告的投资决定与虚假陈述之间的因果关系不成立[1]	信息披露义务人不存在过错	虚假陈述未给原告造成损失/对损失金额有异议
事实	■ 对存在虚假陈述行为的情况的异议 ■ 对监管部门的认定、处罚的异议 ■ 对虚假陈述的重大性的异议	■ 对原告交易情况的异议 ■ 对虚假陈述与原告交易行为之间的因果关系的异议	■ 对存在虚假陈述行为的情况的异议 ■ 对监管部门的认定、处罚的异议	■ 对虚假陈述与原告损失之间的因果关系的异议 ■ 对原告损失情况的异议
证据	被告相关公告 相关新闻报道	原告的证券交易记录 被告相关公告 相关新闻报道	相关新闻报道 监管部门的调查、认定文件	原告的交易记录 证券市场公开的证券价格信息
理由	披露行为不构成虚假陈述，虽然原告因交易行为受到损失，但被告不应对该损失承担赔偿责任	原告的交易行为发生在虚假陈述实施前/揭露后等，原告的投资决定与虚假陈述之间的因果关系不成立，被告不应对该损失承担赔偿责任	对该信息的披露，发行人已经尽到注意义务，不存在过错，故被告不应承担赔偿责任	发行人的行为构成虚假陈述，但原告未因该虚假陈述受到损失/原告因该虚假陈述受到的损失数额计算有误，故被告承担的赔偿费用应为 ×× 元

[1] 具体包括以下四种情形：（1）原告的交易行为发生在虚假陈述实施前，或者是在揭露或更正之后；（2）原告在交易时知道或者应当知道存在虚假陈述，或者虚假陈述已经被证券市场广泛知悉；（3）原告的交易行为是受到虚假陈述实施后发生的上市公司的收购、重大资产重组等其他重大事件的影响；（4）原告的交易行为构成内幕交易、操纵证券市场等证券违法行为。

答辩事项2　对连带责任的异议

答辩依据	《证券法》第80、85条 《最高人民法院关于审理证券市场虚假陈述侵权民事赔偿案件的若干规定》第4、14~23条	
依据分解	信息披露义务人对原告不承担赔偿责任	其他相关主体对虚假陈述没有过错，不应当承担连带责任[1]
事实	参见答辩事项1的事实各部分	■ 对原告请求发行人的控股股东、实际控制人、董监高、相关责任人员承担连带责任的情况的异议 ■ 对原告请求保荐机构、承销机构、律师事务所、会计师事务所等其他机构及其相关责任人员承担连带责任的情况的异议
证据	参见答辩事项1的证据各部分	被告人岗位说明书、业务分工情况 被告人相关会议记录 相关新闻报道 相关文件签署情况 保荐机构、承销机构尽职调查工作底稿、尽职调查报告、内部审核意见 会计师事务所、律师事务所、资信评级机构、资产评估机构、财务顾问等证券服务机构的核查、验证工作底稿 其他机构出具的意见
理由	参见答辩事项1的理由各部分	控股股东、实际控制人、董监高、相关责任人员，保荐机构、承销机构、律师事务所、会计师事务所等其他机构及其相关责任人员对于虚假陈述不存在过错，不应承担连带责任

[1] 这些主体具体包括：(1) 发行人的控股股东、实际控制人、董监高、相关责任人员；(2) 保荐机构、承销机构、律师事务所、会计师事务所等其他机构及其相关责任人员。

答辩事项 3　对实现债权的费用的异议

答辩依据	《民法典》第 561 条	
依据分解	不存在应当赔偿因虚假陈述导致的损失的情况	对原告支付费用的合理性、真实性的异议
事实	参见答辩事项 1、2 的事实各部分	■其他需要说明的内容 ●对委托代理合同的签订情况的异议 ●对实现债权合理费用的情况的异议
证据	参见答辩事项 1、2 的证据各部分	各类费用的收据、发票 委托代理合同
理由	参见答辩事项 1、2 的理由各部分	原告诉请 ×× 费用，与本案无关，不是实现债权的合理费用，被告不应支付。原告诉请 ×× 费用 ×× 元，无证据支持，仅认可其中 ×× 元

证券虚假陈述责任纠纷

"**实 例**"

民事起诉状
（证券虚假陈述责任纠纷）

说明：
　　为了方便您更好地参加诉讼，保护您的合法权利，请填写本表。
　　1. 起诉时需向人民法院提交证明您身份的材料，如身份证复印件、营业执照复印件等。
　　2. 本表所列内容是您提起诉讼以及人民法院查明案件事实所需，请务必如实填写。
　　3. 本表所涉内容系针对一般证券虚假陈述责任纠纷案件，有些内容可能与您的案件无关，您认为与案件无关的项目可以填"无"或不填；对于本表中勾选项可以在对应项打"√"；您认为另有重要内容需要列明的，可以在本表尾部或者另附页填写。
　　★特别提示★
　　《中华人民共和国民事诉讼法》第十三条第一款规定："民事诉讼应当遵循诚信原则。"
　　如果诉讼参加人违反上述规定，进行虚假诉讼、恶意诉讼，人民法院将视违法情形依法追究责任。

当事人信息	
原告（法人、非法人组织）〔投资者〕	名称： 住所地（主要办事机构所在地）： 注册地/登记地： 法定代表人/主要负责人：　职务：　联系电话： 统一社会信用代码： 类型：有限责任公司□　股份有限公司□　上市公司□ 　　　其他企业法人□　事业单位□　社会团体□ 　　　基金会□　社会服务机构□　机关法人□　农村集体经济组织法人□　城镇农村的合作经济组织法人□　基层群众性自治组织法人□　个人独资企业□　合伙企业□　不具有法人资格的专业服务机构□　国有□（控股□　参股□）民营□

· 436 ·

续表

原告（自然人） （投资者）	姓名：朱×× 性别：男☑ 女□ 出生日期：19×× 年 ×× 月 ×× 日 民族：× 族 工作单位：×× 公司 职务：职员 联系电话：××××××××× 住所地（户籍所在地）：福建省 ×× 县 ×× 镇 ×× 村 ×× 号 经常居住地：上海市 ×× 区 ×× 街道
委托诉讼代理人	有☑ 　　姓名：吴 × 　　单位：上海 ×× 律师事务所 职务：律师 　　联系电话：××××××××× 　　代理权限：一般授权□ 特别授权☑ 无□ （代理人仅享有出庭、收集证据、辩论、起草法律文书等程序性诉讼权利） （代理人除享有一般授权的诉讼权利外，还可行使代为和解、上诉等涉及当事人实体利益的诉讼权利）
送达地址（所填信息除书面特别声明更改外，适用于案件一审、二审、再审所有后续程序）及收件人、联系电话	地址：上海市 ×× 区 ×× 路 ×× 中心上海 ×× 律师事务所 收件人：吴 × 联系电话：×××××××××
是否接受电子送达 （此处可填写一项或多项）	是☑ 方式：短信＿＿＿＿ 微信 139××××××× 　　　　　传真＿＿＿＿ 邮箱 ×××@QQ.COM 　　　　　其他＿＿＿＿ 否□
被告（法人、非法人组织）	名称：上海 ×× 股份有限公司 住所地（主要办事机构所在地）：上海市 ×× 区 ×× 路 ×× 号 注册地/登记地：上海市 ×× 区 ×× 路 ×× 号 法定代表人/主要负责人：李 ×× 职务：董事长 联系电话：××××××××× 统一社会信用代码：911××××××××××

续表

	类型：有限责任公司□　股份有限公司☑　上市公司☑　其他企业法人□　事业单位□　社会团体□　基金会□　社会服务机构□　机关法人□　农村集体经济组织法人□　城镇农村的合作经济组织法人□　基层群众性自治组织法人□　个人独资企业□　合伙企业□　不具有法人资格的专业服务机构□　国有□（控股□　参股□）　民营☑
被告（法人、非法人组织）	名称：安徽××有限责任公司 住所地（主要办事机构所在地）：安徽省××县××镇××路 注册地/登记地：安徽省××县××镇××路 法定代表人/主要负责人：李××　职务：董事长 联系电话：××××××××××× 统一社会信用代码：911××××××××××× 类型：有限责任公司☑　股份有限公司□　上市公司□　其他企业法人□　事业单位□　社会团体□　基金会□　社会服务机构□　机关法人□　农村集体经济组织法人□　城镇农村的合作经济组织法人□　基层群众性自治组织法人□　个人独资企业□　合伙企业□　不具有法人资格的专业服务机构□　国有□（控股□　参股□）　民营☑
被告（自然人）	姓名： 性别：男□　女□ 出生日期：　　年　　月　　日 民族： 工作单位：　　　　职务：　　　　联系电话： 住所地（户籍所在地）： 经常居住地：
第三人（法人、非法人组织）	名称： 住所地（主要办事机构所在地）： 注册地/登记地： 法定代表人/主要负责人：　　职务：　　联系电话： 统一社会信用代码：

续表

	类型：有限责任公司□　股份有限公司□　上市公司□　其他企业法人□　事业单位□　社会团体□　基金会□　社会服务机构□　机关法人□　农村集体经济组织法人□　城镇农村的合作经济组织法人□　基层群众性自治组织法人□　个人独资企业□　合伙企业□　不具有法人资格的专业服务机构□　国有□（控股□　参股□）　民营□
第三人（自然人）	姓名： 性别：男□　女□ 出生日期：　　年　　月　　日 民族： 工作单位：　　　　职务：　　　　联系电话： 住所地（户籍所在地）： 经常居住地：

诉讼请求和依据

1. 赔偿因虚假陈述导致的损失	投资差额损失314248元、佣金损失314.25元、印花税损失314.25元（人民币，下同）
2. 是否主张连带责任	是☑　责任主体及责任范围：控股股东安徽××有限责任公司承担连带责任 否□
3. 是否主张实现债权的费用	是☑　费用明细：请求被告承担律师费50000元 否□
4. 其他请求	诉讼费用由被告承担
5. 标的总额	314876.5元
6. 请求依据 *(应尽量穷尽列举，可参考本书"适用指南""相关法条"提及的规定)*	合同约定： 法律规定：《中华人民共和国证券法》（2014）第六十九条、《最高人民法院关于审理证券市场虚假陈述侵权民事赔偿案件的若干规定》第十条

约定管辖和诉讼保全

1. 有无仲裁、法院管辖约定	有□　合同条款及内容： 无☑

· 439 ·

续表

2. 是否申请财产保全措施	已经诉前保全：是□ 否☑	保全法院：	保全时间：
	申请诉讼保全：是□ 否☑		

> 对方当事人可能导致判决难以执行或造成其他损害的，可申请财产保全措施，包括冻结、扣押、查封

事实与理由

1. 被告存在虚假陈述行为的情况	具体虚假陈述行为：《关于收到中国证券监督管理委员会调查通知书的公告》《中国证券监督管理委员会××监管局行政处罚决定书（20××）×号》已认定，被告××股份公司虚增盈利且披露文件存在虚假记载、误导性陈述 虚假陈述行为实施日：20××年××月××日 虚假陈述行为揭露日：20××年××月××日 虚假陈述行为更正日：20××年××月××日 虚假陈述基准日：20××年××月××日
2. 有无监管部门的认定、处罚	有☑ 具体情况：《中国证券监督管理委员会××监管局行政处罚决定书（20××）×号》认定上海××股份有限公司存在以下信息披露违法违规行为：一、未按规定披露关联交易事项，导致2015年至2017年年度报告存在重大遗漏。二、虚增2016年度、2017年度营业收入和利润，导致2016年、2017年年度报告存在虚假记载。三、未按规定及时披露为控股股东及其关联方提供担保事项 无□
3. 原告交易情况	买入情况（日期、数量、单价）：20××年××月××日分别以均价×××元、×××元、×××元分别买入××××股、××××股、××××股 卖出情况（日期、数量、单价）：20××年××月××日以均价××元卖出××××股
4. 虚假陈述的重大性	被告作为上市公司，未按规定披露关联交易和对外担保事项，虚构保理和原油转口贸易业务，披露的2015年至2017年年度报告存在虚假记载、重大遗漏等行为

· 440 ·

续表

5. 虚假陈述与原告交易行为之间的因果关系	原告买入股票系因被告所披露文件存在虚假记载、误导性陈述引起
6. 虚假陈述与原告损失之间的因果关系	因被告所披露文件存在虚假记载、误导性陈述，致使原告大量购入被告公司股票，但实际情况与其披露内容相反，造成原告直接损失314876.5元
7. 原告损失情况	因虚假陈述所造成的投资差额损失：314248元 佣金和印花税损失：628.5元 其他： 明细：
8. 请求发行人的控股股东、实际控制人、董监高、相关责任人员承担连带责任的情况	请求发行人的控股股东安徽××有限责任公司承担原告损失314876.5元的连带责任
9. 请求保荐机构、承销机构、律师事务所、会计师事务所等其他机构及其相关责任人员承担连带责任的情况	
10. 其他需要说明的内容（可另附页）	
11. 证据清单（可另附页）	后附证据清单

具状人（签字、盖章）：朱××（原告）

日期：××年××月××日

（自然人签字，法人、非法人组织盖章）

民事答辩状
（证券虚假陈述责任纠纷）

说明：

为了方便您更好地参加诉讼，保护您的合法权利，请填写本表。

1. 应诉时需向人民法院提交证明您身份的材料，如身份证复印件、营业执照复印件等。

2. 本表所列内容是您参加诉讼以及人民法院查明案件事实所需，请务必如实填写。

3. 本表所涉内容系针对一般证券虚假陈述责任纠纷案件，有些内容可能与您的案件无关，您认为与案件无关的项目可以填"无"或不填；对于本表中勾选项可以在对应项打"√"；您认为另有重要内容需要列明的，可以在本表尾部或者另附页填写。

★特别提示★

《中华人民共和国民事诉讼法》第十三条第一款规定："民事诉讼应当遵循诚信原则。"

如果诉讼参加人违反上述规定，进行虚假诉讼、恶意诉讼，人民法院将视违法情形依法追究责任。

案号	（2021）沪××民初××号	案由	证券虚假陈述责任纠纷
当事人信息			
答辩人（法人、非法人组织）	名称：上海××股份有限公司 住所地（主要办事机构所在地）：上海市××区××路××号 注册地/登记地：上海市××区××路××号 法定代表人/主要负责人：李××　职务：董事长 联系电话：××××××××××× 统一社会信用代码：911×××××××××× 类型：有限责任公司☐　股份有限公司☑　上市公司☑　其他企业法人☐　事业单位☐　社会团体☐　基金会☐　社会服务机构☐　机关法人☐　农村集体经济组织法人☐　城镇农村的合作经济组织法人☐　基层群众性自治组织法人☐　个人独资企业☐　合伙企业☐　不具有法人资格的专业服务机构☐　国有☐（控股☐　参股☐）　民营☑		

续表

委托诉讼代理人	有☑ 　　姓名：赵×× 　　单位：上海××律师事务所　职务：律师 　　联系电话：××××××××××× 　　代理权限：一般授权□　特别授权☑ 无□
送达地址（所填信息除书面特别声明更改外，适用于案件一审、二审、再审所有后续程序）及收件人、联系电话	地址：上海市××区××路上海××律师事务所 收件人：赵×× 联系电话：×××××××××××
是否接受电子送达	是☑　方式：短信_____　微信139×××××××× 　　　　　　　传真_____　邮箱×××@QQ.COM 　　　　　　　其他_____ 否□
答辩人（法人、非法人组织）	名称：安徽××有限责任公司 住所地（主要办事机构所在地）：安徽省××县××镇 注册地/登记地：安徽省××县××镇 法定代表人/主要负责人：李××　职务：董事长 联系电话：××××××××××× 统一社会信用代码：911××××××××××× 类型：有限责任公司☑　股份有限公司□　上市公司□ 　　　其他企业法人□　事业单位□　社会团体□ 　　　基金会□　社会服务机构□　机关法人□　农村集体经济组织法人□　城镇农村的合作经济组织法人□　基层群众性自治组织法人□　个人独资企业□　合伙企业□　不具有法人资格的专业服务机构□　国有□（控股□　参股□）　民营☑
委托诉讼代理人	有☑ 　　姓名：徐×× 　　单位：安徽××律师事务所　职务：律师 　　联系电话：××××××××××× 　　代理权限：一般授权□　特别授权☑ 无□

注：代理人仅享有出庭、收集证据、辩论、起草法律文书等程序性诉讼权利

注：代理人除享有一般授权的诉讼权利外，还可行使代为和解、上诉等涉及当事人实体利益的诉讼权利

注：此处可填写一项或多项

续表

送达地址（所填信息除书面特别声明更改外，适用于案件一审、二审、再审所有后续程序）及收件人、联系电话	地址：安徽省××市××路2号安徽××律师事务所 收件人：徐×× 联系电话：×××××××××
是否接受电子送达	是☑　方式：短信_____　微信 139××××××× 　　　　　　　传真_____　邮箱×××@QQ.COM 　　　　　　　其他_____ 否☐
答辩人（自然人）	姓名： 性别：男☐　女☐ 出生日期：　　年　　月　　日 民族： 工作单位：　　　　职务：　　　　联系电话： 住所地（户籍所在地）： 经常居住地：
委托诉讼代理人	有☐ 　　　姓名： 　　　单位：　　　职务：　　　联系电话： 　　　代理权限：一般授权☐　特别授权☐ 无☐
送达地址（所填信息除书面特别声明更改外，适用于案件一审、二审、再审所有后续程序）及收件人、联系电话	地址： 收件人： 电话：
是否接受电子送达	是☐　方式：短信_____　微信_____　传真_____ 　　　　　　　邮箱_____　其他_____ 否☐

续表

答辩事项和依据 （对原告诉讼请求的确认或者异议）	
1. 对赔偿因虚假陈述导致的损失有无异议	无□ 有☑　事实和理由：上海××股份有限公司实施的虚假陈述不具有重大性，原告在实施日后购入上海××股份有限公司股票的交易行为是受到虚假陈述实施后发生的重大资产重组等其他重大事件的影响，而非受到证券虚假陈述的影响，本案交易因果关系不成立，上海××股份有限公司不应承担任何赔偿责任
2. 对主张连带责任有无异议	无□ 有☑　事实和理由：安徽××有限责任公司并非被告上海××股份有限公司2015年至2017年年度报告的信息披露义务人，也未参与上市公司对外信息披露行为，对上市公司未按规定披露信息不存在过错，无须对虚假陈述给投资者造成的损失承担连带责任
3. 对实现债权的费用有无异议	无□ 有☑　事实和理由：原告请求被告支付律师费没有事实和法律依据
4. 对其他请求有无异议	无□ 有☑　事实和理由：由原告承担诉讼费
5. 对标的总额有无异议	无□ 有☑　事实和理由：原告的损失系其参与股市交易行为的正常风险，所产生的价格落差损失，应由其自行承担
6. 答辩依据	合同约定： 法律规定：《中华人民共和国证券法》（2014年）第六十九条、《最高人民法院关于审理证券市场虚假陈述侵权民事赔偿案件的若干规定》第十条

> 应尽量穷尽列举，可参考本书"适用指南""相关法条"提及的规定

事实和理由 （对起诉状事实与理由的确认或者异议）	
1. 对存在虚假陈述行为的情况有无异议	无☑ 有□　事实和理由：

续表

2. 对有无监管部门的认定、处罚有无异议	无☑ 有☐　事实和理由：	
3. 对原告交易情况有无异议	无☑ 有☐	
4. 对虚假陈述的重大性有无异议	无☐ 有☑　上海××股份有限公司实施的虚假陈述不具有重大性	
5. 对虚假陈述与原告交易行为之间的因果关系有无异议	无☐ 有☑　事实和理由：原告在实施日后购入上海××股份有限公司股票的交易行为，是受到了虚假陈述实施后发生的重大资产重组等其他重大事件的影响，而并非受到证券虚假陈述的影响，本案中交易因果关系不成立	
6. 对虚假陈述与原告损失之间的因果关系有无异议	无☐ 有☑　事实和理由：原告的损失系其参与股市交易行为的正常风险，所产生的价格落差损失，应由其自行承担	
7. 对原告损失情况有无异议	无☐ 有☑　事实和理由：被告不应向原告承担损失赔偿责任	
8. 对原告请求发行人的控股股东、实际控制人、董监高、相关责任人员承担连带责任的情况有无异议	无☐ 有☑　事实和理由：安徽××有限责任公司未参与虚假陈述行为，不应承担连带责任	
9. 对原告请求保荐机构、承销机构、律师事务所、会计师事务所等其他机构及其相关责任人员承担连带责任的情况有无异议	无☐ 有☐　事实和理由：	

续表

10.有无其他免责/减责事由	无□ 有□ 事实和理由：
11.其他需要说明的内容(可另附页)	
12.证据清单(可另附页)	

自然人签字，法人、非法人组织盖章

答辩人（签字、盖章）:（被告）
上海××股份有限公司李××
安徽××有限责任公司李××
日期：××年××月××日

"相关法条"

《民法典》

第五百六十一条 债务人在履行主债务外还应当支付利息和实现债权的有关费用，其给付不足以清偿全部债务的，除当事人另有约定外，应当按照下列顺序履行：

（一）实现债权的有关费用；

（二）利息；

（三）主债务。

《证券法》

第六十九条 收购要约提出的各项收购条件，适用于被收购公司的所有股东。

上市公司发行不同种类股份的，收购人可以针对不同种类股份提出不同的收购条件。

第八十条 发生可能对上市公司、股票在国务院批准的其他全国性证券交易场所交易的公司的股票交易价格产生较大影响的重大事件，投资者尚未得知时，公司应当立即将有关该重大事件的情况向国务院证券监督管理机构和证券交易场所报送临时报告，并予公告，说明事件的起因、目前的状态和可能产生的法律后果。

前款所称重大事件包括：

（一）公司的经营方针和经营范围的重大变化；

（二）公司的重大投资行为，公司在一年内购买、出售重大资产超过公司资产总额百分之三十，或者公司营业用主要资产的抵押、质押、出售或者报废一次超过该资产的百分之三十；

（三）公司订立重要合同、提供重大担保或者从事关联交易，可能对公司的资产、负债、权益和经营成果产生重要影响；

（四）公司发生重大债务和未能清偿到期重大债务的违约情况；

（五）公司发生重大亏损或者重大损失；

（六）公司生产经营的外部条件发生的重大变化；

（七）公司的董事、三分之一以上监事或者经理发生变动，董事长或者经理无法履行职责；

（八）持有公司百分之五以上股份的股东或者实际控制人持有股份或者控制公司的情况发生较大变化，公司的实际控制人及其控制的其他企业从事与公司相同或者相似业务的情况发生较大变化；

（九）公司分配股利、增资的计划，公司股权结构的重要变化，公司减资、合并、分立、解散及申请破产的决定，或者依法进入破产程序、被责令关闭；

（十）涉及公司的重大诉讼、仲裁，股东大会、董事会决议被依法撤销或者宣告无效；

（十一）公司涉嫌犯罪被依法立案调查，公司的控股股东、实际控制人、董事、监事、高级管理人员涉嫌犯罪被依法采取强制措施；

（十二）国务院证券监督管理机构规定的其他事项。

公司的控股股东或者实际控制人对重大事件的发生、进展产生较大影响的，应当及时将其知悉的有关情况书面告知公司，并配合公司履行信息披露义务。

第八十五条 信息披露义务人未按照规定披露信息，或者公告的证券发行文件、定期报告、临时报告及其他信息披露资料存在虚假记载、误导性陈述或者重大遗漏，致使投资者在证券交易中遭受损失的，信息披露义务人应当承担赔偿责任；发行人的控股股东、实际控制人、董事、监事、高级管理人员和其他直接责任人员以及保荐人、承销的证券公司及其直接责任人员，应当与发行人承担连带赔偿责任，但是能够证明自己没有过错的除外。

《最高人民法院关于审理证券市场虚假陈述侵权民事赔偿案件的若干规定》

为正确审理证券市场虚假陈述侵权民事赔偿案件，规范证券发行和交易行为，保护投资者合法权益，维护公开、公平、公正的证券市场秩序，根据《中华人民共和国民法典》《中华人民共和国证券法》《中华人民共和国公司法》《中华人民共和国民事诉讼法》等法律规定，结合审判实践，制定本规定。

一、一般规定

第一条 信息披露义务人在证券交易场所发行、交易证券过程中实施虚假陈述引发的侵权民事赔偿案件，适用本规定。

按照国务院规定设立的区域性股权市场中发生的虚假陈述侵权民事赔偿案件，可以参照适用本规定。

第二条　原告提起证券虚假陈述侵权民事赔偿诉讼，符合民事诉讼法第一百二十二条规定，并提交以下证据或者证明材料的，人民法院应当受理：

（一）证明原告身份的相关文件；

（二）信息披露义务人实施虚假陈述的相关证据；

（三）原告因虚假陈述进行交易的凭证及投资损失等相关证据。

人民法院不得仅以虚假陈述未经监管部门行政处罚或者人民法院生效刑事判决的认定为由裁定不予受理。

第三条　证券虚假陈述侵权民事赔偿案件，由发行人住所地的省、自治区、直辖市人民政府所在的市、计划单列市和经济特区中级人民法院或者专门人民法院管辖。《最高人民法院关于证券纠纷代表人诉讼若干问题的规定》等对管辖另有规定的，从其规定。

省、自治区、直辖市高级人民法院可以根据本辖区的实际情况，确定管辖第一审证券虚假陈述侵权民事赔偿案件的其他中级人民法院，报最高人民法院备案。

二、虚假陈述的认定

第四条　信息披露义务人违反法律、行政法规、监管部门制定的规章和规范性文件关于信息披露的规定，在披露的信息中存在虚假记载、误导性陈述或者重大遗漏的，人民法院应当认定为虚假陈述。

虚假记载，是指信息披露义务人披露的信息中对相关财务数据进行重大不实记载，或者对其他重要信息作出与真实情况不符的描述。

误导性陈述，是指信息披露义务人披露的信息隐瞒了与之相关的部分重要事实，或者未及时披露相关更正、确认信息，致使已经披露的信息因不完整、不准确而具有误导性。

重大遗漏，是指信息披露义务人违反关于信息披露的规定，对重大事件或者重要事项等应当披露的信息未予披露。

第五条　证券法第八十五条规定的"未按照规定披露信息"，是指信息披露义务人未按照规定的期限、方式等要求及时、公平披露信息。

信息披露义务人"未按照规定披露信息"构成虚假陈述的，依照本规定承担民事责任；构成内幕交易的，依照证券法第五十三条的规定承担民事责任；构成公司法第一百五十二条规定的损害股东利益行为的，依照该法承担民事责任。

第六条 原告以信息披露文件中的盈利预测、发展规划等预测性信息与实际经营情况存在重大差异为由主张发行人实施虚假陈述的，人民法院不予支持，但有下列情形之一的除外：

（一）信息披露文件未对影响该预测实现的重要因素进行充分风险提示的；

（二）预测性信息所依据的基本假设、选用的会计政策等编制基础明显不合理的；

（三）预测性信息所依据的前提发生重大变化时，未及时履行更正义务的。

前款所称的重大差异，可以参照监管部门和证券交易场所的有关规定认定。

第七条 虚假陈述实施日，是指信息披露义务人作出虚假陈述或者发生虚假陈述之日。

信息披露义务人在证券交易场所的网站或者符合监管部门规定条件的媒体上公告发布具有虚假陈述内容的信息披露文件，以披露日为实施日；通过召开业绩说明会、接受新闻媒体采访等方式实施虚假陈述的，以该虚假陈述的内容在具有全国性影响的媒体上首次公布之日为实施日。信息披露文件或者相关报导内容在交易日收市后发布的，以其后的第一个交易日为实施日。

因未及时披露相关更正、确认信息构成误导性陈述，或者未及时披露重大事件或者重要事项等构成重大遗漏的，以应当披露相关信息期限届满后的第一个交易日为实施日。

第八条 虚假陈述揭露日，是指虚假陈述在具有全国性影响的报刊、电台、电视台或监管部门网站、交易场所网站、主要门户网站、行业知名的自媒体等媒体上，首次被公开揭露并为证券市场知悉之日。

人民法院应当根据公开交易市场对相关信息的反应等证据，判断投资者是否知悉了虚假陈述。

除当事人有相反证据足以反驳外，下列日期应当认定为揭露日：

（一）监管部门以涉嫌信息披露违法为由对信息披露义务人立案调查的信息公开之日；

（二）证券交易场所等自律管理组织因虚假陈述对信息披露义务人等责任主体

采取自律管理措施的信息公布之日。

信息披露义务人实施的虚假陈述呈连续状态的，以首次被公开揭露并为证券市场知悉之日为揭露日。信息披露义务人实施多个相互独立的虚假陈述的，人民法院应当分别认定其揭露日。

第九条 虚假陈述更正日，是指信息披露义务人在证券交易场所网站或者符合监管部门规定条件的媒体上，自行更正虚假陈述之日。

三、重大性及交易因果关系

第十条 有下列情形之一的，人民法院应当认定虚假陈述的内容具有重大性：

（一）虚假陈述的内容属于证券法第八十条第二款、第八十一条第二款规定的重大事件；

（二）虚假陈述的内容属于监管部门制定的规章和规范性文件中要求披露的重大事件或者重要事项；

（三）虚假陈述的实施、揭露或者更正导致相关证券的交易价格或者交易量产生明显的变化。

前款第一项、第二项所列情形，被告提交证据足以证明虚假陈述并未导致相关证券交易价格或者交易量明显变化的，人民法院应当认定虚假陈述的内容不具有重大性。

被告能够证明虚假陈述不具有重大性，并以此抗辩不应当承担民事责任的，人民法院应当予以支持。

第十一条 原告能够证明下列情形的，人民法院应当认定原告的投资决定与虚假陈述之间的交易因果关系成立：

（一）信息披露义务人实施了虚假陈述；

（二）原告交易的是与虚假陈述直接关联的证券；

（三）原告在虚假陈述实施日之后、揭露日或更正日之前实施了相应的交易行为，即在诱多型虚假陈述中买入了相关证券，或者在诱空型虚假陈述中卖出了相关证券。

第十二条 被告能够证明下列情形之一的，人民法院应当认定交易因果关系不成立：

（一）原告的交易行为发生在虚假陈述实施前，或者是在揭露或更正之后；

（二）原告在交易时知道或者应当知道存在虚假陈述，或者虚假陈述已经被证券市场广泛知悉；

（三）原告的交易行为是受到虚假陈述实施后发生的上市公司的收购、重大资产重组等其他重大事件的影响；

（四）原告的交易行为构成内幕交易、操纵证券市场等证券违法行为的；

（五）原告的交易行为与虚假陈述不具有交易因果关系的其他情形。

四、过错认定

第十三条 证券法第八十五条、第一百六十三条所称的过错，包括以下两种情形：

（一）行为人故意制作、出具存在虚假陈述的信息披露文件，或者明知信息披露文件存在虚假陈述而不予指明、予以发布；

（二）行为人严重违反注意义务，对信息披露文件中虚假陈述的形成或者发布存在过失。

第十四条 发行人的董事、监事、高级管理人员和其他直接责任人员主张对虚假陈述没有过错的，人民法院应当根据其工作岗位和职责、在信息披露资料的形成和发布等活动中所起的作用、取得和了解相关信息的渠道、为核验相关信息所采取的措施等实际情况进行审查认定。

前款所列人员不能提供勤勉尽责的相应证据，仅以其不从事日常经营管理、无相关职业背景和专业知识、相信发行人或者管理层提供的资料、相信证券服务机构出具的专业意见等理由主张其没有过错的，人民法院不予支持。

第十五条 发行人的董事、监事、高级管理人员依照证券法第八十二条第四款的规定，以书面方式发表附具体理由的意见并依法披露的，人民法院可以认定其主观上没有过错，但在审议、审核信息披露文件时投赞成票的除外。

第十六条 独立董事能够证明下列情形之一的，人民法院应当认定其没有过错：

（一）在签署相关信息披露文件之前，对不属于自身专业领域的相关具体问题，借助会计、法律等专门职业的帮助仍然未能发现问题的；

（二）在揭露日或更正日之前，发现虚假陈述后及时向发行人提出异议并监督整改或者向证券交易场所、监管部门书面报告的；

（三）在独立意见中对虚假陈述事项发表保留意见、反对意见或者无法表示意见并说明具体理由的，但在审议、审核相关文件时投赞成票的除外；

（四）因发行人拒绝、阻碍其履行职责，导致无法对相关信息披露文件是否存在虚假陈述作出判断，并及时向证券交易场所、监管部门书面报告的；

（五）能够证明勤勉尽责的其他情形。

独立董事提交证据证明其在履职期间能够按照法律、监管部门制定的规章和规范性文件以及公司章程的要求履行职责的，或者在虚假陈述被揭露后及时督促发行人整改且效果较为明显的，人民法院可以结合案件事实综合判断其过错情况。

外部监事和职工监事，参照适用前两款规定。

第十七条 保荐机构、承销机构等机构及其直接责任人员提交的尽职调查工作底稿、尽职调查报告、内部审核意见等证据能够证明下列情形的，人民法院应当认定其没有过错：

（一）已经按照法律、行政法规、监管部门制定的规章和规范性文件、相关行业执业规范的要求，对信息披露文件中的相关内容进行了审慎尽职调查；

（二）对信息披露文件中没有证券服务机构专业意见支持的重要内容，经过审慎尽职调查和独立判断，有合理理由相信该部分内容与真实情况相符；

（三）对信息披露文件中证券服务机构出具专业意见的重要内容，经过审慎核查和必要的调查、复核，有合理理由排除了职业怀疑并形成合理信赖。

在全国中小企业股份转让系统从事挂牌和定向发行推荐业务的证券公司，适用前款规定。

第十八条 会计师事务所、律师事务所、资信评级机构、资产评估机构、财务顾问等证券服务机构制作、出具的文件存在虚假陈述的，人民法院应当按照法律、行政法规、监管部门制定的规章和规范性文件，参考行业执业规范规定的工作范围和程序要求等内容，结合其核查、验证工作底稿等相关证据，认定其是否存在过错。

证券服务机构的责任限于其工作范围和专业领域。证券服务机构依赖保荐机构或者其他证券服务机构的基础工作或者专业意见致使其出具的专业意见存在虚假陈述，能够证明其对所依赖的基础工作或者专业意见经过审慎核查和必要的调查、复核，排除了职业怀疑并形成合理信赖的，人民法院应当认定其没有过错。

第十九条 会计师事务所能够证明下列情形之一的，人民法院应当认定其没有过错：

（一）按照执业准则、规则确定的工作程序和核查手段并保持必要的职业谨慎，仍未发现被审计的会计资料存在错误的；

（二）审计业务必须依赖的金融机构、发行人的供应商、客户等相关单位提供不实证明文件，会计师事务所保持了必要的职业谨慎仍未发现的；

（三）已对发行人的舞弊迹象提出警告并在审计业务报告中发表了审慎审计意见的；

（四）能够证明没有过错的其他情形。

五、责任主体

第二十条 发行人的控股股东、实际控制人组织、指使发行人实施虚假陈述，致使原告在证券交易中遭受损失的，原告起诉请求直接判令该控股股东、实际控制人依照本规定赔偿损失的，人民法院应当予以支持。

控股股东、实际控制人组织、指使发行人实施虚假陈述，发行人在承担赔偿责任后要求该控股股东、实际控制人赔偿实际支付的赔偿款、合理的律师费、诉讼费用等损失的，人民法院应当予以支持。

第二十一条 公司重大资产重组的交易对方所提供的信息不符合真实、准确、完整的要求，导致公司披露的相关信息存在虚假陈述，原告起诉请求判令该交易对方与发行人等责任主体赔偿由此导致的损失的，人民法院应当予以支持。

第二十二条 有证据证明发行人的供应商、客户，以及为发行人提供服务的金融机构等明知发行人实施财务造假活动，仍然为其提供相关交易合同、发票、存款证明等予以配合，或者故意隐瞒重要事实致使发行人的信息披露文件存在虚假陈述，原告起诉请求判令其与发行人等责任主体赔偿由此导致的损失的，人民法院应当予以支持。

第二十三条 承担连带责任的当事人之间的责任分担与追偿，按照民法典第一百七十八条的规定处理，但本规定第二十条第二款规定的情形除外。

保荐机构、承销机构等责任主体以存在约定为由，请求发行人或者其控股股东、实际控制人补偿其因虚假陈述所承担的赔偿责任的，人民法院不予支持。

六、损失认定

第二十四条 发行人在证券发行市场虚假陈述，导致原告损失的，原告有权请求按照本规定第二十五条的规定赔偿损失。

第二十五条 信息披露义务人在证券交易市场承担民事赔偿责任的范围，以原告因虚假陈述而实际发生的损失为限。原告实际损失包括投资差额损失、投资差额损失部分的佣金和印花税。

第二十六条 投资差额损失计算的基准日，是指在虚假陈述揭露或更正后，为将原告应获赔偿限定在虚假陈述所造成的损失范围内，确定损失计算的合理期间而规定的截止日期。

在采用集中竞价的交易市场中，自揭露日或更正日起，被虚假陈述影响的证券集中交易累计成交量达到可流通部分100%之日为基准日。

自揭露日或更正日起，集中交易累计换手率在10个交易日内达到可流通部分100%的，以第10个交易日为基准日；在30个交易日内未达到可流通部分100%的，以第30个交易日为基准日。

虚假陈述揭露日或更正日起至基准日期间每个交易日收盘价的平均价格，为损失计算的基准价格。

无法依前款规定确定基准价格的，人民法院可以根据有专门知识的人的专业意见，参考对相关行业进行投资时的通常估值方法，确定基准价格。

第二十七条 在采用集中竞价的交易市场中，原告因虚假陈述买入相关股票所造成的投资差额损失，按照下列方法计算：

（一）原告在实施日之后、揭露日或更正日之前买入，在揭露日或更正日之后、基准日之前卖出的股票，按买入股票的平均价格与卖出股票的平均价格之间的差额，乘以已卖出的股票数量；

（二）原告在实施日之后、揭露日或更正日之前买入，基准日之前未卖出的股票，按买入股票的平均价格与基准价格之间的差额，乘以未卖出的股票数量。

第二十八条 在采用集中竞价的交易市场中，原告因虚假陈述卖出相关股票所造成的投资差额损失，按照下列方法计算：

（一）原告在实施日之后、揭露日或更正日之前卖出，在揭露日或更正日之后、基准日之前买回的股票，按买回股票的平均价格与卖出股票的平均价格之间的差额，乘以买回的股票数量；

（二）原告在实施日之后、揭露日或更正日之前卖出，基准日之前未买回的股票，按基准价格与卖出股票的平均价格之间的差额，乘以未买回的股票数量。

第二十九条 计算投资差额损失时，已经除权的证券，证券价格和证券数量应当复权计算。

第三十条 证券公司、基金管理公司、保险公司、信托公司、商业银行等市场参与主体依法设立的证券投资产品，在确定因虚假陈述导致的损失时，每个产品应当单独计算。

投资者及依法设立的证券投资产品开立多个证券账户进行投资的，应当将各证券账户合并，所有交易按照成交时间排序，以确定其实际交易及损失情况。

第三十一条 人民法院应当查明虚假陈述与原告损失之间的因果关系，以及导致原告损失的其他原因等案件基本事实，确定赔偿责任范围。

被告能够举证证明原告的损失部分或者全部是由他人操纵市场、证券市场的风险、证券市场对特定事件的过度反应、上市公司内外部经营环境等其他因素所导致的，对其关于相应减轻或者免除责任的抗辩，人民法院应当予以支持。

七、诉讼时效

第三十二条 当事人主张以揭露日或更正日起算诉讼时效的，人民法院应当予以支持。揭露日与更正日不一致的，以在先的为准。

对于虚假陈述责任人中的一人发生诉讼时效中断效力的事由，应当认定对其他连带责任人也发生诉讼时效中断的效力。

第三十三条 在诉讼时效期间内，部分投资者向人民法院提起人数不确定的普通代表人诉讼的，人民法院应当认定该起诉行为对所有具有同类诉讼请求的权利人发生时效中断的效果。

在普通代表人诉讼中，未向人民法院登记权利的投资者，其诉讼时效自权利登记期间届满后重新开始计算。向人民法院登记权利后申请撤回权利登记的投资者，其诉讼时效自撤回权利登记之次日重新开始计算。

投资者保护机构依照证券法第九十五条第三款的规定作为代表人参加诉讼后，投资者声明退出诉讼的，其诉讼时效自声明退出之次日起重新开始计算。

八、附则

第三十四条 本规定所称证券交易场所，是指证券交易所、国务院批准的其他全国性证券交易场所。

本规定所称监管部门，是指国务院证券监督管理机构、国务院授权的部门及有关主管部门。

本规定所称发行人，包括证券的发行人、上市公司或者挂牌公司。

本规定所称实施日之后、揭露日或更正日之后、基准日之前，包括该日；所称揭露日或更正日之前,不包括该日。

第三十五条 本规定自 2022 年 1 月 22 日起施行。《最高人民法院关于受理证券市场因虚假陈述引发的民事侵权纠纷案件有关问题的通知》《最高人民法院关于审理证券市场因虚假陈述引发的民事赔偿案件的若干规定》同时废止。《最高人民法院关于审理涉及会计师事务所在审计业务活动中民事侵权赔偿案件的若干规定》与本规定不一致的,以本规定为准。

本规定施行后尚未终审的案件,适用本规定。本规定施行前已经终审,当事人申请再审或者按照审判监督程序决定再审的案件,不适用本规定。